山东耕地质量评价与应用丛书

莱阳耕地

李春茂　主 编

山东大学出版社

《莱阳耕地》编委会

主　　任　王建军

副 主 任　梁德展　华则科　李春茂

主　　编　李春茂

副 主 编　王洪章　邢晓飞　华则科　邢立庆　赵旭光

编　　委　（以姓氏笔画为序）

王洪章　邢立庆　邢晓飞　吕荣臻　毕建水　乔晓明
华则科　刘中奇　孙淑建　李　忠　李文志　李春茂
赵旭光　贺　红　程　芳　戴振建

化验人员　闫风玲　李春茂　王卫国　邢立庆　赵旭光　刘美卿
刘淑卿

采样调查与试验人员（以姓氏笔画为序）

于海杰　王卫国　王玉振　王全德　王忠仁　王治家
王瑞萍　王福香　邢立庆　吕秀珍　吕作红　吕振卿
任　茹　刘中奇　刘美卿　刘德明　孙秀英　孙治广
李大鹏　李春茂　李建斌　位国臣　位增辉　辛士海
初欣平　张京林　房显盛　赵东溪　赵旭光　宫玉东
韩建林　董立忠　程　芳　戴美英

前 言

土地是人类赖以生存和发展的最根本的物质基础，是一切物质生产最基本的源泉，土地质量的好坏直接影响到农业生产的效益，关系到农业和社会的可持续发展。长期以来，由于受经济利益的驱动，人们不断对土地进行掠夺式开发经营，土壤养分比例失衡，物理性状恶化，肥力退化，耕地质量下降，阻碍了农业的可持续发展，给人民的基本生活带来了威胁。

莱阳市土地资源的基本情况是：人口多，人均耕地少，且耕地后备资源严重不足。为了切实加强耕地质量保护，莱阳市农业局按照测土配方施肥技术规范，进行了地力调查与质量评价工作。利用科学的化验检测手段和现代信息技术，查清了全市耕地基础生产能力、土壤肥力状况、土壤障碍因素，建立了莱阳市耕地地力基础属性信息数据库、基础空间数据库，整理编绘了土地利用现状图、地貌图、土壤图、坡度图、耕地地力调查点点位图、灌溉分区图、耕地地力评价等级图、土壤 pH 分布图、土壤有机质含量分布图、土壤全氮含量分布图、土壤碱解氮含量分布图、土壤有效磷含量分布图、土壤速效钾含量分布图、土壤交换性钙含量分布图、土壤交换性镁含量分布图、土壤有效硫含量分布图、土壤有效硅含量分布图、土壤有效锰含量分布图、土壤有效钼含量分布图、土壤有效硼含量分布图、土壤有效铁含量分布图、土壤有效铜含量分布图、土壤有效锌含量分布图、土壤有机质含量栅格图、土壤全氮含量栅格图、三维地势图等 26 种成果图件，为制定粮食发展规划、农业结构调整规划、耕地质量保护与建设、耕地改良利用、科学施肥以及节水农业、生态农业等提供了科学依据，促进了农业的可持续健康发展。

莱阳市的耕地地力调查与质量评价工作，受到了山东省土壤肥料总站、山东省农业大学资源与环境学院、山东天地亚太国土遥感有限公司有关专家的大力支持和帮助，全市农业科技人员在土样采集、调查和化验工作中付出了艰辛劳动，在此一并表示感谢。

在开展测土配方施肥和耕地地力调查与质量评价工作的基础上，我们编写了本书，希望能为莱阳市农业科技人员、农村基层干部指导农业生产提供参考，为莱阳市广大农民发展高产、高效农业提供帮助。由于本书内容涉及多个领域和专业，加之我们水平所限，书中难免有纰漏之处，敬请读者批评指正。

编 者

2012 年 12 月

目 录

第二篇　耕地改良与管理

第三篇　耕地可持续利用

第一篇　耕地资源评价

第一章　自然与农业生产概况

第一节　自然条件

一、地理位置与行政区划

莱阳市位于山东省胶东半岛中部，东经120°31′00″～120°59′12″、北纬36°34′10″～37°09′52″。东临海阳市，西接莱西市，北接栖霞、招远两市，南邻即墨市，东南隅濒黄海丁字湾，东西最大横距为35km，南北最大纵距为65km，海岸线长27.5km。土地总面积为$1734km^2$，耕地面积为$80000hm^2$。

全市现辖沐浴店镇、团旺镇、穴坊镇、羊郡镇、姜疃镇、万第镇、照旺庄镇、谭格庄镇、柏林庄镇、河洛镇、吕格庄镇、高格庄镇、大夼镇、山前店镇14个镇和城厢街道办事处、古柳街道办事处、龙旺庄街道办事处、冯格庄街道办事处4个街道办事处，共784个行政村，有28.3万户，其中农业户数为23.8万户，总人口为87.6万，其中农业人口为75.4万。

早在六七千年前就有人类在莱阳繁衍生息。唐虞夏时为莱夷地；商时为莱国地；西周时为莱侯国地；东周及秦时为齐郡东境；西汉时为挺、邹卢、昌阳、长广、观阳县治之地；277年，观阳、昌阳并入长广；298年(晋元康八年)复置昌阳县(其城址在今境内昌山村南)；五代后唐讳昌，改莱阳县。1131年(金天会九年)划莱阳东北部归新设置的栖霞县。1735年(清雍正十三年)县东境三乡划归新设的海阳县；划青山乡归宁海州(后改称牟平县)管辖。抗日战争时期分为莱东、莱阳(即现莱西县)、莱西南、五龙四县，后来，莱东、五龙两县并为莱阳县(并时称莱东县，不久，改称莱阳县)；莱阳(即莱西)、莱西南两县并为莱西县。1958年莱西县并入莱阳县。1962年又分为莱阳、莱西两县。1987年4月，撤销莱阳县设立莱阳市。

在悠长的历史岁月中，莱阳历代先人们在这一片热土上辛勤耕耘，在创造物质文明的同时，为灿烂的民族文化增光添彩。明代画家崔子忠的国画著称于世，与当时浙江的陈鸿绶齐名，有“南陈北崔”之称，其所画的“云中玉女图”现珍藏于上海博物馆；清初诗人宋琬，其诗词意凄清，与安徽施闰章齐名，有“南施北宋”之誉，有《安雅堂集》传世。清代莱阳籍著名书画家有张瑞徵、周兆龙、赵擢彤、李朴、宋汲等二十余人，著作者有倡导成立“山左大社”的宋继澄等百余人。他们丰厚的遗著，丰富了中华民族文化宝库，传承和影响着莱阳故土的后来者。近现代书法名家孙墨佛，其作品如惊鸿游龙，造诣精深，与苏局仙并称为“南苏北孙”(也有“南仙北佛”之说)，为世人所推崇，也为莱阳生辉。

近年来，莱阳市坚持以邓小平理论和“三个代表”重要思想为指导，深入贯彻落实科学发展观，科学把握形势，积极应对挑战，以“三年大变样，五年翻一番”为目标，围绕“实施三大战略，实现四大突破，做好三篇文章，加强三大建设”，全力打造开发区、生物产业园、南海新区三大经济板块，着力培育食品加工、机械汽车、精细化工、生物制药四大产业集群，积极转变发展方式，持续膨胀规模总量，全力以赴促发展、保稳定、构和谐，经济社会保持了平稳较快的发展势头。

(1)综合经济实力显著提高。2009 年，全市完成生产总值 308 亿元，增长 12.5%；实现地方财政收入 70050 万元；规模以上固定资产投资 137 亿元，增长 28%；社会消费品零售总额为 122 亿元，增长 19.2%，荣获“中国绿色名市”“全国粮食生产先进县”等荣誉称号，被确定为全国商务综合行政执法试点县、烟台市唯一省财政直管试点县。

(2)工业支撑作用日益突出。2009 年，全市规模以上工业企业达 314 家，实现销售收入 682 亿元、利税 51 亿元，分别增长 15%、16.4%；食品加工、机械汽车、精细化工、生物制药四大产业集群初具规模，培育起纳税过千万元的企业 12 家、过百万元的 130 家，分别新增 3 家、14 家。拥有龙大、鲁花、春雪 3 个中国驰名商标和鲁花花生油、龙大粉丝、龙大低温肉制品、龙大鲜冻分割肉 4 个中国名牌产品，莱阳梨荣获“国家地理标志产品”保护。

(3)对外开放成效显著。2009 年，完成注册外资 1.2 亿美元，实际到账外资 7458 万美元，出口创汇 5.3 亿美元。涌现出创汇过千万美元的企业 9 家、过 500 万美元的企业 11 家。

(4)服务业实现突破发展。2009 年，完成增加值 96 亿元，提供税收 3.3 亿元，分别增长 15.2%、5.7%。打造出金山旅游、娘娘山系开发等一批大型旅游项目，成功举办首届莱阳梨文化节，文化旅游业实现跳跃式发展；培育起成交额过亿元市场 13 个，市场成交总额为 62 亿元，在全省率先建成市、镇、村三级物流网络，被确定为全省农村物流试点单位。

(5)城市化进程明显加快。城市建成区面积、城区人口分别由 1997 年的 13km^2 和 15 万人，扩大到现在的 31.6km^2 和 30 万人，城市化水平达到 46%，城市经济占全市经济的比重达到 75%。2009 年总投资 5.7 亿元，实施城建重点项目 34 个，完成了一批群众期盼已久的民心工程，城市面貌焕然一新。

(6)人民群众得到更多实惠。2009 年，城市居民人均可支配收入为 15321 元，农民人均纯收入为 7500 元，分别增长 8.3%、6%。城乡居民储蓄余额为 124 亿元，增长 17.7%。

全市农、林、牧、渔业实现总产值 27.93 亿元，增长 4.37%。农业增加值为 11 亿元，增长－2.8%。粮食总产为 28.8 万吨，比上年增长－2.96%；油料总产为 7.98 万吨，增长 10.99%；水果总产为 22.98 万吨，增长 5.46%；蔬菜总产为 96.77 万吨，增长 6.53%。肉类总产为 4.07 万吨，禽蛋总产为 8.08 万吨，奶类总产为 6.06 万吨。水产品总产为 2.1 万吨，增长 10.5%。全年造林 160hm^2，林木覆盖率达到 19.2%。全市农机总动力为

6.82×10^5 kW，增长 1%。

近年来，莱阳市立足自身实际，纵深推进农业产业化经营，加快农业生产理念、生产方式和生产手段的现代化，有效提升了农业综合生产能力、农民创业致富能力和农村可持续发展能力。目前，全市有 100 多家企业先后通过 ISO9000、ISO14000、美国 HACCP 等国际标准认证；龙大、鲁花、春雪 3 家企业通过欧盟 GAP 认证；涌现出中国驰名商标 3 个、中国名牌产品 4 个。

二、地形、地貌

（一）地　形

莱阳市地处胶东丘陵山系南部，因受胶东屋脊及北部旌旗山、老寨山系所控制，地势北高南低。河系流向均为由北向南。地面坡度：低山区为 15°～25°，丘陵区为 5°～15°，山间平原及盆地多小于 5°。

市北部、中部古老的变质岩结晶基底，经过断裂错动、岩浆侵入，切割深度小，密度大，坡度较缓，形成低山丘陵，海拔多为 60～150m。突出陡峭的孤峰，多为岩浆侵入体隆起所致。旌旗山、老寨山、孟山为群山之首，海拔高度分别为 315.3m、374.6m、276.4m。

东北部至南部的广大沙页岩、砂岩沉积覆盖区及中部、西部凝灰岩、火山灰积沉岩区，有的是由于不等量上升，有的是因差别性侵蚀，多形成浑圆形山体，海拔为 13～120m。北部大龙山、塔儿山海拔高度分别为 128m、142.2m，东南部娘娘山海拔为 269m。

东部万第大部及山前店镇东南部低山丘陵，多为安山岩侵入体，海拔为 50～130m。梁彦顶、草顶耩海拔高度分别为 164.6m、167.2m。

沐浴、小平以南，五龙、徐格庄以北，东起大明、水南一带，西至莱西产芝水库，地势低洼，海拔为 40～59m，为莱阳断裂盆地。

山地丘陵间的谷地、盆地由于洪积冲积物的不断堆积，多发育成宽窄不等的五龙河河谷平原，一直延伸到山丘内部，把山体分割成碎块。这些低丘广谷共同组成了莱阳市北高南低的浅丘广谷的地貌特征。

五龙河两岸地形部位较低，因河水泛滥携带颗粒粗细不等，分选层次明显，又因受地下水影响，为河滩地。

东南临黄海丁字湾海岸线长 14km，辖香岛一个岛屿。因地处五龙河下游，淤积较快，又因受海水影响，为沿海缓平地。

（二）地　貌

按照地貌划分的有关规定，莱阳市共划分为 3 个地貌区，7 个微地貌类型，10 个微地貌单元（见表 1-1）。

1. 山地丘陵

山地丘陵位于山丘岭坡的中上部，面积为 127627hm²，占总面积的 74.67%。

（1）荒坡岭：面积为 9836.6hm²，占总面积的 5.75%。分布于旌旗山、老寨山、嵯峨山、垛山、娘娘山、高顶耩、塔儿山、草顶耩等较大山系中上部。坡度大于 17°，多为荒草坡、林地。土层浅薄，母质为残积物或残积坡积物，多发育为棕壤性土。

表 1-1　莱阳市地貌分类表

地貌类型	微地貌类型	微地貌单元	面积(hm²)	占总面积(%)	可利用面积(hm²)	耕地面积(hm²)
山	山丘岭坡	荒坡岭	9836.6	5.75	9393.2	0
地	水	岭坡梯田	2491.2	1.46	2428.9	1088
丘	平	沟谷梯田	3014.2	1.76	2437.2	1592
陵	梯	岭地	112285	65.69	101951.2	58376
	田	小计	117790.3	68.91	106817.3	61056
	合计		127626.9	74.67	116210.4	61056
山前	山前倾斜平原	微斜平地	9993.3	5.85	7738.9	5088
倾斜	沿河地	河滩地	15854.6	9.28	11158.7	4288
平原	山间泊地	泊地	14836.6	8.68	12829.6	8544
	合计		40684.5	23.8	31727.3	17920
滨海	滨海缓平地	缓平地	1910.2	1.12	1743.5	1024
冲积	滨海滩地	盐荒地	156.7	0.09	149.8	0
平原		光板地	545.6	0.32	0	0
		小计	702.3	0.41	149.8	0
	合计		2612.5	1.53	1893.3	1024
	总计		170924		149831	80000

(2)岭坡梯田：面积为 2491.2hm²，占总面积的 1.46%。分布在沐浴店南北半泊、卧龙、芹子夼及龙旺庄街道办事处凤凰山一带山丘中上部。坡度为 15°～20°，梯田群小、零散，阶差大，单块面积一般小于 667m²，土层浅薄，质地较粗，多发育为棕壤或褐土性土，由人工在残积坡积物上垒迭而成，多种植红薯、花生或果树。

(3)沟谷梯田：位于山丘谷间，由洪积冲积物或坡积洪积物人工垒迭而成。田面呈块状，梯田群相连接呈枝脉状。土层深厚且肥沃，多发育为中厚层棕壤(褐土)。实行小麦、玉米一年两作。面积为 3014.2hm²，占总面积的 1.76%。主要分布在沐浴店、谭格庄、河洛、山前店、万第等大小沟壑之中。

(4)岭地：广泛分布在全市各地低缓丘陵地带。地面开阔而缓平，梯田群密集，阶差不明显，田块大而平整。发育在缓丘顶部和岭坡上部残积物上的土层浅薄，为薄中层棕壤(褐土)性土；发育在缓丘下部洪积冲积物上，土层较深厚，多为中厚层棕壤(褐土)，是粮、油、果混合产区。面积为 132285hm²，占总面积的 65.69%。

2. 山前倾斜平原

山前倾斜平原位于洪积扇中部以下的开阔地，地势平坦，土层深厚，作物产量水平较高。面积为 40684.5hm^2。占总面积的 23.8%。

(1)微斜平地:位于洪积扇中下部,海拔在 50m 以下的开阔地。地势微斜,比降为 1/400~1/200。土体深厚,土壤肥沃,多发育为棕壤、褐土、潮棕壤、潮褐土或砂姜黑土。由洪积冲积母质形成。潜水位高,排灌条件较好,多为小麦、玉米一年两作高产、稳产的农田。面积为 9993.3hm^2,占总面积的 5.85%。主要分布在城厢、古柳、照旺庄洼、龙旺庄洼、冯格庄洼、吕格庄北洼等地。

(2)河滩地:因河水泛滥冲积或人工改河造地而成。土壤沙性大,肥沃度差,多发育为河潮土,有夹沙、夹砾石等障碍层次。土质好的种植小麦、玉米等农作物,土质差的栽种果树或成材树。面积为 15854.6hm^2,占总面积的 9.28%。主要分布在五龙河、大沽河河系两岸。

(3)泊地:位于山前(间)开阔地,地面平整,土层深厚,面积在几公顷到几十公顷不等。多为棕壤、潮棕壤、褐土、潮褐土。成土母质为洪积冲积物。多实行小麦、玉米一年两作。面积为 14836.6hm^2,占总面积的 8.68%。主要分布在穴坊、高格庄、团旺、姜疃、谭格庄、沐浴店、河洛、柏林庄等地的平泊区。

3. 滨海冲积平原

滨海冲积平原分布在东南沿海一带,地势较缓平,由冲积或海积而成,面积为 702.3hm^2,占总面积的 1.53%。

(1)缓平地:分布在南部沿海一带,地势较缓平,地面平坦,海拔在 6m 以下,比降小于 1/400。多发育为滨海潮盐土,由冲积或海积而成。小麦、玉米一年两作,产量较高。面积为 1910.2hm^2。分布在羊郡、穴坊沿海一带。

(2)盐荒地:呈泥滩状,仅生长盐生植物碱蓬、黄须菜等,面积为 156.7hm^2。

(3)光板地:为近潮水线部分泥滩,由于土壤盐分含量大于 1%,没有植物生长,面积为 545.6hm^2。

三、母岩及成土母质

(一)母　岩

根据母岩的成分、性质及分布位置等因素的不同,莱阳市母岩分为 7 个区。

1. 酸性岩区

莱阳市北部柏林庄镇小平,河洛镇胜利庄、朱家庄,以及沐浴店镇寺院头、留寺庄以北,直至北部边境广大低山丘陵区,由黑云斜长片麻岩、黑云片岩、黑云变粒岩、长石石英岩等酸性岩类及小部分辉石角闪岩、角闪岩组成,为酸性岩区。

2. 钙质岩、酸性岩混合区

中部吕格庄镇江汪庄、吕格庄、金岗口,古柳徐格庄,照旺庄五龙、张家灌以南,团旺东、西北岩、埠后、南李,吕格庄陡崖后,姜疃塔南泊、院庄,大夼黄埠寨以北,欢家夼以西的广大低山丘陵区,以厚层蛇纹石化大理岩为主体,还有零星的夹柘榴黑云斜长片底麻岩、含石墨长石透辉岩、斜长角闪岩及粗粒长石石英岩,为钙质岩、酸性岩混合区。

3. 石灰性沙页岩、沙砾岩区

山前店、沐浴店、柏林庄、河洛等镇南半部，龙旺庄、城厢、照旺庄的大部分，以及大夼、姜疃东北部丘陵区，为含钙质粉岩与油页岩互层，砾岩、砂岩与含钙质粉砂岩互层，沙页岩与含钙质沙页岩互层及石灰性砾岩、石灰性红色粉砂岩等不同母岩组成，为石灰性沙页岩、沙砾岩区。

4. 砂岩区

南部团旺、姜疃、大夼，直至羊郡、高格庄、穴坊，大部低缓丘陵区多为砂岩及沙页岩组成，为砂岩区。

5. 基性岩区

东部万第大部、山前店东南部丘陵区，多为新生界火山炭喷出岩和安山岩、安山岩流组成，属基性岩区。

6. 酸性岩洪积冲积区

沿蚬河、五龙河、富水河两岸的广大平泊区为酸性岩类风化物洪积、冲积区。

7. 钙质岩洪积冲积区

清水河、白龙河两大河流下游，因受钙质母岩风化物的影响，为钙质岩洪积冲积区。

(二)成土母质

岩石矿物风化产物很少存留在原地，往往在重力、风、水、冰川等外力的搬运沉积作用下，产生各种地表沉积体，形成不同类型的土壤母质。根据母质的产生特点，莱阳县分为6种类型。

1. 残积母质

残积母质是指岩石矿化物经过风化后残留在原地未经搬运的碎屑。主要分布在山丘中上部。其特点：土体浅薄，质地粗，肥力低。多发育为棕壤(褐土)性土及部分中层棕壤(褐土)。

2. 洪积冲积母质

洪积冲积母质是指洪水搬运的碎屑物质在低缓处沉积而形成的沉积体。主要分布在山丘下部及山前倾斜平原，母质颗粒的粗细在平面分布上分选不太明显，主要发育为棕壤、潮棕壤、褐土及潮褐土。其特点：土体较厚，质地较细，肥力较高。

3. 冲积母质

冲积母质是指风化碎屑经河流搬运的沉积物。分布在河流两岸，多发育为河潮土。其特点：分选性好，层理明显，地势低洼，潜水位较高。

4. 湖积母质

湖积母质多发育为砂姜黑土。其特点：土体深厚，质地黏重，养分丰富。

5. 海积母质

海积母质分布在南部滨海滩地上，多发育为滨海潮盐土和盐化潮土。其特点：含有贝壳类遗体，并且含有不同的盐分。

6. 风积母质

风积母质分布在照旺庄、高格庄等五龙河沿岸地区。由风力将河沙搬运堆积而成，因而全剖面质地非常均匀，发育为半固定风沙土。

四、气候条件

莱阳市为暖温带东亚季风半湿润地区，四季分明，春季干旱少雨，夏季高温多雨，秋季天高气爽，冬季寒冷干燥。全市平均气温为11.2℃，北部低于南部，历年日平均不低于0℃积温为4405.4℃，开始于3月初，历时273.5天，历年日平均不低于10℃积温为3915.2℃，历时197.5天，封冻始于12月底，终于次年2月，封冻期一般为34天。

日照时数为2669 h，日照率为60%，平均以5月最多，12月最少。太阳总辐射量为519J/cm^2，霜期始于10月下旬，终于次年4月上旬，全年无霜期平均为183天。

气候条件的变化对土壤的形成发育过程有着重要作用。

五、水资源

(一)降水与蒸发

1. 降　水

根据多年气象资料统计，莱阳市年平均降水量为782.1mm，最大年降水量为1450.8mm(1964年)，最小年降水量为494.4mm(1968年)，相差较大。由于地处季风交换地带，受季风环流影响较大，各季降水不均匀，春季(3～5月)降水量为107.7mm，占全年降水量的13.28%，夏季(6～8月)雨水充沛，降水量为497.1mm，占全年降水量的63.6%，秋季(9～11月)降水量略高于春季，为150.3mm，占全年的19.2%，冬季降水最少，为27mm，占全年的3.4%。所以，形成了春旱、夏涝、秋后又旱的气候特点。

2. 蒸发与风

历年平均水面蒸发量为1540.4mm，5月最多，为228.8mm，占全年的14.9%，春季为536.7mm，占全年的34.8%，夏季为564.4mm，占全年的35.5%，秋季为316.8mm，占全年的20.6%，冬季最少，为140.5mm，占全年的9.1%。蒸发量与风的趋势基本一致，风大而干燥时其蒸发量就大，因而不同月份其蒸发量有较大差异。

全年风向频率变化频繁，春季以东南风为主，与北风交替进行，风大干燥，夏季以南风为主，炎热多雨，秋季北风逐渐增强，南风相应减少，风力随之增大，冬季盛行偏北风，寒冷干燥。

(二)地表水与地下水

1. 地表水

莱阳市历年平均水资源总量为3.709×10^{8}m^3 万米，可利用量为2.951×10^{8}m^3，人均占有量为328m^3，地下水资源量为1.619×10^{8}m^3，可开采量为1.302×10^{8}m^3。

全市河流分为五龙河、大沽河两大河系。境内河流因地势北高南低，多为北源南流。市内河流总水为361km，流域面积为2806.5km^2，径流总量为4.19985×10^{8}m^3。

总长在500m以上的河流、沟溪共187条，其中流长在15km(境内流长9km)以上的河流13条，内有11条归为五龙河水系，西部有2条归为莱西境内的大沽河水系。五龙河水系中的五龙河，为胶东第一大河流。上游有白龙河、蚬河、清水河、墨水河、富水河五大支流，于五龙村附近的峡口汇聚后始称五龙河。在其南下流径中又纳嵯阳河、玉带河、金水河，然后流入黄海丁字湾。流经照旺庄、古柳、吕格庄、团旺、姜疃、高格庄、穴坊、羊郡等地，长 53km，河床宽 100～400m，流域面积为 393.3km^2。大沽河水系中的潴河，位于市境西北隅，源出峭山东侧，由谭格庄镇小台子村西南流至大水岔村前与东来支流交汇，于安里村前出境，入莱西市，西南会七星河，境内流长为 19km，河床宽 40m 左右，市内流域面积为 93.75km^2。七星河为大沽河支流之一，上源支流有两条，西支流源于莱西市野猪坡，东支流源于境内柏林庄镇白石埠村，两支流汇于冯格庄街道办事处马岚村北，由菜园泊村东南入莱西市，与潴河汇合，境内流长为 12km，河床宽 20m 左右，流域面积为 95.5km^2。

境内所有河流、沟溪等径流补给主要来源于降水，多属山洪性河道，基本上都有源短流急、涨落急剧的特点，因年降水量不匀，一般夏季雨量大且集中，易成水灾，春秋降水量少，经常断流。

2. 地下水

莱阳市地下水较少，属贫水区。地下水来源主要为降水补给。按照水文地质情况可分为：

(1)新生界第四系地层，主要为河道冲积层，分布在五龙河沿岸，面积为 287km^2，含水丰富。

(2)中生界白垩系王氏组地层，以红色粉砂岩为主，面积为 70km^2，含水非常少，多分布在冯格庄镇区域。

(3)中生界白垩系青山组地层，主要为沙砾岩及火山灰喷出岩地层，面积为 530km^2，分布在河洛、龙旺庄、柏林庄、万第等镇，含水较差。

(4)中生界侏罗系莱阳组地层，主要为沙页岩层，分布于山前店、姜疃、团旺等镇，面积为 235km^2 左右，含水较差，主要为浅层风化裂隙水和脉状裂隙水。

(5)元一太古界粉子山群地层，地层岩性主要为斜长角闪岩、黑云片岩、长石石英岩及大理岩。主要分布在吕格庄镇、团旺镇、姜疃镇，面积为 136km^2，有大理岩分布的地方含水情况较好。

(6)太古界胶东岩群地层，地层岩性主要为斜长片麻岩、黑云变粒岩、花岗片麻岩及透辉大理岩，主要分布在谭格庄镇、河洛镇、沐浴店镇等区域，面积为 272km^2，含水较差。

六、矿产资源

境内矿产资源较为丰富，其矿产种类多、分布广，以非金属矿产为主，不均匀地分布于全市 18 个镇(街道办事处)中。已发现矿产 38 种，矿床、矿点、矿化点 200 余处。探明储量的矿产有石墨、白云石、磷、硫铁矿、珍珠岩、膨润土、大理石、石灰石、水泥用大理岩、高岭土、钾长石、沸石、矿泉水等 13 种。其中钾长石矿探明储量为 73 万吨，氧化钾含量高达 14%左右，含铁量在 0.07%左右，是全国质量最好的钾长石矿；膨润土储量为 1067.31 万吨，沸石储量为 1112.7 万吨，均居山东省第二位。

七、植　被

莱阳市植被为暖温带落叶阔叶植被类型，目前以栽培作物为主。主要为粮食作物，有小麦、玉米、红薯、花生等。其次为林木，主要乔木有马尾松、柞、毛白杨、槐、桐、柳、椿，主要灌木有棉槐、蜡条、酸枣、荆条等；果树主要有苹果、桃、梨、杏、樱桃、板栗、山楂等。自然植被以杂草为主,缓丘地区主要杂草有苍耳、蒺藜、节节草、蒿子等,平原地区主要杂草有苦菜、小蓟、灰菜、车前子、牵牛花、芦苇、茅草、马齿苋、麦蒿等。

第二节　农村经济与农业生产情况

一、农村经济情况

多年来,莱阳市政府一直把实施农业产业化经营作为加快农业和农村经济发展的重要途径,把农业标准化、国际化和产业化有机结合起来,以标准化促进国际化,以国际化带动产业化,促进了全市社会经济的快速发展。莱阳市立足自身实际,纵深推进农业产业化经营,加快农业生产理念、生产方式和生产手段的现代化,有效地提升了农业综合生产能力、农民创业致富能力和农村可持续发展能力。根据莱阳市统计数据,到2009年,莱阳市有农业人口58.2万,分居在784个行政村中。农民人均纯收入为7075元,比上一年增加8.6%。乡村从业人数达41.26万人,784个行政村的通电、通车、通电话率为100%。近年来,莱阳市的种植业、养殖业、渔业和副业得到了快速发展,农村经济也有了长足进步(见表1-2)。

表1-2　　莱阳市1978～2005年农业主要经济指标

年　份	总计（万元）	其　中					
		种植业（万元）	种植业副产品（万元）	林业（万元）	畜牧业（万元）	渔业（万元）	其他农业产业（万元）
1978	21025	16183	1582	445	2299	29	487
1979	24726	17920	2419	570	3198	28	591
1980	25768	18154	2533	440	3839	54	748
1981	21523	14393	1930	330	4012	94	764
1982	19679	13252	1721	290	3838	82	496
1983	31712	23331	2269	589	4228	111	1184
1984	36032	24047	2783	748	5642	186	2626
1985	47058	30798	3039	2894	6568	349	3410
1986	54709	37388	4246	1665	6607	600	4203
1987	62081	43318	4872	1870	8001	1020	3000
1988	74136	47264	6514	1626	11779	2952	4001
1989	86206	51830	9815	1265	17083	2608	3605
1990	93172	58107	11795	1280	15049	4698	2245
1991	100089	59017	12549	1033	18065	6350	3075

续表

年　份	总计（万元）	其　中					
		种植业（万元）	种植业副产品（万元）	林业（万元）	畜牧业（万元）	渔业（万元）	其他农业产业（万元）
1992	94717	64255		1558	20277	3580	5047
1993	164451	107244	15190	1141	29826	3965	7085
1994	218021	132902	15807	1393	48809	10104	9006
1995	264203	154607	18297	1466	73311	8417	8105
1996	282945	158732	19717	1747	84793	9435	8521
1997	268201	125338	16154	1435	109433	7699	8142
1998	255880	180740	8113	1264	47608	10955	7200
1999	247688	174313	6851	1318	46703	11203	7300
2000	245934	172012	3437	2329	51920	12254	3982
2001	252271	166976	3891	1248	63473	13383	3300
2002	267553		168990	1426	72673	16264	8200
2003	279348		164345	649	84199	18323	11832
2004	325387		198628	834	95694	20731	9500
2005	367768		219217	834	109795	29922	8000

二、农业生产情况

(一)农业经济特点

近年来，莱阳市围绕产业结构调整，大力推进农业标准化生产和产业化经营，以蔬菜、果品、畜牧为重点，加快农业内部结构调整，大力发展专业化、规模化的原料生产基地。目前，全市共建立蔬菜生产基地 28000hm^2，果品生产基地 27000hm^2，标准化养殖小区 260 处，年产蔬菜 130 万吨，果品 40 万吨，肉、蛋、奶 32 万吨。全市食品加工企业有 300 余家，年加工出口农产品 120 余万吨，创汇 5 亿美元，先后培育出龙大、鲁花、春雪、天府 4 家国家级农业产业化龙头企业，永益、恒润等 14 家省级农业产业化龙头企业，带动了三十多万农民直接为龙头企业服务，农产品生产、加工和出口创汇已成为全市农业增效、农民增收的重要途径。

莱阳市先后荣获“全国食品工业十强县”“国家食品安全示范县”“全国绿色农业示范区”“中国县域食品经济示范市”“国家级无公害蔬菜生产示范县”“全国绿色食品(花生)原料标准化生产示范区”“国家级无规定动物疫病区示范区”等多项殊荣。2007 年 7 月，被授予全国首批“中国绿色食品城”荣誉称号。2009 年，荣获“中国绿色城市”“全国粮食生产先进县”等荣誉称号，被确定为全国商务综合行政执法试点县、烟台市唯一省财政直管试点县。

(二)基本情况

近年来,随着农业结构不断调整,农村经济稳定增长,农业经济迅速发展。2008 年,全市农业总产值达 503752 万元,农业生产也由过去的单一粮食生产,逐步发展成粮食、蔬菜、花卉、果品并举的结构形式。到 2008 年底,农作物播种面积达 118423.20hm^2,比上一年增长 1.3%,其中粮食播种面积为 72046.6hm^2,总产量为 420019 吨,比上一年增长 3%,油料播种面积为 22382.07hm^2,蔬菜(含菜用瓜)及特种作物播种面积为 22098.73hm^2,瓜类(果用瓜)播种面积为 1780.8m^2,苹果生产面积为 7140m^2,梨生产面积为 1990hm^2(见表 1-3)。

表 1-3　　2008 年莱阳市农业生产现状

农作物	播种面积(hm^2)	总产量(吨)	蔬菜、瓜类、果品	播种面积(hm^2)	总产量(吨)
粮食作物	72046.6	420019	蔬菜	22098.73	950453
其　小麦	33864.33	178442	瓜类	1780.8	60413
中　玉米	30535.07	208327	苹果	7140	249743
油料作物	22382.07	90451	梨	1990	57125

据统计,按 2008 年当年物价计算,全市农业总产值为 32 亿元,比上一年增长 12.3%,具体产值及所占比例如表 1-4 所示。

表 1-4　　2008 年莱阳市农业总产值

年份	现价(万元)	所占比例(%)	增长率(%)
总计	539202	100	
农业	320223	59.4	7
林业	6333	1.2	8.7
牧业	158732	29.4	15.9
渔业	45734	8.5	14.4
农、林、牧、渔服务业	8180	1.5	4.9

第三节　农业基础设施情况

2009 年,全市农业生产条件和农村基础设施进一步改善,农业机械总动力为 1.101×10^6kW,增长 13.5%,农村用电量为 6.2×10^4kW·h,增长 2.9%,全年化肥施用量为 11.2 万吨,下降 3.4%,有效灌溉面积为 44190hm^2,占耕地面积的 54.4%。

一、农田水利建设情况

多年来，莱阳市不断加大农业投入，农田水利建设成效显著。全市有效灌溉面积达到了 44190hm^2，占全部耕地的 54.4%。农田水利建设的发展，增强了农业抗御自然灾害的能力，保证了农业生产的正常发展。全市共有水库 74 座，其中大型水库 1 座，中型水库 1 座，小(一)型水库 15 座，小(二)型水库 57 座，塘坝 772 座。全市有井 4000 眼左右，其中机井、大口井 2095 眼，排灌机械保有量为 15464 台(101166kW)。

二、农业生产机械

莱阳市农业机械从无到有，拥有包括拖拉机及其配套机械、种植业农业机械、农产品初加工机械、畜牧业机械、运输农业机械、农田基本建设机械等六大类机械，农业机械总值为 76230 万元。

2009 年末，全市农业机械总动力达到 1.101×10^6kW，其中大中型拖拉机牵引作业机械 2972 台，小型拖拉机牵引作业机械 62847 台，柴油机 12597 台，电动机 4505 台，农用运输车 18565 台，脱粒机 4742 台，自走联合收割机 1384 台，播种机 14295 台。农业机械的快速发展，使农业机械化得以实现。

第二章　耕地资源状况

第一节　土壤类型与分布

一、土壤分类的依据

土壤是在气候、地形、母岩、母质、生物、成土年龄等自然因素和人类的农业生产活动等综合作用影响下发育形成的，因而形成了性质不一、种类繁多的土壤类型，且分布具有明显的地带性。莱阳市地处暖温带湿润气候区，形成了以棕壤为主，褐土、潮土、盐土为辅的较古老的地带性土壤。

(一)土　类

土类是高级分类的基本单元，是在一定的生物气候条件下，或者在某些特殊的自然因素和人为因素的直接影响下，经过特殊的成土过程，并产生与之相应的可供鉴别的发生层次和土壤属性的一种土壤。土类之间在基本属性上有质的差别。在划分土类时，着重考虑以下原则：第一，发生类型与当地的生物气候条件的一致性，即土壤类型的地带性。莱阳市地处暖温带湿润季风气候区，淋溶作用强，主要发育为棕壤土类。由于一种或几种突出成土因素的影响，也形成了隐域性土壤，如潮土和砂姜黑土。另外，在钙质岩区，因受母质的影响，土体内仍有石灰反应，pH 在 7 以上，则定为褐土土类。第二，在一定的自然因素和人为因素的作用下，土壤形成过程及主导发育方向是一致的。如地带性棕壤土类，无论是南部还是北部，丘陵还是平泊地，其成土过程中都有较强烈的淋溶过程。第三，每一个土类都有自己独特的剖面形态及相应的属性作为鉴定土类的依据。如棕壤有淀积黏化现象通体无石灰反应，褐土有石灰反应，潮土有分选层次等。

莱阳市土壤共分为棕壤、褐土、潮土、盐土、砂姜黑土、风沙土、石质土、粗骨土 8 个土类。

(二)亚　类

亚类是同一土类内，虽然成土过程的主导方向是一致的，但在主要成土过程中，还有某些附加的成土过程，使土壤属性产生了差异。如棕壤土类中的棕壤性土和棕壤两个亚类，就是棕壤土类发生过程中的两个阶段。前者是棕壤土类中发育的初期，后者则是完全阶段。不同土类之间的互相过渡，是在主要成土过程中同时产生附加的成土过程。如潮土和褐土间的成土过渡，有潮褐土亚类，盐土与潮土之间的过渡，有盐化潮土亚类。

全市土壤划分为 17 个亚类。

（三）土　属

土属是承上启下的分类单元，既是分类的续分，又是土种的归纳，是在区域性因素的影响下，所产生的区域性变异。它包括以下五个方面：成土因素类型；地形部位特征；区域水文地质条件、潜水及土壤化学组成；过去成土过程的遗迹；尚未形成独特的土类和亚类，均列入土属。土属的划分为制定土壤利用改良的方向措施服务。

全市土壤划分为 29 个土属。

（四）土　种

土种是土壤基层分类的基本单元，是发育在相同母质上具有相类似的发育程度和剖面层次排列的一种比较稳定的土壤类型。同土种主要的土体构型基本相似，非一般耕作措施在短期内所能改变。

全市土壤划分为 119 个土种。

二、土壤的分布规律

莱阳市地处暖温带湿润气候区，发育着以棕壤为主的较古老的地带性土壤。棕壤的成土母岩多来自酸性岩类、基性岩类、非石灰性沙页岩和砾岩的残积坡积、洪积冲积物。其特点是淋溶作用强、富铁铝过程明显，层次发育分明；通体呈棕—棕褐色，剖面通常有淋溶层（耕作土壤为耕作层）、淀积层和母质层，无石灰反应。随山丘地区地形部位的变化，土壤类型也发生规律性变化。如山丘的上部，因侵蚀较重，多发育为石质土、粗骨土；山丘中部多发育为薄中层棕壤性土或薄中层棕壤；山丘下部、泊地、沟谷梯田及微斜平地，则发育成厚层、深厚层棕壤、潮棕壤。除了以上地带性土壤分布规律，在较小的区域内，土壤的分布也表现出一定的规律性。这种规律性主要是由微域母质条件的差异、中小地形、水热条件和人为改造地形而形成的。如莱阳市东部的石灰性沙页岩，中部的红色粉砂岩、凝灰岩，中南部的钙质岩以及东部含钙质的基性岩区，因其母岩为钙质岩类或钙质胶结物，富含钙、镁等盐基离子，加之形成的土体浅薄，土壤完全继承了母质特性，故虽处暖温带湿润气候区，土体中仍有石灰反应，pH＞7，因而仍划为褐土土类。

沿五龙河、大沽河河系两侧，因受地下水影响，发育为潮土土类。冯格庄洼因受湖沼相沉积作用而形成砂姜黑土。

根据莱阳市地形、母岩、母质以及其他成土因素的不同，大致可分为五种土壤微域分布。

（一）北部、南部山丘酸性岩类残积坡积、洪积冲积棕壤区

北部沐浴店、谭格庄两镇大部分及河洛、柏林庄、山前店三镇的北半部山丘区，多为黑云母片麻岩、粗粒长石石英岩、角闪岩等酸性母岩；南半部团旺、穴坊、羊郡、高格庄等镇丘陵区，多为砂岩、沙砾石等酸性母岩，以及小部分基性岩类。残积坡积、洪积冲积物多发育为棕壤土类。该区土壤侵蚀严重，土体浅薄，土壤养分贫乏。

（二）中部盆地酸性岩洪积冲积棕壤区

河洛、柏林庄、城厢、沐浴店、古柳、照旺庄、龙旺庄等镇沿蚬河、富水河、清水河两岸的平泊区，成土母质多来源于北部山丘酸性岩类洪积冲积物，多发育为棕壤土类；在沿河两岸冲积物上，因受潜水影响，多发育成潮土土类。该区土体深厚，土壤肥力较高，水浇条件

好，复种指数高，是莱阳市粮食蔬菜高产稳产区。

（三）东部、中部石灰性沙页岩、砾岩、钙质岩类残积坡积褐土、棕壤复域分布区

沐浴店、山前店、龙旺庄、万第、吕格庄、姜疃、大夼等镇的丘陵区，多为石灰性沙页岩、砾岩、大理岩、白云岩或含钙质基性岩类风化物，并与酸性岩类相间排列，土壤类型多为褐土、棕壤，呈复域分布。该区域坡度大，中度以上侵蚀，故土体较薄，肥力较低。

（四）西部洼地砂姜黑土区

冯格庄大部分、柏林庄西南部及吕格庄镇北部平洼区，母质为石灰性红色粉砂岩，为洪积冲积附加湖积作用形成的土壤。土壤类型以砂姜黑土为主，其次为潮棕壤、棕壤。本区土壤土体厚，养分含量高，保肥、保水性能好，通透性能差，地下水贫乏，又无水浇条件，易涝易旱。

（五）南部沿海潮土、盐土区

羊郡、穴坊两镇黄海丁字湾沿岸，因位于五龙河入海口，母质多来源于河流洪积冲积物，土体深厚，质地适中，潜在肥力较高，但因地下水含盐量较高，土壤被盐化，多发育为滨海潮盐土和滨海盐化潮土。

三、土壤类型

按照土壤发生学分类的原则，全市土壤共分为 8 大土类、17 个亚类、29 个土属、119 个土种（见表 2-1 和表 2-2）。

表 2-1　　莱阳市土壤类型面积统计表

土类		亚类		土属				
学名	俗名	学名	俗名	代号	总面积 (hm²)	总面积 (%)	耕地面积 (hm²)	耕地面积 (%)
A 棕壤	黄堰土	Aa 棕壤性土	山岭土	Aa1	9512	5.6	4772	6
				Aa2	8092	4.8	3976	5
				Aa4	10914	6.4	5976	7.5
				Aa7	2882	1.7	1356	1.7
				$\sum$Aa	31400	18.5	16080	20.1
		Ac 棕壤	黄堰土	Ac3	69020	40.6	36400	45.5
		Ae 潮棕壤	潮黄土	Ae3	13940	8.2	7520	9.4
		$\sum$A			114360	67.3	60000	75
B 褐土	灰堰土	Ba 褐土性土	灰质石渣土	Ba2	2538	1.5	1235	1.5
				Ba3	546	0.3	275	0.3
				Ba4	11055	6.5	5888	7.4
				Ba7	468	0.3	210	0.3
				$\sum$Ba	146067	8.6	7608	9.5

续表

土类		亚类		土属				
学名	俗名	学名	俗名	代号	总面积 (hm²)	总面积 (%)	耕地面积 (hm²)	耕地面积 (%)
		Bd 褐土	灰堰土	Bd3	1955	1.15	960	1.2
		Bf 潮褐土	潮灰堰土	Bf3	2040	1.2	1120	1.4
		∑B			18602	10.9	9688	12.1
				Cb4	13600	8	3600	4.5
C	淤	Cb 潮土	河淤土	Cb4′	2210	1.3	1040	1.3
潮	土			∑Cb	15810	9.3	4640	5.8
土		Cc 盐化潮土	海淤土	Cc6	1530	0.9	800	1
		∑C			17340	10.2	5440	6.8
D 盐土	轻盐土	Db 滨海潮盐土	轻盐土	Db3	850	0.5		
G 砂姜	砂姜	Ga 砂姜	砂姜	Ga1	2720	1.6	1480	1.86
黑土	黑土	黑土	Ga3		170	0.1	8	0.01
		∑G			2890	1.7	1488	1.9
I 风沙土	风沙土	Ib 半固定	风沙土	Ib1	510	0.3	80	0.1
		酸性石质土		040101	2100	1.23		
石质土	石皮土	中性石质土		040201	1206	0.7		
		钙质石质土		040301	7	0.004		
		∑			3313	1.934		
		酸性粗骨土		050101	6583	3.85	552	0.69
粗骨土	粗骨土	中性粗骨土		050201	1978	1.13	736	0.9
		钙性粗骨土		050301	4101	2.4	2016	2.52
		∑			12662	7.38	3304	4.1
∑全市土类(不含滩涂面积)					170527	100	80000	100

表 2-2　　莱阳市土种面积统计表

土　种	土地面积（hm^2）	耕地面积（hm^2）	占总耕地面积（%）
粗沙土中层硬石底酸性岩类棕壤性土	6.4	4	0.005
壤质土极薄层硬石底酸性岩类棕壤性土	23.1		
壤质土薄层硬石底酸性岩类棕壤性土	1386.3	680	0.85
壤质土中层硬石底酸性岩类棕壤性土	174.2	64	0.08
壤质土薄层酥石硼酸性岩类棕壤性土	916.7	384	0.48
粗沙土薄层酥石底酸性岩类棕壤性土	5080.5	2544	3.18
壤质土中层酥石硼酸性岩类棕壤性土	459.3	248	0.31
粗沙土中层酥石硼酸性岩类棕壤性土	1550.2	848	1.06
壤质土极薄层硬石底基性岩类棕壤性土	130.9	40	0.05
壤质土薄层硬石底基性岩类棕壤性土	1875.2	880	1.1
壤质土中层硬石底基性岩类棕壤性土	3846.1	1976	2.47
粗沙土薄层酥石硼基性岩类棕壤性土	181.8	80	0.1
壤质土薄层酥石硼基性岩类棕壤性土	1129.1	488	0.61
壤质土中层酥石硼基性岩类棕壤性土	955.3	512	0.64
壤质土中层酥石硼非石灰质沙页岩类棕壤性土	554.8	320	0.4
壤质土极薄层硬石底非石灰质沙页岩类棕壤性土	62.3		
壤质土薄层硬石底非石灰质沙页岩类棕壤性土	3500.4	1880	2.35
粗沙土薄层硬石底非石灰质沙页岩类棕壤性土	20.5	8	0.01
壤质土中层硬石底非石灰质沙页岩类棕壤性土	6317.2	3464	4.33
壤质土薄层酥石硼非石灰质沙页岩类棕壤性土	516.1	304	0.38
粗沙土薄层硬石底非石灰质砾岩棕壤性土	6.9	4	0.005
壤质土薄层硬石底非石灰质砾岩棕壤性土	1719.2	880	1.1
壤质土中层硬石底非石灰质砾岩棕壤性土	200.8	104	0.13
粗沙土薄层酥石硼非石灰质砾岩棕壤性土	1.3		
壤质土薄层酥石硼非石灰质砾岩棕壤性土	878.9	320	0.4
壤质土中层酥石硼非石灰质砾岩棕壤性土	100.3	48	0.06
轻壤土中层洪积冲积物棕壤	37558.3	20168	25.2
轻壤土薄层洪积冲积物棕壤	515.3	288	0.36
轻壤土厚心洪积冲积物棕壤	20113.6	10152	12.7

续表

土　种	土地面积 (hm^2)	耕地面积 (hm^2)	占总耕地面积 (%)
轻壤土厚腰洪积冲积物棕壤	2691.1	1424	1.78
轻壤土均质洪积冲积物棕壤	7764.3	4048	5.06
沙壤土厚心洪积冲积物棕壤	110.2	56	0.07
轻壤土厚心洪积冲积物棕壤	130	72	0.09
重壤土厚心洪积冲积物棕壤	15.1	8	0.01
沙壤土厚腰洪积冲积物棕壤	10.1	8	0.01
中壤土厚心洪积冲积物棕壤	2.8	1.6	0.002
沙壤土全剖面均质洪积冲积物棕壤	108.6	56	0.07
轻壤土薄心洪积冲积物棕壤	213.5	104	0.13
轻壤土薄腰洪积冲积物棕壤	34.5	16	0.02
轻壤土厚心洪积冲积潮棕壤	1976.3	1088	1.36
轻壤土厚腰洪积冲积潮棕壤	2493.1	1232	1.54
轻壤土均质洪积冲积潮棕壤	7781	4208	5.26
中壤土厚心洪积冲积潮棕壤	1712.6	944	1.18
沙壤土厚腰洪积冲积潮棕壤	17.1	8	0.01
壤质土薄层硬石底基性岩类褐土性土	2514.6	1216	1.52
石渣土中层硬石底基性岩类褐土性土	5.8	3.2	0.004
壤质土中层硬石底基性岩类褐土性土	27.9	16	0.02
石渣土薄层酥石硼钙质岩类褐土性土	35.9	1.6	0.002
壤质土薄层硬石底钙质岩类褐土性土	184.1	96	0.12
石渣土中层硬石底钙质岩类褐土性土	2.1	1.6	0.002
壤质土中层硬石底钙质岩类褐土性土	304.6	168	0.21
石皮土薄层酥石硼钙质岩类褐土性土	9.9	8	0.01
粗沙土薄层硬石底石灰性沙页岩类褐土性土	52.7	24	0.03
壤质土薄层硬石底石灰性沙页岩类褐土性土	3742.8	1968	2.46
石渣土薄层酥石硼石灰性沙页岩类褐土性土	7218.8	3840	4.8
壤质土中层硬石底石灰性沙页岩类褐土性土	15.3	8	0.01
壤质土中层酥石硼石灰性沙页岩类褐土性土	83.1	48	0.06
石渣土极薄层硬石底石灰性沙页岩类褐土性土	4.5		
壤质土薄层硬石底石灰性砾岩类褐土性土	118.8	24	0.03

续表

土 种	土地面积（hm^2）	耕地面积（hm^2）	占总耕地面积（%）
壤质土薄层酥石底石灰性砾岩类褐土性土	8.8	1.6	0.002
壤质土中层酥石底石灰性砾岩类褐土性土	341.1	184	0.23
轻壤土中层洪积冲积物褐土	622	320	0.4
沙壤土中层洪积冲积物褐土	80.7	48	0.06
沙壤土全剖面均质洪积冲积物褐土	37.9	24	0.03
轻壤土厚腰洪积冲积物褐土	335	136	0.17
轻壤土均质洪积冲积物褐土	287.7	144	0.18
轻壤土厚心洪积冲积物褐土	593.9	312	0.39
轻壤土厚心洪积冲积物潮褐土	32.4	24	0.03
轻壤土厚腰洪积冲积物潮褐土	789.7	424	0.53
轻壤土均质洪积冲积物潮褐土	1169	672	0.84
轻壤土厚沙心河潮土	569.5	224	0.28
轻壤土薄沙腰河潮土	39	24	0.03
沙壤土厚沙腰河潮土	1518.2	672	0.84
轻壤土厚沙腰河潮土	508.6	288	0.36
沙壤土厚沙心河潮土	1366	360	0.45
松沙土均质河潮土	171.2	32	0.04
紧沙土均质河潮土	4261.7	432	0.54
沙壤土均质河潮土	3825.3	960	1.2
轻壤土均质河潮土	649.6	376	0.47
轻壤土厚砾石心河潮土	368.4	144	0.18
沙壤土薄壤心河潮土	32.5	24	0.03
轻壤土厚沙壤腰河潮土	26.9	8	0.01
沙壤土薄沙心厚沙壤腰河潮土	83.8	32	0.04
紧沙土厚壤心河潮土	6.5	1.6	0.002
紧沙土厚沙壤心河潮土	136.5		
紧沙土厚壤腰河潮土	38.7	8	0.01
轻壤土厚沙心石灰性河潮土	347.9	184	0.23
轻壤土薄沙腰石灰性河潮土	79.1	40	0.05
轻壤土厚沙腰石灰性河潮土	550.2	288	0.36

续表

土　种	土地面积（hm^2）	耕地面积（hm^2）	占总耕地面积（%）
沙壤土厚沙腰石灰性河潮土	412.2	192	0.24
沙壤土均质石灰性河潮土	653.1	256	0.32
轻壤土均质石灰性河潮土	104.2	56	0.07
沙壤土薄壤心石灰性河潮土	24	16	0.02
沙壤土均质滨海盐化潮土	106	64	0.08
沙壤土厚沙心滨海盐化潮土	82.2	32	0.04
沙壤土厚沙腰滨海盐化潮土	424.4	240	0.3
轻壤土均质滨海盐化潮土	750.8	424	0.53
中壤土厚沙壤心滨海盐化潮土	64.8	40	0.05
轻壤土厚沙腰滨海盐化潮土	59.3	40	0.05
轻壤土厚沙壤腰滨海盐化潮土	35.3	24	0.03
沙壤土厚沙腰滨海潮盐土	53.9		
沙壤土均质滨海潮盐土	25.3		
轻壤土均质滨海潮盐土	838.8		
沙壤土厚砂姜腰黑土裸露砂姜黑土	2690.4	1416	1.77
轻壤土厚砂姜腰黑土裸露砂姜黑土	5.1	3.2	0.004
中壤土厚砂姜心黑土裸露砂姜黑土	31.2	24	0.03
轻壤土厚砂姜心黑土裸露砂姜黑土	18.4	8	0.01
中壤土厚砂姜腰黑土裸露砂姜黑土	36.9	24	0.03
轻壤土厚砂姜腰黄土覆盖砂姜黑土	17.4	8	0.01
冲积半固定风沙土	529.1	80	0.1
酸性岩类酸性石质土	2100		
基性岩类中性石质土	243.7		
非石灰性沙页岩类中性石质土	962.7		
石灰岩类钙质石质土	7.3		
薄层酸性岩类酸性粗骨土	6582.7	552	0.69
薄层基性岩类中性粗骨土	1167	624	0.78
沙页岩类中性粗骨土	811.3	112	0.14
基性岩类钙质粗骨土	1497.3	728	0.91
石灰岩类钙质粗骨土	2604	1288	1.51

现依据土壤分类系统，将主要的土壤类型的性态特征、生产性能分述如下：

(一)棕壤土类

棕壤又称为"棕色森林土"，是在暖温带湿润气候区中生型落叶阔叶林下发育形成的土壤类型，剖面特征与层次随分布地形部位不同而异。从莱阳市棕壤的成土母质来看，为酸性岩类、基性岩类、非石灰性沙页岩及砾岩的残积坡积、洪积冲积物。在成土过程中，淋溶作用和淀积作用是主导因素。在淋溶、淀积作用下，具有较明显的棕红色黏化淀积层，厚度不一，柱状结构，通体无石灰反应，土壤呈中性—微酸性反应，pH 为 5.5～6.7。

表土层受丘陵地形及淋溶、耕作、施肥影响，质地偏轻，呈灰棕色。淀积层为黏粒聚积层，由于有铁锰含水氯化物的存在，呈红棕—黄棕色，质地黏重，呈块状、棱柱状结构，结构面上有铁锰胶膜覆被。棕壤的淀积层通透性差，由于出现的部位高低、厚度不等，常对农业生产产生直接影响。底土层则保持着成土母质的形态，土体中常有铁锰结核存在。棕壤土体厚度随地形起伏而不一，由高至低逐渐加厚，山地丘陵多在 30cm 左右，沟谷及山前倾斜平原则多达 100cm 以上，因土体厚度、质地的不同，便造成了该土类有较多的土种及生产性能上的差异。

棕壤在莱阳市各地(街道办事处)均有广泛分布，可利用面积为 102060hm^2，占总可利用面积的 68.1%，其中耕地面积为 60000hm^2，占总耕地面积的 75%。

根据莱阳市棕壤成土母质和剖面形态的差异，可分为棕壤性土、棕壤、潮棕壤 3 个亚类，根据属性分为 6 个土属，44 个土种。

1. 棕壤性土亚类

棕壤性土多分布在莱阳市北部的谭格庄镇、柏林庄镇、河洛镇等地，可利用面积为 29663hm^2，耕地面积为 16080hm^2，占总耕地面积的 20.1%。

因所处地形高，侵蚀重，成土时间短，土体发育不完全，无心土层，土层浅薄，土体厚度一般小于 60cm，质地粗，砾石含量高。水土流失比较严重，土壤养分含量低，普遍缺磷，土壤肥力差。

莱阳市的棕壤性土亚类根据基底母岩、表层质地、土体厚度与基底性质的不同，分为 4 个土属，26 个土种。

(1)酸性岩类棕壤性土

酸性岩类棕壤性土的基底母岩为酸性岩类，成土母质为片麻岩、砂岩、粗粒石英、长石等酸性岩类风化物，故土壤质地较粗，孔隙大，易耕作，养分含量低，保肥、保水性差，喜雨怕旱，全市的土体平均厚度为 24.1cm。主要分布在谭格庄、河洛、柏林庄、沐浴店等地，全市共 8 个土种，耕地面积为 4772hm^2，占总耕地面积的 5.97%。

①壤质土薄层酥石硼酸性岩类棕壤性土

壤质土薄层酥石硼酸性岩类棕壤性土面积为 916.7hm^2，占总面积的 0.54%；可利用面积为 780hm^2，占总可利用面积的 0.52%；耕地面积为 384hm^2，占总耕地面积的 0.48%。土体厚度平均为 22.8cm，容重变幅为 1.23～1.36g/cm^3，平均为 1.28 g/cm^3，空气孔隙度平均为 52%，土壤 pH 平均为 6.5。该土种主要分布于吕格庄、河洛、谭格庄、沐浴店等地，因所处地形部位偏高，位于丘陵区的中上部，坡度大，水土流失严重。

②壤质土薄层硬石底酸性岩类棕壤性土

壤质土薄层硬石底酸性岩类棕壤性土面积为 1386.3hm²，占总面积的 0.81%；可利用面积为 1365.5hm²，占总可利用面积的 0.92%；耕地面积为 680hm²，占总耕地面积的 0.85%。土体厚度平均为 26.7cm，容重变幅为 1.18～1.57g/cm³，平均为 1.38 g/cm³，空气孔隙度平均为 48.4%，土壤 pH 平均为 6.3。该土种主要分布于沐浴店、山前店、团旺等地，因所处地形部位偏高，位于丘陵区的中上部，水土流失严重。

③壤质土中层酥石硼酸性岩类棕壤性土

壤质土中层酥石硼酸性岩类棕壤性土面积为 459.3hm²，占总面积的 0.273%；可利用面积为 444.5hm²，占总可利用面积的 0.295%；耕地面积为 248hm²，占总耕地面积的 0.31%。土体厚度平均为 42cm，容重变幅为 1.28～1.5g/cm³，平均为 1.39g/cm³，空气孔隙度平均为 47.9%，土壤 pH 平均为 6。该土种主要分布于姜疃、河洛、沐浴店、谭格庄等地，位于丘陵区的中上部，坡度大，水土流失严重。

(2)基性岩类棕壤性土

基性岩类棕壤性土的基性岩类母岩中铝硅酸盐和铁硅酸盐含量较多，二氧化硅含量较少，故抗风化能力弱，颗粒较细，养分含量较高。平均土体厚度为 23.9cm，主要分布在沐浴店镇的泊子、火山沟、龙旺庄街道办事处的庙后、凤凰山，照旺庄镇的芦儿港、寨口，大夼镇的三里庄等丘陵区，全市共有 5 个土种，耕地面积为 3976hm²，占总耕地面积的 5%。

①壤质土薄层酥石硼基性岩类棕壤性土

壤质土薄层酥石硼基性岩类棕壤性土面积为 1129.1hm²，占总面积的 0.66%；可利用面积为 1100hm²，占总可利用面积的 0.73%；耕地面积为 488hm²，占总耕地面积的 0.61%，是基性岩类棕壤性土中总面积、耕地面积第三大的土种。土体厚度平均为 21.7cm，容重变幅为 1.3～1.35g/cm³，平均为 1.34g/cm³，空气孔隙度平均为 49.9%，土壤 pH 平均为 6.3。该土种主要分布于团旺、穴坊、照旺庄、龙旺庄、沐浴店等地，位于丘陵中上部，水土流失严重。

②壤质土极薄层硬石底基性岩类棕壤性土

壤质土极薄层硬石底基性岩类棕壤性土面积为 130.9hm²，占总面积的 0.08%；可利用面积为 108.5hm²，占总可利用面积的 0.07%；耕地面积为 40hm²，占总耕地面积的 0.05%。土体厚度平均为 17.5cm，容重变幅为 1.35～1.38g/cm³，平均为 1.37g/cm³，空气孔隙度平均为 48.4%，土壤 pH 平均为 6.2。该土种主要分布于大夼、高格庄、沐浴店等地，位于丘陵中上部，坡度大，水土流失严重。

③壤质土薄层硬石底基性岩类棕壤性土

壤质土薄层硬石底基性岩类棕壤性土面积为 1875.2hm²，占总面积的 1.1%；可利用面积为 1726.4hm²，占总可利用面积的 1.15%；耕地面积为 880hm²，占总耕地面积的 1.1%，是基性岩类棕壤性土中总面积、耕地面积第二大的土种。土体厚度平均为 22cm，容重变幅为 1.33～1.43g/cm³，平均为 1.34g/cm³，空气孔隙度平均为 49.3%，土壤 pH 平均为 6.1。该土种主要分布于沐浴店、大夼、高格庄、团旺、穴坊等地，位于丘陵中上部，水土流失严重。

④壤质土中层硬石底基性岩类棕壤性土

壤质土中层硬石底基性岩类棕壤性土面积为3846.1hm^2，占总面积的2.25%；可利用面积为3517.8hm^2，占总可利用面积的2.35%；耕地面积为1976hm^2，占总耕地面积的2.47%，是基性岩类棕壤性土中总面积、耕地面积最大的土种。土体厚度平均为26cm，容重变幅为1.31～1.54g/cm^3，平均为1.43g/cm^3，空气孔隙度平均为46.6%，土壤pH平均为6.4。该土种主要分布于沭浴店、龙旺庄、照旺庄、大夼、高格庄、团旺、穴坊等地的丘陵区，位于丘陵中上部，坡度大，水土流失严重。

(3)非石灰性沙页岩类棕壤性土

酸性岩类棕壤性土的基底母岩为非石灰性沙页岩类，成土母质以砂岩为主，不易风化，水土流失严重，土层浅薄，养分含量贫乏，全市的土体平均厚度为34.5cm。主要分布在姜疃、团旺、羊郡等地，全市共6个土种，耕地面积为6000hm^2，占总耕地面积的7.5%。

①壤质土薄层硬石底非石灰性沙页岩类棕壤性土

壤质土薄层硬石底非石灰性沙页岩类棕壤性土面积为3500.4hm^2，占总面积的2.05%；可利用面积为3262.1hm^2，占总可利用面积的2.18%；耕地面积为1880hm^2，占总耕地面积的2.35%，是非石灰性沙页岩类棕壤性土中总面积、耕地面积第二大的土种。土体厚度平均为25.3cm，容重变幅为1.27～1.33g/cm^3，平均为1.31g/cm^3，空气孔隙度平均为51%，土壤pH平均为6.4。该土种主要分布于团旺、姜疃、高格庄、羊郡等地，位于丘陵中上部，坡度大，水土流失严重。

②壤质土中层硬石底非石灰性沙页岩类棕壤性土

壤质土中层硬石底非石灰性沙页岩类棕壤性土面积为6317.2hm^2，占总面积的3.7%；可利用面积为5935.7hm^2，占总可利用面积的3.96%；耕地面积为3464hm^2，占总耕地面积的4.33%，是非石灰性沙页岩类棕壤性土中总面积、耕地面积最大的土种。土体厚度平均为44cm，容重变幅为1.29～1.44g/cm^3，平均为1.35g/cm^3，空气孔隙度平均为49.6%，土壤pH平均为5.9。该土种主要分布于大夼、团旺、姜疃、穴坊、高格庄、羊郡等地的丘陵区，以砂岩为主，因所处地形部位偏高，位于丘陵区的中上部，坡度大，水土流失严重。

③壤质土中层酥石底非石灰性沙页岩类棕壤性土

壤质土中层酥石底非石灰性沙页岩类棕壤性土面积为554.8hm^2，占总面积的0.32%；可利用面积为539.3hm^2，占总可利用面积的0.36%；耕地面积为320hm^2，占总耕地面积的0.4%，是非石灰性沙页岩类棕壤性土中总面积、耕地面积第三大的土种。土体厚度平均为44.5cm，容重变幅为1.35～1.54g/cm^3，平均为1.45g/cm^3，空气孔隙度平均为46%，土壤pH平均为6。该土种主要分布于姜疃、大夼、高格庄、羊郡等地，因所处地形部位偏高，位于丘陵区的中上部，坡度大，水土流失严重。

(4)非石灰性砾岩棕壤性土

砾岩类棕壤性土的基底母岩为砾岩类，成土母质多为火山灰沉积岩或凝灰岩类风化物，易风化，通气、透水性好，保肥、保水性差。全市的土体平均厚度为21.3cm。主要分布在城厢、龙旺庄、冯格庄、河洛、柏林庄、照旺庄等地，全市共6个土种，耕地面积为1384hm^2，占总耕地面积的1.73%。

①壤质土薄层硬石底非石灰性砾岩棕壤性土

壤质土薄层硬石底非石灰性砾岩棕壤性土面积为 1719.2hm^2，占总面积的 1%；可利用面积为 1508.5hm^2，占总可利用面积的 1.01%；耕地面积为 880hm^2，占总耕地面积的 1.1%，是非石灰性砾岩棕壤性土中面积最大的土种。土体厚度平均为 23.8cm，容重变幅为 1.19～1.39g/cm^3，平均为 1.29g/cm^3，空气孔隙度平均为 51.5%，土壤 pH 平均为 6.1。该土种主要分布于龙旺庄、柏林庄、河洛、冯格庄、照旺庄等地，位于丘陵区的中上部，坡度大，水土流失严重。

②壤质土中层酥石底非石灰性砾岩棕壤性土

壤质土中层酥石底非石灰性砾岩棕壤性土面积为 100.3hm^2，占总面积的 0.06%；可利用面积为 97.9hm^2，占总可利用面积的 0.07%；耕地面积为 48hm^2，占总耕地面积的 0.06%。土体厚度平均为 43cm，容重变幅为 1.36～1.58g/cm^3，平均为 1.44g/cm^3，空气孔隙度平均为 45.7%，土壤 pH 平均为 6.5。该土种主要分布于龙旺庄、柏林庄、河洛等地，位于丘陵区的中上部，坡度大，水土流失严重。

2. 棕壤亚类

棕壤俗称“黄堰土”“黄泥头地”等，是莱阳市面积最大的一个亚类，在全市的岭地、泊地、沟谷梯田都有分布。由于所处地形变化较大，所以土体结构比较复杂。土体较厚，剖面发育明显，可利用面积为 61200hm^2，耕地面积为 36400hm^2，占耕地总面积的 45.5%，全市只有 1 个土属，20 个土种。

(1) 轻壤土中层洪积冲积物棕壤

轻壤土中层洪积冲积物棕壤面积为 37558.3hm^2，占总面积的 21.97%；可利用面积为 34546.6hm^2，占总可利用面积的 23.06%；耕地面积为 20168hm^2，占总耕地面积的 25.21%，是莱阳市面积最大的一个土种。土体厚度小于 60cm，容重变幅为 1.22～1.57g/cm^3，平均为 1.34g/cm^3，空气孔隙度平均为 53.96%，土壤 pH 平均为 6.2。分布在全市各地丘陵区下部水平梯田上，俗称“泥土地”“黄泥地”，成土母岩为酸性岩类洪积冲积物，因其座落地形部位较高、侵蚀重，其质地及保水、保肥性均优于棕壤性土。

(2)轻壤土厚心洪积冲积物棕壤

轻壤土厚心洪积冲积物棕壤面积为 20113.6hm^2，占总面积的 11.77%；可利用面积为 16992.8hm^2，占总可利用面积的 11.34%；耕地面积为 10152hm^2，占总耕地面积的 12.69%。土体厚度为 60～80cm，容重变幅为 1.29～1.54g/cm^3，平均为 1.38g/cm^3，空气孔隙度平均为 47.7%，土壤 pH 平均为 6.3。分布在全市各地山丘下部、岭地、沟谷梯田、泊地微地貌单元洪积冲积、坡积洪积母质上，俗称“黄堰土”“黄黏土”，土层深厚，但在 20～60cm 土体内出现较黏重淀积黏化层，通透性、耕性较差，保水、保肥性好，易改造，增产潜力大。

(3)轻壤土厚腰洪积冲积物棕壤

轻壤土厚腰洪积冲积物棕壤面积为 2691.1hm^2，占总面积的 1.57%；可利用面积为 2223.6hm^2，占总可利用面积的 1.49%；耕地面积为 1424hm^2，占总耕地面积的 1.78%。土体深厚，容重变幅为 1.22～1.4g/cm^3，平均为 1.3g/cm^3，空气孔隙度平均为 51.2%，土壤 pH 平均为 6.5。分布在全市的泊地及丘陵基部平缓处洪积冲积母质上，俗称“黄土地”“黄泥头地”。土体深厚，在60～100cm土体内出现较黏重淀积层。保供性能良好，既抗旱又耐涝，增产潜力大，是理想的耕作土壤。

(4)轻壤土均质洪积冲积物棕壤

轻壤土均质洪积冲积物棕壤面积为7764.3hm^2，占总面积的4.54%；可利用面积为6382.5hm^2，占总可利用面积的4.26%；耕地面积为4048hm^2，占总耕地面积的5.06%。土体深厚，容重变幅为1.22～1.42g/cm^3，平均为1.32g/cm^3，空气孔隙度平均为50.7%，土壤pH平均为6.2。分布在全市的泊地酸性岩类洪积冲积母质上，俗称“活黄堰地”。土体深厚，全剖面质地为轻壤、中壤，通透性、保供性、耕性较好，是较理想的土壤类型。

3. 潮棕壤亚类

潮棕壤俗称“黄土”“老黄土”“油黄土”等，成土母质为洪积冲积物，地下水位较深，潜水位一般为3m，多分布在山前倾斜平原低平地。该亚类土体土壤养分高，生产性能高，适种性广，是莱阳市精种高产土壤类型之一。主要分布于城厢、龙旺庄、照旺庄、柏林庄、沐浴店、姜疃等地。可利用面积为11203hm^2，耕地面积为7520hm^2，占总耕地面积的9.4%。

根据土体结构、表层质地的不同，下分1个土属，8个土种。

(1)轻壤土厚心洪积冲积潮棕壤

轻壤土厚心洪积冲积潮棕壤面积为1976.3hm^2，占总面积的1.16%；可利用面积为1646.3hm^2，占总可利用面积的1.1%；耕地面积为1088hm^2，占总耕地面积的1.36%。土体较厚，容重变幅为1.26～1.51g/cm^3，平均为1.38g/cm^3，空气孔隙度平均为47.9%，土壤pH平均为6.5。主要分布在谭格庄西洼、万第前岚子前洼、冯格庄洼、吕格庄响水沟洼等泊洼地，本土种土壤由于长期受潜水影响，质地较黏重，亚耕层下有锈纹、锈斑等潜育化特征，生产性能优于黏心棕壤。

(2)轻壤土厚腰洪积冲积潮棕壤

轻壤土厚腰洪积冲积潮棕壤面积为2493.1hm^2，占总面积的1.46%；可利用面积为1846.6hm^2，占总可利用面积的1.23%；耕地面积为1232hm^2，占总耕地面积的1.54%。土体深厚，容重变幅为1.26～1.44g/cm^3，平均为1.33g/cm^3，空气孔隙度平均为49.7%，土壤pH平均为6.2。主要分布在姜疃塔南泊，团旺南泊、留格庄泊，穴坊北泊、杜林泊，沐浴店鹤山泊，照旺庄东南洼等泊洼地。由于黏质夹层出现在60cm以下，土壤通透性、适耕性、保供性能均最佳，同时地下水源丰富，土壤肥力高，生产性能好，为莱阳市稀有的高产稳产田。

(3)轻壤土均质洪积冲积潮棕壤

轻壤土均质洪积冲积潮棕壤面积为7781hm^2，占总面积的为4.55%；可利用面积为6225.2hm^2，占总可利用面积的4.16%；耕地面积为4208hm^2，占总耕地面积的5.26%。土体深厚，容重变幅为1.22～1.55g/cm^3，平均为1.33g/cm^3，空气孔隙度平均为49.7%，土壤pH平均为6.2。主要分布在团旺张格庄、河前洼，羊郡桥头洼，高格庄湾头洼，穴坊南洼、蚬子湾洼，照旺庄叶家泊洼，古柳迟家疃洼，谭格庄邢格庄洼，柏林庄小平、李家庄洼，大夼张格庄洼，姜疃宋格庄、濯村东洼。发育在微斜平地、泊地与河滩地之间，棕壤与河潮土之间的过渡地带，洪积冲积母质上。土层通体为轻壤，下部有锈纹、锈斑，土壤的通透性、适耕性、保供性能都很好，肥沃度高，是生产力较强的一类土壤。

（二）褐土土类

褐土又称为“褐色森林土”。莱阳市褐土发育在富钙质母岩或该类母岩残积物及洪积冲积物上，土体内富含钙质，呈中性至微碱性反应，与棕壤呈复域分布。在山丘区多发育为褐土性土，在平泊区发育为褐土和潮褐土。可利用面积为16868hm^2，占总可利用面积的11.2%；耕地面积为9688hm^2，占总耕地面积的12.1%。根据其基底母岩、母质类型、剖面特点不同，分为3个亚类，6个土属，26个土种。

1. 褐土性土亚类

褐土性土亚类可利用面积为12870hm^2，占总可利用面积的8.5%；耕地面积为7608hm^2，占总耕地面积的9.5%。因基底母岩、表土质地、土体厚度与基底性质不同，下分4个土属，17个土种。

（1）壤质土中层硬石底基性岩类褐土性土

壤质土中层硬石底基性岩类褐土性土面积为27.9hm^2，占总面积的0.02%；可利用面积为27.4hm^2，占总可利用面积的0.02%；耕地面积为16hm^2，占总耕地面积的0.02%。土体厚度为31cm，容重变幅为1.32～1.37g/cm^3，平均为1.35g/cm^3，空气孔隙度平均为50.1%，土壤pH平均为8.2。主要分布在山前店、万第、高格庄部分山丘区中上部，成土母质系含钙质安山岩、安山玄武岩风化物的残积物。土层浅薄，土体有石灰反应。

（2）壤质土中层硬石底钙质岩类褐土性土

壤质土中层硬石底钙质岩类褐土性土面积为304.6hm^2，占总面积的0.18%；可利用面积为275.4hm^2，占总可利用面积的0.18%；耕地面积为168hm^2，占总耕地面积的0.21%。土体厚度为31cm，容重平均为1.5g/cm^3，空气孔隙度平均为43.4%，土壤pH平均为7.4。主要分布在吕格庄、姜疃部分山丘区中上部，直接发育在大理岩、白云岩等钙质岩类岩脉或岩体上，水土流失较重。土层浅薄，有石灰反应。通透性较好，保水、保肥能力差。

（3）壤质土薄层硬石底石灰性沙页岩类褐土性土

壤质土薄层硬石底石灰性沙页岩类褐土性土面积为3742.8hm^2，占总面积的2.19%；可利用面积为3512hm^2，占总可利用面积的2.34%；耕地面积为1968hm^2，占总耕地面积的2.46%。土体厚度为22cm，容重变幅为1.15～1.43g/cm^3，平均为1.3g/cm^3，空气孔隙度平均为50.7%，土壤pH平均为7.3。主要分布在沐浴店、山前店的南半部、万第西北部、龙旺庄东半部山丘区。土层浅薄，土体以下为铺板石硬石基底，不抗旱，不耐涝。

（4）壤质土中层酥石底石灰性砾岩类褐土性土

壤质土中层酥石底石灰性砾岩类褐土性土面积为341.1hm^2，占总面积的0.2%；可利用面积为289.7hm^2，占总可利用面积的0.19%；耕地面积为184hm^2，占总耕地面积的0.23%。土体厚度为21cm，土壤pH平均为7.7。主要分布在龙旺庄、照旺庄的丘陵区中上部，成土母质为石灰性砾岩残积物，中度侵蚀。土层浅薄，有石灰反应。

2. 褐土亚类

可利用面积为1721.7hm²，占总可利用面积的1.15%；耕地面积为960hm²，占总耕地面积的1.2%，仅洪积冲积一个土属，因母质类型、土体构型的不同，下分9个土种。

(1)轻壤土中层洪积冲积褐土

轻壤土中层洪积冲积褐土面积为622hm²，占总面积的0.36%；可利用面积为565.9hm²，占总可利用面积的0.38%；耕地面积为320hm²，占总耕地面积的0.4%。土体厚度小于60cm，容重平均为1.36g/cm³，空气孔隙度平均为48.7%，土壤pH平均为7.9。主要分布在姜疃岚子、辛庄及河洛李家楼一带岭地平缓处，成土母质为大理岩、石灰性沙页岩洪积冲积物，土层浅，有淀积黏化层发育。

(2)轻壤土厚心洪积冲积褐土

轻壤土厚心洪积冲积褐土面积为593.9hm²，占总面积的0.36%；可利用面积为544hm²，占总可利用面积的0.36%；耕地面积为312hm²，占总耕地面积的0.39%。土体深厚，容重平均为1.32 g/cm³，空气孔隙度平均为50.9%，土壤pH平均为6.8。零星分布在龙旺庄、柏林庄等地的岭地下部的泊地洪积冲积母质上，土壤保水、保肥能力强，通体有石灰反应。

(3)轻壤土厚腰洪积冲积褐土

轻壤土厚腰洪积冲积褐土面积的335hm²，占总面积的0.2%；可利用面积的252.9hm²，占总可利用面积的0.17%；耕地面积为136hm²，占总耕地面积的0.17%。土体深厚，容重平均为1.45g/cm³，空气孔隙度平均为45.3%，土壤pH平均为6.8。主要分布在万第东院西夼，古柳左家夼、埠前一带平泊区，母质为红色钙质沙砾岩风化的洪积冲积物，弱度侵蚀，土层深厚，保水、保肥能力较强。

3. 潮褐土亚类

可利用面积为1666.6hm²，占总可利用面积的1.1%；耕地面积为1120hm²，占总耕地面积的1.39%。因母质类型、土体构型的不同，下分1个土属，3个土种。

(1)轻壤土厚腰洪积冲积潮褐土

轻壤土厚腰洪积冲积潮褐土面积为789.7hm²，占总面积的0.46%；可利用面积为631.3hm²，占总可利用面积的0.42%；耕地面积为424hm²，占总耕地面积的0.53%。土体深厚，容重平均为1.23g/cm³，空气孔隙度平均为53.6%，土壤pH平均为7.5。主要分布在柏林庄李家疃、杨家疃至城厢姚格庄，沐浴店大明及龙旺庄文翘泊一带平泊区，成土母质为钙质岩类洪积冲积物，土体有石灰反应，地下水水位高且丰富，适耕性、通透性、保供性均良好，是良好的农田土壤。

(2)轻壤土均质洪积冲积潮褐土

轻壤土均质洪积冲积潮褐土面积为1169hm²，占总面积的0.68%；可利用面积为1006.2hm²，占总可利用面积的0.67%；耕地面积为672hm²，占总耕地面积的0.84%。土体深厚，容重平均为1.39g/cm³，空气孔隙度平均为47.5%，土壤pH平均为7.9。主要分布在龙旺庄北龙、洞仙庄、东西祝家庙、田格庄泊，沐浴店大明西泊，河洛孤山洼，吕格庄金岗口北泊，古柳李格庄前泊、徐格庄东洼、望市东泊等微斜平地上，母质为红色钙质粉砂岩洪积冲积物，土体深厚，排灌条件好，是莱阳市高产、稳产土壤之一。

（三）潮土土类

潮土俗称“淤土”，是直接发育在河流冲积物及海滩河流沉积物上，长期受潜水影响发育的一类土壤，沉积层次明显，土体下部有明显的锈纹、锈斑。耕性好，保肥、保水力强，熟化程度高，土壤较肥沃，适种各种作物。潮土土类面积为17340hm^2，占总面积的10.2%，耕地面积为5440hm^2，占总耕地面积的6.8%。

莱阳市有潮土和盐化潮土2个亚类，3个土属，30个土种。

1. 潮土亚类

潮土主要分布在五龙河、潴河、七星河主支流两岸的河滩地上。可利用面积为1.13$\times10^4hm^2$，占总可利用面积的7.54%。耕地面积为4640hm^2，占总耕地面积的5.8%。

（1）沙壤土均质河潮土

沙壤土均质河潮土面积为3825.39hm^2，占总面积的2.24%；可利用面积为2525.2hm^2，占总可利用面积的1.69%；耕地面积为960hm^2，占总耕地面积的1.2%。容重平均为1.37g/cm^3，空气孔隙度平均为48.3%，土壤pH平均6.5。主要分布在沐浴店、河洛、龙旺庄、万第、姜疃、古柳、穴坊、高格庄、羊郡等地沿五龙河主支流两岸河滩地上。土体自上而下全是沙壤，黏粒很少，肥力较低，主要用于林果业生产。

（2）轻壤土均质河潮土

轻壤土均质河潮土面积为649.6hm^2，占总面积的0.38%；可利用面积为593.1hm^2，占总可利用面积的0.4%；耕地面积为376hm^2，占总耕地面积的0.47%。容重平均为1.3g/cm^3，空气孔隙度平均为51.01%，土壤pH平均为6.5。主要分布在山前店南夏格庄至坞边头泊，沐浴店南寨头、崔格庄至朱兰西泊，河洛赵家埠子至朱江洼。土体自上而下全是轻壤或中壤，通透性、保蓄性良好，适耕期长，产量高而稳定。

（3）轻壤土厚沙腰河潮土

轻壤土厚沙腰河潮土面积为508.6hm^2，占总面积的0.3%；可利用面积为493.2hm^2，占总可利用面积的0.33%；耕地面积为288hm^2，占总耕地面积的0.36%。容重平均为1.31g/cm^3，空气孔隙度平均为50.7%，土壤pH平均6.8。主要分布在沐浴店、山前店、柏林庄、照旺庄、古柳、姜疃、龙旺庄、穴坊等地的河滩地上。在土体60～100cm内有沙质夹层，由于沙质夹层质地粗、无结构，对养分、水分保蓄能力差，不抗干旱，发小苗、不发老苗，无后劲。

2. 盐化潮土亚类

盐化潮土主要分布在羊郡镇、穴坊镇沿海滩地上，是潮土附加盐化过程的土壤，矿化程度高，地表有不同的盐斑，当地称为“碱泥”。可利用面积为1386hm^2，占总可利用面积的1.09%，耕地面积为800hm^2，占总耕地面积的1%。

轻壤土均质滨海盐化潮土面积为750.8hm^2，占总面积的0.43%；可利用面积为655.1hm^2，占总可利用面积的0.44%；耕地面积为424hm^2，占总耕地面积的0.53%。容重平均为1.17g/cm^3，空气孔隙度平均为55.8%，土壤pH平均为7.2。主要分布在羊郡、穴坊沿海滩地上，成土母质为海积物，是潮土附加盐化过程的土壤，地表有程度不同的盐斑，旱季尤为明显。

（四）盐土土类

土体内含有大量可溶性盐类，是地表有盐斑或缺苗大于五成以上的土壤类型。莱阳市主要分布在羊郡、穴坊地面高程在 5m 以下的滨海地区，有滨海潮盐土 1 个亚类、滨海潮盐土 1 个土属，下分 3 个土种。面积为 850hm^2，占总面积的 0.54%，其中可利用面积为 300hm^2，占总可利用面积的 0.22%，无耕地。

（五）砂姜黑土土类

砂姜黑土是指分布在地形部位较低洼，1.5m 土体内“黑土层”与“砂姜层”同时存在的黯黑土壤，是古老的耕作土壤之一。可利用面积为 2267.4hm^2，占总可利用面积的 1.51%；耕地面积为 1488hm^2，占总耕地面积的 1.86%。主要分布在冯格庄大洼及团旺后寨西洼，穴坊唐家庄西南洼与姜山洼接壤处。共分 2 个土属，6 个土种。

中壤土厚砂姜腰黑土裸露砂姜黑土面积为 36.9hm^2，占总面积的 0.02%；可利用面积为 36.3hm^2，占总可利用面积的 0.02%；耕地面积为 24hm^2，占总耕地面积的 0.03%。容重平均为 1.32g/cm^3，空气孔隙度平均为 50.2%，土壤 pH 平均为 6.7。主要分布在冯格庄洼微斜平地上，表层为黑土覆盖，在 60～80cm 处出现砂姜，土壤养分含量高，保水、保肥能力强，实行小麦—玉米一年两作，是莱阳市主要的旱作高产区。

该类型土壤所处地形平坦低洼，地上水排泄不畅，地下水埋藏通常在 1～2m，雨季可上升到 1m 以内，或地表有短期积水。各种湿生和水生型草本植物茂密生长，为黑土层中腐殖质的形成积累提供了物质基础。

成土母质为第四纪以来的浅湖沼相沉积物，因所处地势低洼，不但是冲刷物质的沉积区，也是地下水中 HCO_3^- 和 Ca^{2+} 的富集区，这又为砂姜的形成提供了丰富的物质基础。

在过去湿热的气候条件下，古老的湖沼相沉积物上繁茂生长着湿生与水生型草本植物，这些草本植物死亡后，在过湿的条件下，进行以腐殖化为主的嫌气分解，纤维素、木质素等难以分解的物质便积累起来，使土壤表层积累大量有机质；第二年雨季到来之前，积水退干，土温升高，又进行好气分解，如此循环往复，由于生物积累和渍水的影响，形成了黑土层，黑土层一般为 20～50cm。

砂姜黑土的地下水质多为 H_2CO_3—Ce—Ca—Mg 型水，由于埋藏浅，潜水上升，经蒸发，在干湿交替层形成 $CaCO_3$沉淀，即砂姜层；在砂姜层形成的同时，土壤中铁、锰等变价矿物元素在较高湿度、干湿交替的条件下进行氧化还原，使砂姜层中镶嵌着大量铁锰结核。

在草甸潜育土的基础上，人类采用排水、耕作、施肥和种植作物等措施，使土壤形态特征相应地发生变化，土壤的水热状况得到了改善，加速了有机质的矿化分解，增加了养分的有效性，土壤剖面逐渐分化出耕作层、犁底层，成为旱耕熟化类型的耕作土壤。

（六）风沙土土类

莱阳市的风沙土主要发育在五龙河畔风积沙丘上，通体沙粒均匀，不受潜水影响，可利用面积为 508hm^2，占总可利用面积的 0.35%，耕地面积为 80hm^2，占总耕地面积的 0.1%，只有一个土属和一个土种。

冲积半固定风沙土面积为 510hm^2，占总面积的 0.31%；可利用面积为 508hm^2，占总可利用面积的 0.35%；耕地面积为 80hm^2，占总耕地面积的 0.1%。容重平均为 1.34g/cm^3，空气孔隙度平均为50.8%，土壤pH平均为6.4。主要分布照旺庄、高格庄、古柳、穴坊等地沿五龙河两岸的河流冲积物风积沙丘上，通体沙粒均匀，土壤肥力低，漏水、漏肥严重，是莱阳茌梨的主要种植区。

(七)石质土土类

石质土土类归属初育土土纲，分布在丘陵区的石质山丘上部，常与裸岩、粗骨土呈复域分布。

石质土分布的地形部位高，坡度大，水土流失严重，属A—R构型土，土层极薄，厚度小于15cm，砾石含量高，剖面未见发育，土层之下为基岩。根据母质的矿物组成的差异，划分为酸性石质土、中性石质土、钙质石质土等3个亚类。亚类下，根据母岩类型的不同，划出4个土属，各土属下列1个土种，共计4个土种。

莱阳市石质土类土壤面积为3313.3hm²，占全市土壤面积的1.93%，可利用面积为3095.6hm²，占总可利用面积的2.06%，无耕地。

酸性石质土亚类主要分布在沐浴店东部、山前店东北部和老寨山系周围区域。面积为2100hm²，占总面积的1.23%，可利用面积为1929.33hm²，占总可利用面积的1.29%，无耕地。

中性石质土亚类主要分布在羊郡东部、西部、西北部及高格庄的西南部，娘娘山系周围区域。面积为1206hm²，占总面积的0.7%；可利用面积为1162.7hm²，占总可利用面积的0.77%，无耕地。

钙质石质土亚类分布在城乡办事处西赵疃村西零星红土区。面积为7.2hm²，占总面积的0.004%，可利用面积为3.5hm²，占总可利用面积的0.002%，无耕地。

(八)粗骨土土类

粗骨土土类归属初育土土纲，分布在丘陵区的山地中上部和丘陵的顶部。

粗骨土分布的地形部位较高，坡度较大，水土流失亦较严重，属A—C或A—R构型土，土体厚度为薄层或中层，砾石含量高，剖面发育微弱，薄A层之下为不同厚薄的半风化基岩层或基岩。根据母质矿物组成的差异，划出酸性粗骨土、中性粗骨土、钙质粗骨土等3个亚类，亚类下依据母岩类型的不同划出3个土属，再依据土体的厚薄及土壤的砾石含量多少，共划出5个土种。

莱阳市粗骨土类土壤面积为12662hm²，占总面积的7.38%，可利用面积为12004hm²，占总可利用面积的8%，耕地面积为3304hm²，占总耕地面积的4.1%。

酸性粗骨土亚类主要分布在谭格庄东南部、柏林庄北部低山丘陵区及旌旗山系区域。土壤面积为6582.7hm²，占总面积的3.85%，可利用面积为6346hm²，占总可利用面积的4.24%，耕地面积为552hm²，占总耕地面积的0.69%。

中性粗骨土亚类主要分布在大夼东南部、羊郡北部及河洛、沐浴店、城厢地三地交界处。土壤面积为1978.2hm²，占总面积的1.13%，可利用面积为1791.2hm²，占总可利用面积的1.18%，耕地面积为736hm²，占总耕地面积的0.9%。

钙性粗骨土亚类主要分布在龙旺庄东南部、万第西北部、山前店西南部，沐浴店黄崖底至南旺也有零星分布。土壤面积为4101.3hm²，占总面积的2.4%，可利用面积为3866.7hm²，占总可利用面积的2.58%，耕地面积为2016.1hm²，占总耕地面积的 2.52%。

薄层酸性岩类酸性粗骨土面积为 6582.7hm^2，占总面积的 3.85%；可利用面积为 6346hm^2，占总可利用面积的 4.24%；耕地面积为 552hm^2，占总耕地面积的 0.69%。土体厚度平均为 21.4cm，容重变幅为 1.35～1.46g/cm^3，平均 1.42g/cm^3，空气孔隙度平均为 46.7%，土壤 pH 平均 6.4。该土种主要分布于谭格庄、沐浴店、山前店、团旺、姜疃等地。因所处地形部位偏高，位于丘陵区的中上部，坡度大，水土流失严重。

第二节 土地利用状况

一、土地利用现状

根据莱阳市统计局资料，莱阳市土地总面积为 1731.5km^2。

农用地面积为 $1.435\times10^5 hm^2$，占土地面积的 82.85%。农用地面积中，耕地面积为 $8\times10^4 hm^2$，占总面积的 55.7%，其中粮油播种面积为 $1.18\times10^4 hm^2$，果园面积为 $1.06\times10^4 hm^2$；蔬菜面积为 $2.21\times10^4 hm^2$。园地面积为 $2.78\times10^4 hm^2$，占总面积的 19.4%，林地面积为 9700hm^2，占总面积的 6.7%，森林覆盖率为 19.2%。

根据灌溉情况，莱阳市耕地又分为水浇地、旱地、菜地。其中水浇地面积为 17459.72hm^2，占总耕地面积的 21.82%，主要分布在沐浴店、河洛、照旺庄等地的泊洼区；旱地面积为 62117.8hm^2，占总耕地面积的 77.64%，广泛分布在全市的丘陵区；菜地面积为 422.5hm^2，占总耕地面积的 0.53%，主要分布在古柳洼、照旺庄洼、沐浴店洼。

建设用地面积为 $2.02\times10^4 hm^2$，占土地总面积的 5.49%。居民点及工矿用地面积为 $1.72\times10^4 hm^2$，占总面积的 85.1%，交通用地面积为 1700hm^2，占总面积的 8.4%，水利设施用地面积为 1250hm^2，占总面积的 6.1%，退耕还林面积为 266hm^2。

水面面积为 3100hm^2，其中河流 1563.7hm^2，水库 365.9hm^2，坑塘 2468hm^2，苇地 320.1hm^2，滩涂 2240.2hm^2，河滩 2591.5hm^2，库滩 734hm^2，沟渠 304.5hm^2。

未利用面积为 9500hm^2，占土地总面积的 5.49%，主要是荒山、荒地，主要分布在山前店、沐浴店的麻姑顶、谭格庄等荒山秃岭。老寨山、旌旗山、孟山、娘娘山等由于土壤条件差，常年只生长野生杂草。山丘地区受地形、土壤等因素的限制，农业开发利用程度较低，是园地和林地的主要集中地，平原地区由于农业发展历史悠久，土地资源基本都已开发利用。

二、土地利用现状中存在的问题

从当前土地利用现状来看，土地利用中存在的主要问题是耕地日益减少且后备资源不足、农田重用轻养现象严重等。

莱阳市统计局资料显示，新中国成立初期，特别是合作化初期，农民修建高标准的梯田积极性提高，耕地面积不断扩大，三年困难时期和农业学大寨期间，毁林造田，农田面积扩大较快。十一届三中全会以来，莱阳大力发展果业，果园面积增加，使耕地面积减少。历年耕地面积及粮食产量如图 2-1 和图 2-2 所示。

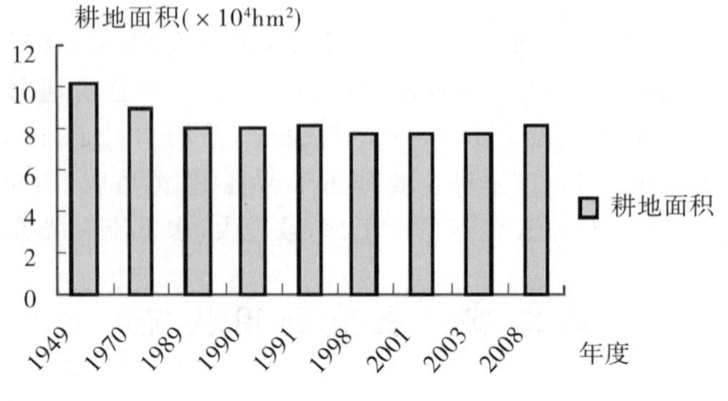

图 2-1　莱阳市耕地面积变化图

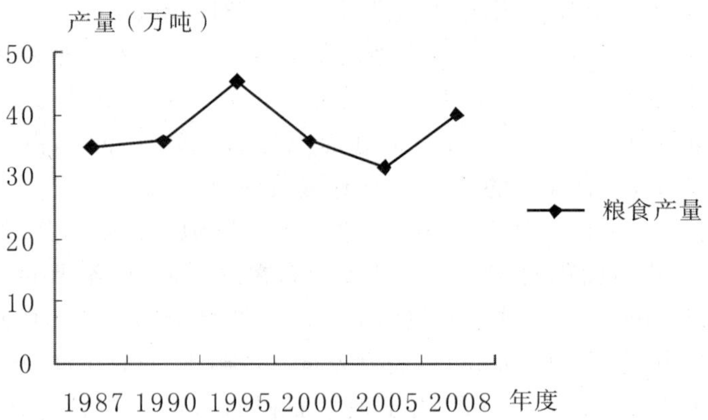

图 2-2　莱阳市粮食产量变化图

此后基本呈逐年减少趋势，到 1989 年，全市耕地累计减少至 $8.01\times10^4hm^2$。在耕地面积大量减少的同时，全市人口却在急剧增长。以 2001 年为例，全市的耕地面积减少至 $7.71\times10^4hm^2$，而人口数量增加至 89.1 万，人口的增长和耕地的大量减少，致使莱阳市人均占有耕地面积不断下降。随着社会的发展，各项建设不可避免地仍要占用耕地，人地矛盾将更加突出。

随着城市化进程的加快和经济建设的快速发展，城市建设、工矿企业用地和交通建设、水利设施占地不断增加，使耕地面积逐年减少，农业生产可利用面积逐渐萎缩变小，发展空间受到限制。为此，必须大力推广间作套种、立体种植及一年两收、两年三作等高产高效、轮作换茬栽培技术模式，使耕地得到充分利用，复种指数明显提高。特别是推广应用作物优良品种、农业新技术新成果和农业产业化的发展，提高土地的生产能力，增加粮食产量和提高农业经济效益。加大种植制度改革和种植业内部结构调整力度，推选多茬、立体栽培的种植模式，最大限度地发挥土地的生产潜力，提高土地实际利用率，这是现代农业发展的必由之路。

第三节　耕地利用与管理

一、耕地利用现状

莱阳市耕地利用现状主要表现为三大特点。

(一)种植作物多样性,复种指数高

莱阳市耕地面积为 80000hm^2,2008 年总播种面积为 128438.2hm^2。其中粮食播种面积为 72046.6hm^2,总产量为 420019 吨(小麦播种面积为 33864.33hm^2,总产量为 178442 吨,玉米播种面积为 30535.07hm^2,总产量为 208327.07 吨);油料作物播种面积为 22382.07hm^2,总产量为 90451 吨;蔬菜(含菜用瓜)及特种作物播种面积为 22098.73hm^2,总产量为 950453 吨;瓜类(果用瓜)播种面积为 1780.80hm^2,总产量为 60413 吨;苹果生产面积为 7140hm^2,总产量为 249743 吨;梨生产面积为 1990hm^2,总产量为 57125 吨。全市耕地复种指数达到 161%。

(二)种植方式以轮作为主

莱阳市作物种植方式以轮作为主,有少量间作,基本没有连作和套种。平原水浇条件好的菜区实行菜一菜一粮一菜、菜一菜一粮或菜一菜一菜一年三作或者四作;优质旱地和水浇地实行小麦一玉米一年两作;一般旱地和水浇条件不足的区域实行小麦、玉米、花生两年三作;丘陵薄地实行玉米一年一作或者花生一年一作,年与年之间实行玉米、花生轮作。

(三)区域特色明显

莱阳市北部、东北部、东部丘陵区种植作物以苹果为主,是苹果主产区,管理水平较高,效益好。中部盆地以蔬菜为主,实施菜一菜一粮一菜、菜一菜一粮或菜一菜一菜一年多作,精耕细作,标准化程度高。西部、南部泊洼是粮食主产区,实施小麦一玉米一年两作,精种高产。西北部、西南部、东南部丘陵下部区域是花生主产区,小麦、玉米、花生两年三作。全市丘陵的中部、中上部区域实施玉米一年一作或者花生一年一作。

二、耕地保养与保护

对耕地实施特殊保护,严格控制耕地转为非耕地。实行占用耕地补偿制度。非农业建设经批准占用耕地的按照"占多少,垦多少"的原则,由占地单位负责开垦与所占用耕地的数量和质量相当的耕地,没有条件开垦或开垦的耕地不符合要求的,按规定缴纳耕地造地费。对本区域内的耕地划定基本农田保护区,将高产稳产、集中连片、生产条件较好的划入基本农田保护区范围,实行永久性的保护。同时加大对耕地的投入,加强中低产田的改造,维护排灌工程设施,改良土壤,提高地力,防止土地沙化、盐渍化、水土流失和污染土地,禁止任何单位和个人闲置、荒芜耕地。

三、存在的主要障碍因素

一是旱:主要是水资源不足。莱阳市年降水量平均为 729.6mm,而年蒸发量平均为

1540.4mm,蒸发量是降水量的两倍左右,加之降水时间分布不均,常出现季节性干旱。莱阳市低产土壤类型多数为棕壤性土、褐土性土和粗骨土,这些土壤由于土层薄、沙性大,容易出现干旱。

二是涝:年降水不均是造成全市季节性涝灾的重要原因。全市年降水量多集中在夏季(6～8月),降水量为494.4mm,占全年平均降水量的63.6%,常形成涝灾。低平地的砂姜黑土由于质地黏重,水分下渗困难,地下水位浅,每遇大雨,常造成地表积水,影响作物正常生长,降低产量。

三是薄:土层薄和肥力薄。从土体厚度看,莱阳市大部分地区为丘陵地,土体较薄,土层薄则保肥水性能差,养分储量低,不利于作物生长,难以形成高产田。土壤中典型棕壤亚类、褐土亚类、潮褐土亚类心土层容重偏大,结构紧密,影响作物根系下扎,应加以改良。

四是荒山、荒地及多数沟、路、河渠、塘库旁尚未被充分利用。未被充分利用,首先是山区荒岭坡地和山丘薄地尚未被充分利用,城区周围时有撂荒现象,造成土地资源浪费。其次是农作物布局尚需调整,近几年全市农作物布局日趋合理,逐步形成了“一业为主,多业发展”的种植布局,全市粮经比例日趋合理,但粮菜比例仍有很大的调整余地,主要是旱田退耕还林、还果,引导农民在山区种植干果,既能抗旱,又有较高的经济效益,但仍有较大的调整空间。

五是购肥理念和施肥技术落后。目前虽然测土配方施肥和农作物秸秆还田得到了一定的推广和利用,但总体来说还存在农民盲目过量施肥现象,造成部分耕地土壤板结、土壤理化性质变差、农田有机质上升缓慢及土壤养分比例不合理等问题,制约了土地利用率的提高。

六是水利工程建设滞后,造成旱地水浇条件差,缺乏水利配套设施建设。特别是莱阳市北部、南部和东部地区,水资源贫乏,土壤肥力瘠薄,土壤有机质不足,农田无灌溉水源,风化严重,质地沙化,保水、保肥能力低,属于雨养农业类型区,形成历年农业生产“春旱、夏涝、秋吊”的特点,而且在夏涝季节水土流失现象非常严重。

四、耕地的使用与管理

结合上述问题,莱阳市根据当地的实际情况,推广以培肥地力为目的的秸秆还田项目、中低产田改造项目,推广以改良土壤养分供给水平为目的的配方施肥、间作套种、轮作换茬等栽培技术模式,使耕地得到充分利用,推广以提高土地产出率为目的的应用作物良种、科学管理等新技术,提高土地的生产能力,增加粮食产量和提高农业经济效益。

使用耕地应当用养结合,采用有利于提高耕地质量的耕作制度和方法,提高耕地质量。禁止只用地不养地的掠夺式经营行为。使用耕地应当充分利用土地资源和光热、水利资源,提高复种指数,增加农作物产量。禁止弃耕抛荒。耕地使用者应当增加施用有机肥料,发展冬绿肥,常年积制土杂肥,推行秸秆还田和过腹还田,禁止在田间焚烧秸秆;应当科学合理施用化肥,采用无机肥与有机肥相结合的办法,培肥地力。进行农业结构调整,必须从实际出发、因地制宜。农业行政主管部门应当根据本行政区域内耕地的地力状况,提出地力保养和建设措施,做好地力分等定级工作,为造地费的收取提供耕地质量依据,并通过土壤测试制定增施有机肥和平衡施肥方案,指导耕地使用者科学施肥;生产、销售复混肥、配方肥、微量元素肥、植物生长调节剂和土壤调理剂，必须按照国家有关规定，经省农业行政主管部门检验登记。未经检验登记的，不得进入农业推广领域；向耕地提供肥料或者作为肥料的城市垃圾、污泥等，必须符合国家规定的标准；防治农作物病虫害应当采用农业防治、生物防治和化学防治的方式，降低化学农药在耕地中的残留量。同时，尽量减少城市建设、工矿企业用地及交通建设等占用耕地项目。

五、耕地施肥状况分析

(一)历年肥料投入状况

1. 有机肥资源与利用

根据 2008 年莱阳市有机肥资源调研工作数据，莱阳市农家肥资源总量为 81.1 万吨，其中堆肥 2 万吨，厩肥 54.1 万吨，土杂肥 25 万吨。

莱阳市大牲畜存栏量合计 840.8 万只，资源总量为 54.1 万吨，其中猪存栏 22.1 万头，资源总量为 17.1 万吨；鸡存栏 804.3 万只，资源总量为 14.5 万吨；牛存栏 8.2 万头，资源总量为 20.5 万吨；马存栏 0.04 万头，资源总量为 0.1 万吨；羊存栏 6.1 万头，资源总量为 1.9 万吨。

莱阳市秸秆年资源总量为 52.3 万吨，小麦秸秆 22.1 万吨，玉米秸秆 24.7 万吨，大豆秸秆 1.6 万吨，花生秸秆 3.9 万吨。直接还田率为 17%，过腹还田为 7.8%，烧灰还田为 58.1%，其他为 17.1%。农作物秸秆利用模式主要有两种形式：一是小麦高留茬还田。小麦高留茬 20～25cm，在玉米小喇叭口期结合松土除茬。二是玉米秸秆过腹还田。主要是黄牛、奶牛饲料。但玉米秸秆利用率很低，主要是作为燃料烧掉了。

2. 历年化肥施用演变情况

根据莱阳市统计局相关资料，1949 年前化肥施用量为零。三年恢复时期(1950～1952年)化肥施用量为 76.5 吨，平均为 0.75kg/hm^2，折合成纯氮 15.3 吨。第二个五年计划时期(1953～1957 年)化肥施用量为 1817.4 吨，平均为 18kg/hm^2，折合成纯氮 337.1 吨，纯磷 19.4 吨，氮磷比例为 1∶0.058。三年调整时期(1963～1965 年)化肥施用量为 7389.3 吨，平均为 81kg/hm^2，折合成纯氮 754.6 吨，纯磷 412.9 吨，纯钾 0.12 吨，氮、磷、钾比例为 1∶0.55∶0.00016。第三个五年计划时期(1966～1970 年)化肥施用量为 16614.4 吨，平均为 187.5kg/hm^2，折合成纯氮 2110.4 吨，纯磷 499.3 吨，纯钾 0.08 吨，氮、磷、钾比例为 1∶0.24∶0.00004。第四个五年计划时期(1971～1975 年)化肥施用量为 25681.8 吨，平均为 294kg/hm^2，折合成纯氮 3595.2 吨，纯磷 563.9 吨，纯钾 56.3 吨，氮、磷、钾比例为 1∶0.16∶0.015。第五个五年计划时期(1976～1980 年)化肥施用量为 87942.8 吨，平均为 1045.5kg/hm^2，折合成纯氮 12634.8 吨，纯磷 3057.6 吨，纯钾 117.1 吨，氮、磷、钾比例为 1∶0.24∶0.0093。第六个五年计划时期(1981～1985 年)化肥施用量为 100777.4 吨，平均为 1219.5kg/hm^2，折合成纯氮 16257.4 吨，纯磷 2523.5 吨，纯钾 281.9 吨，氮、磷、钾比例为 1∶0.16∶0.017。第七个五年计划时期(1986～1990 年)化肥施用量为 94987 吨，平均为 1201.5kg/hm^2，折合成纯氮 14269 吨，纯磷 3531 吨，纯钾 233.1，氮、磷、钾比例为 1∶0.25∶0.016。第八个五年计划时期(1991～1995 年)化肥施用量为 171158 吨，平均为 2194.5kg/hm^2，折合成纯氮 22269.7 吨，纯磷 7747 吨，纯钾

5332.7 吨，氮、磷、钾比例为 1∶0.35∶0.24。第九个五年计划时期(1996～2000 年)化肥施用量为 179359 吨，平均为 2299.5kg/hm²，折合成纯氮 28424.7 吨，纯磷 12201.4 吨，纯钾 10536，氮、磷、钾比例为 1∶0.43∶0.37。第十个五年计划时期(2000～2005 年)化肥施用量为 191871 吨，平均为 2460kg/hm²，折合成纯氮 35989 吨，纯磷 15958 吨，纯钾 12987 吨，氮、磷、钾比例为 1∶0.44∶0.36。第十一个五年计划时期(2006～2010 年)化肥施用量为 211580 吨，平均为 2706kg/hm²，折合成纯氮 39587.9 吨，纯磷 17201.8 吨，纯钾 15185.7 吨，氮、磷、钾比例为 1∶0.43∶0.38。

(二)有机肥施肥现状及存在问题

1. 有机肥施用量

有机肥的主要种类为鸡粪、猪粪、牛粪、豆粕。经统计与现场农户调查，莱阳市冬暖大棚平均年施用鸡粪 79245kg/hm²，施用比例为 100%；大田蔬菜平均年施优质有机肥(主要是鸡粪)18885kg/hm²，施用比例为 83.1%；果园平均年施有机肥(主要是鸡粪)16980kg/hm²，施用比例为 38%；花生田施用有机肥(猪粪、牛粪)比例为 15.2%，平均施有机肥9525kg/hm²；小麦田施用有机肥(猪粪、牛粪)比例为 10.9%，平均施有机肥 7710kg/hm²；玉米田不施用有机肥。总体来看，经济作物有机肥施用量大，种类以速效性鸡粪为主，粮油作物有机肥施用量大幅降低，种类以猪粪、牛粪为主(见表 2-3)。

表 2-3　　莱阳市有机肥施用情况调查汇总表

作物类型	总样本数(个)	施用有机肥样本数(个)	施用有机肥样本占总样本(%)	施用有机肥样本的平均用量(kg/hm²)
冬暖大棚	29	29	100	79245
大田蔬菜	68	56	83.1	18885
果园	429	163	38	16980
花生	670	102	15.2	9525
小麦	837	91	10.9	7710
玉米	725	0	0	0

在秸秆还田情况上，莱阳市以小麦高留茬还田为主，留茬高度为 25cm，年高留茬面积为 8000hm²，还田秸秆量为 2700kg/hm²。同时也存在大量焚烧秸秆、麦茬现象，而像压麦糠、麦秸堆腐现象则已绝迹。

总体来看，群众更重视经济效益与省工省时，因此果园、菜田有机质含量提升较快，而粮田有机质提升缓慢。

2. 有机肥施用存在的问题

(1)鲜鸡粪、鲜牛粪等未经腐熟直接施入土壤，其中含有大量病原菌，污染了土壤，加重了病虫害发生，易多发生烧根、烧苗现象。

(2)形成大规模的晒干鸡粪产业，将鲜鸡粪掺入土、沙中，摊晒后装袋，不仅污染环境，而且这种鸡粪仍属未腐熟有机肥。

(3)大量作物秸秆或废弃田间地头或大量焚烧，造成极大的资源浪费。秸秆还田力度不够，土壤有机质含量提升缓慢。秸秆还田方面，只有小麦高留茬比较成功，得到普遍应用，秸秆粉碎还田由于费时费力，效果差，生产中应用少之又少。

(4)精细有机肥大量投入到果园、菜田，粗有机肥投入不足，不利于土体结构和土壤培肥，应加大果园生草、麦秸、麦糠还田力度，保持农田土壤的可持续发展。

3. 利用建议

(1)精细有机肥与粗有机肥施用相结合，全面改善土壤理化性状。精细有机肥分解较快，能够较快的被作物吸收利用，可有效提高土壤有机质含量。粗有机肥分解速度缓慢，肥效长，可有效改善土壤容重、土壤孔隙度等物理性状。

(2)鲜有机肥一定要腐熟后，才能施入土壤。避免大量病菌的带入和作物烧根、烧苗。可将鲜有机肥用塑料纸覆盖或表面覆盖 2cm 厚的黏土，夏季高温发酵 10～15 天，冬季发酵 25 天左右。

(3)加大秸秆还田力度。一是推广易于操作、效果好的小麦高留茬技术，留茬高度为 25cm，玉米苗期划锄灭茬。二是在灌溉条件好的地区推广玉米联合收割机，实行玉米秸秆还田。三是果园压麦糠、麦秸。

(4)加大财政支持力度，实施土壤有机质提升工程。一是推广催腐剂堆腐技术，实施秸秆先堆腐后还田，避免直接还田对田间耕作管理带来的不利影响。二是加强有机肥施用补贴，实施政府统一招标，有机肥企业直供，促进农户施用商品有机肥的积极性。

(5)推广绿肥种植和果园生草技术，广辟有机肥源。

(6)加大宣传力度，通过电视、广播、培训、发放明白纸等形式，多渠道宣传，形成强大的有机肥施用社会氛围。

(三)化肥施用现状及存在问题

2007～2008 年农户施肥情况调查统计显示，莱阳市冬暖大棚季施高浓度复合肥 4125 kg/hm^2，大田蔬菜季施高浓度复合肥 2475kg/hm^2，果园年施有机、无机复混肥 6180kg/hm^2，小麦、玉米一年两作区平均年施高浓度复合肥 3870kg/hm^2，小麦、玉米、花生两年三作区平均年施高浓度复合肥 2460kg/hm^2(见表 2-4)。

表 2-4 不同作物类型化肥用量表

作物类型	化肥施用量	纯 N	P_2O_5	K_2O	氮、磷、钾比例
冬暖大棚	4125	866	495	618.8	1∶0.57∶0.71
大田蔬菜	2475	693	198	247.5	1∶0.29∶0.36
果园	6180	1236	618	741.6	1∶0.5∶0.6
花生	713	114.1	99.8	85.6	1∶0.88∶0.75
小麦	1170	269.1	117	140.4	1∶0.43∶0.52
玉米	675	195.8	47.3	60.8	1∶0.24∶0.31

存在的主要问题：

(1)果园、冬暖大棚菜田过度施肥。由于片面追求经济效益及错误的施肥观念，果农、菜农在肥料上投资过大，达 30000 元/hm^2，造成养分浪费，特别是氮素，严重污染了地下水，像照旺庄的老菜区，地下水已经不能饮用。果园有效磷、速效钾含量偏高，都是过量施肥所致，大幅降低了肥料利用率。

(2)肥料的氮、磷、钾比例不合理。群众在向花生和果园施用基肥时，偏好 15－15－15 复合肥，而不选用同等养分含量的中氮、低磷、高钾复合肥，该复合肥售价略高，这就导致了氮、磷、钾施肥比例不协调，在土壤有效磷普遍丰富的基础上，仍然大量增施磷肥，造成浪费，影响了产量的进一步提高。

(3)盲目跟风施肥，不能按照所种植作物来科学选用肥料品种。目前市场上肥料品种繁杂，有复合肥、复混肥、有机肥、BB 肥、生物肥、控释肥、冲施肥，部分群众跟风施肥，按习惯购肥，而不顾肥料品种特性。

(4)贪图方便，施肥方法不科学，导致氮素化肥大量挥发与淋失。玉米追肥时，大部分群众赶在雨前地表撒施尿素，有的甚至穿上雨衣，到田里撒上尿素，造成惊人的浪费。施用复合肥时，开沟深度往往只有 10cm，翻埋后仍有大量肥料裸露地表，达不到应用的效果。

(5)中微量元素肥料施用的盲目性。中微量元素肥料施用存在严重的两极分化，重视的大量连续施用，不重视的则多年从不施用。此类肥料往往在出现明显的缺素症状时，引起恐慌，便大量施用。莱阳市曾经发生过照旺庄镇蔬菜硼中毒、沐浴店镇果树锌中毒事件。

以上种种不合理的施肥现象，经过大量的电视讲课、进村培训，得到了有效纠正，氮、磷、钾施肥比例逐步向 1∶0.6∶1 靠拢，硝酸钙、硼砂、锌肥在果树、蔬菜上得到了较为广泛的应用，农民科学施肥观念进一步增强。但玉米追肥时地表撒施现象未得到根本性转变，某些地方懒汉施肥法又悄然流行。

第三章　样品采集和分析

第一节　土壤样品的布点与采集

一、土壤样品布点

土壤样品的采集是耕地地力评价工作中的一个最基础环节，是关系到分析结果和由此得出的结论是否正确的一个先决条件。采样不正确时，任何良好的分析工作都是无实际意义的。因此，必须选择有代表性的土壤。

按粮田和经济田等作物分类，根据不同的土壤类型在采样前，综合土壤图、土地利用现状图和行政区划图，并参考第二次土壤普查采样点位图确定采样点位，形成采样点位图。蔬菜的采样工作，除需考虑上述因素，还要考虑设施类型、蔬菜种类、种植年限。布点数量要满足推广应用需要。首先整理编绘土种图，确定耕地类型土种数量。根据密度要求确定总采样点数。其次是根据土壤类型（土种）、利用现状、肥力水平、乡镇耕地面积，确定各乡镇采样点数。根据土种、利用现状（作物熟制、蔬菜、果树）、肥力水平统计各因素采样点数，并进行调整。根据土种、利用现状、肥力水平，并标注成图点位，注意均匀性。原则上要求每村布 1～3 个采样点，项目示范区内，每个大村布 3～5 个采样点。同时，为便于田间示范追踪和施肥分区，采样集中在位于每个采样单元相对中心位置的一个农户的一个典型地块上进行，采样地块面积为 667～6667m^2，在采样地块中心位置采用 GPS 定位，记录经纬度，精确到 0.1″。莱阳市布点用于耕地地力调查的样点 2000 个，其中蔬菜样点 54 个，粮油作物样点 1580 个，果园样点 366 个。

二、采样单元

采样前要详细了解采样地区的土壤类型、肥力等级和地形等因素，将项目区域划分为采样单元，使每个采样单元的土壤尽可能均匀一致。

平均每个采样单元为 40hm^2（平原区、大田作物每 40～80hm^2采一个混合样，丘陵区、大田经济作物每 10～40hm^2采一个混合样）。为便于田间示范追踪和施肥分区需要，采样集中在位于每个采样单元相对中心位置的典型地块，面积为 0.1～1hm^2。当土壤和种植作物变异很大时，可适当缩小采样单元。

三、采样时间

粮田在作物收获后或播种施肥前采集（上茬作物已经基本完成生育进程，下茬作物还没有施肥)，一般在秋后；果园在果品采摘后第一次施肥前采集；幼树及未挂果果树，应在清园扩穴施肥前采集。进行氮肥追肥推荐时，应在追肥前或作物生长的关键时期采集。

四、采样周期

同一采样单元，无机氮每季或每年采集 1 次，土壤有效磷、速效钾每 2～3 年采集 1 次，中微量元素每 3～5 年采集 1 次。

五、采样点数量

要保证有足够的采样点，使之能代表采样单元的土壤特性。采样点的多少，依据田块面积、地块形状，严格按照采样技术规程进行准确定位和规范采样，每个样品采样点数都在 15 个以上，一般以 15～20 个点为宜。

六、采样路线

采样时应沿着一定的线路，按照随机、等量和多点混合的原则进行采样。一般采用“S”形布点采样，以较好地克服耕作、施肥等所造成的误差。在地形变化小、地力较均匀、采样单元面积较小的情况下，也可采用“棋盘”法布点取样(见图 3-1)。要避开路边、田埂、沟边、肥堆等特殊部位。蔬菜地混合样的采集要在整地起垄前采集。果园采样要以树干为圆点向外延伸到树冠边缘的 2/3 处采集，每株对角采 2 点，但一定要注意避开施肥沟。

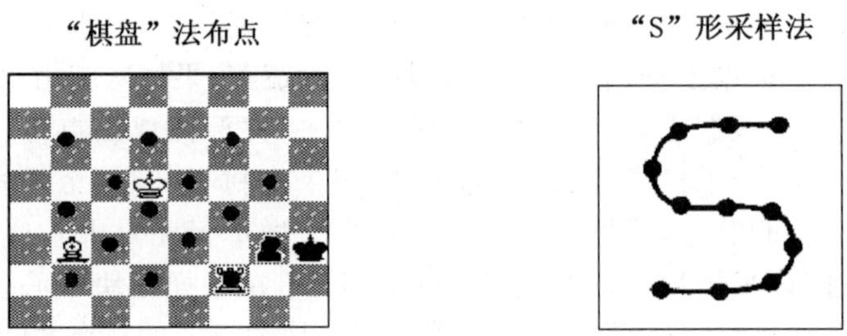

图 3-1　农田布点采样方式

七、采样深度

大田作物采样深度为 0～20cm，蔬菜地为 0～25cm，果园为 0～40cm。蔬菜地按照沟、垄面积比例确定沟、垄取土点位的数量。测定土壤硝态氮或无机氮时，采样深度应根据不同作物、不同生育期的主要根系分布深度来确定。

八、采样方法

每个采样点的取土深度及采样量应均匀一致，土样上层与下层的比例要相同。取样器应垂直于地面入土，深度相同。用取土铲取样应先铲出一个耕层断面，再平行于断面下铲取土；测定微量元素的样品必须用不锈钢取土器采样。

九、样品重量

一个混合土样以取土 1 kg 左右为宜(用于推荐施肥的 0.5 kg,用于试验的 2 kg),如果样品数量太多,可用四分法将多余的样品弃去。方法是将采集的土壤样品放在盘子里或塑料布上,弄碎、混匀,铺成四方形,画对角线将土样分成四份,把对角的两份分别合并成一份,保留一份,弃去一份。如果所得的样品依然很多,可再用四分法处理,直至所需数量为止。

十、装袋与样品标记

采集的样品放入统一的样品袋中,用铅笔写好标签,内外各一张,标签样式如表 3-1 所示。

表 3-1 标签内容

<table>
<tr><td>统一编码</td><td colspan="2"></td><td>邮编</td><td colspan="2"></td></tr>
<tr><td>户名</td><td colspan="2"></td><td>联系电话</td><td colspan="2"></td></tr>
<tr><td>采样时间</td><td colspan="5">年 月 日 时</td></tr>
<tr><td>采样地点</td><td colspan="2">镇 村</td><td>地块方位</td><td colspan="2">方向 m</td></tr>
<tr><td>经度</td><td colspan="2"></td><td>纬度</td><td colspan="2"></td></tr>
<tr><td>采样深度(cm)</td><td></td><td>采样点数</td><td></td><td>采样人</td><td></td></tr>
</table>

第二节 土壤样品的制备

一、样品风干

野外采回的样品,应及时将样品在干净的塑料布上摊开成薄薄的一层,置于整洁的室内通风处自然风干,严禁暴晒,并注意防止酸碱气体、灰尘、肥料及农药的污染。风干时,必须将一张标签纸放在样品中,另一张标签纸放入样品袋,用样品及塑料布压住,并经常翻动土样,将大土块捏碎以加速干燥,同时剔除侵入体。

样品风干后,按照不同的分析要求研磨过筛,充分混匀后,装入样品瓶中备用。瓶内外各放标签一张,写明编号、采样地点、土壤名称、采样深度、样品粒径、采样日期、采样人及制样时间、制样人等项目。制备好的样品要妥善储存,避免日晒、高温、潮湿和酸碱等气体的污染。全部分析工作结束,分析数据核实无误后,试样一般还要保存 3～12 个月,以备查询。

二、一般化学分析试样

将风干的样品平铺在制样板上,用木棍或塑料棍碾压,并将植物残体、石块等侵入体和新生体剔除干净,细小易断的植物须根,采用静电吸附的方法清除。压碎的土样要全部通过 2 mm 孔径筛。未过筛的土粒必须重新碾压过筛，直至全部样品通过 2 mm 孔径筛为止，通过 2 mm 孔径筛的土样可供 pH、盐分、交换性能及有效养分项目的测定。将通过 2 mm孔径筛的土样用四分法取出一部分继续研磨，使之全部通过 0.25 mm 孔径筛，供有机质、全氮、碳酸钙等项目的测定。

三、微量元素分析试样

用于微量元素分析的土样，其处理方法同一般化学分析样品，但在采样、风干、研磨、过筛、运输、储存等诸环节不要接触金属器具，以免污染。如采样、制样使用木、竹或塑料工具，过筛使用尼龙网筛等，通过 2 mm 尼龙网筛的样品可用于测定土壤有效态微量元素。

第三节　样品分析与质量控制

一、样品分析

土壤及植株分析是测土配方施肥工作的基础内容和重要环节，是了解土壤理化性状的重要手段。在农业部测土配方施肥技术规范中，规定了核心土样、辅助土样及植株等的分析项目及测试方法，现根据莱阳市实际及测土配方施肥项目要求，将核心土样、辅助土样及植株分析项目及分析方法作一介绍。

（一）分析项目

主要土壤理化性状共 16 项，分别为土壤有机质、全氮、碱解氮、有效磷、速效钾、pH、交换性钙、交换性镁、有效硫、有效铁、有效锰、有效铜、有效锌、有效硼、有效硅、有效钼。

（二）分析方法（见表 3-2）

表 3-2　　测土配方施肥调查样品分析项目测定方法

分析项目	标准号	测定方法名称
pH	NY/T 1121.2－2006	玻璃电极法
有机质	NY/T 1121.6－2006	重铬酸钾－硫酸溶液－油浴法
有效磷	NY/T 148－1990	碳酸氢钠浸提－钼锑抗比色法
速效钾	NY/T 889－2004	乙酸铵浸提－火焰光度法
全氮	NY/T 53－1987	半微量开氏法
碱解氮	LY/T 1229－1999	碱解扩散法
有效硅	NY/T 1121－15－2006	柠檬酸浸提－硅钼蓝比色法
有效性铜	NY/T 890－2004	DTPA 浸提－原子吸收法
有效性锌	NY/T 890－2004	DTPA 浸提－原子吸收法
有效性铁	NY/T 890－2004	DTPA 浸提－原子吸收法

续表

分析项目	标准号	测定方法名称
有效性锰	NY/T 890—2004	DTPA 浸提—原子吸收法
有效钼	NY/T 1121.9—2006	草酸—草酸铵浸提—极谱法
有效硼	NY/T 1121.8—2006	沸水浸提—甲亚胺比色法
交换性钙	NY/T 1121.13—2006	乙酸铵交换—原子吸收法
交换性镁	NY/T 1121.13—2006	乙酸铵交换—原子吸收法
有效硫	NY/T 1121.14—2006	磷酸盐—乙酸提取、硫酸钡比浊法

二、质量控制

(一)项目承担单位

1. 单位情况

承担测土配方施肥项目检验任务的是莱阳市土肥站,为全额事业单位,隶属于莱阳市农业局。

2. 仪器设备

目前,检测室有分光光度计(7200)1 台、电热真空干燥箱(ZK-82A)1 台、真空泵(2XZ-1)1 台、稳压器(YS81-5)1 台、土壤养分速测仪(TFC1B)2 台、数显恒温水浴振荡机(SHA-C)1 台、鼓风干燥箱(101-1-S)3 台、恒温水浴箱(HHS-6)1 台、原子吸收分光光度计(AA320)1 台、石墨炉(AA320)1 台、电子分析天平(FA2004)1 台、电子精密天平(JA5003)1 台、酸度计(PHS-2)1 台、紫外分光光度计(751)1 台、火焰光度计(6400A)2 台、电热蒸馏水器(20L)1 台等各类检测仪器设备约 40 台套,各种仪器每年都通过计量部门校验,确保检测精度。

3. 环境条件

检测室可用面积超 $360m^2$,由样品处理室、样品保存室、分析室、储藏室等组成,并配备了化验台、通风柜和排气设施,环境条件完全能满足操作要求。

4. 人员构成

目前,共有检测人员 7 名,其中,高级农艺师 1 名,农艺师 5 名,助理农艺师 1 名,整体素质较高。有参加过第二次土壤普查工作的化验员 1 名,其余人员均有从事土肥化验工作经验,都能熟练且独立进行土肥项目的检测。

5. 检测能力

土肥检测室能够检测项目有土壤有机质、全氮、碱解氮、有效磷、速效钾、pH、交换性钙、交换性镁、有效硫、有效铁、有效锰、有效铜、有效锌、有效硼、有效硅、有效钼、阳离子交换量等。

(二)质量控制

在进行土壤样品分析时,所使用仪器设备的性能和准确性、试剂的质量、分析测量的环境和条件、技术人员熟练程度、所选用分析方法的灵敏度等,只要其中一个环节发生了问题，就会影响到分析结果的准确性，不可避免地产生测定误差。为了把所有误差减小到预期水平，需要采取一系列减小误差的措施，对整个分析过程进行质量控制。为确保本次地力调查检测结果准确可靠，莱阳市土肥站严格按照农业部《全国耕地地力调查与质量评价技术规程》等有关规定执行，编制了详细的计划，定期对业务人员进行业务培训，确保检测数据的准确性，具体措施包括六项。

(1)加强仪器设备及标准物质的管理。为了保证检测结果的准确性和可靠性，对仪器设备和标准物质加以控制，确保仪器设备处于正常状态以满足检验工作的要求。要严格根据检验参数，配备全部仪器设备(标准物质)，并对所有仪器设备进行检定和运行检查，贴上合格标识，方可使用。

(2)对用于检测工作中的外部支持服务和外购物品实行有效控制，以确保外部支持服务和供应的质量，使其符合检验工作的要求，保证检验结果的可靠性。

(3)化验分析方法严格执行国家或行业标准。为使测量结果能真实反映测量对象的特性，需对检验方法的采用作出统一规定，确保对检验过程进行有效控制。所用检验方法必须由技术负责人确认，保证采用的检验方法为现行有效版本。

(4)坚持平行试验、再现性试验，控制精密度，减少随机误差，样品分析平行率要达到100%。

(5)坚持双人双检，严格校核、签字及记录的修改制度。检验人员负责检验原始记录、仪器设备、标准物质(含标准溶液)使用记录的填写。各种质量记录应客观、规范、准确和及时地直接填写在规定格式的原始记录纸上。原始记录必须由检验者在现场亲自填写，不得事后追记。一项检验有两人或两人以上操作人员时，指定一人担当记录。校核人要对记录的规范性和计算的准确性进行审核，检查无误后签字。原始记录不允许随意更改和删减，数据必须更改时，用两条平行线将错误数据划掉，将正确数据写在其正上方，并在错误数据上加盖更改人印章。

(6)全程序空白值试验，坚持使用标准样品，进行内参样掺插。每次测定两个平行样，用于校正仪器零点或检查是否在允许范围内。同时利用土壤标准样品及山东省土壤肥料总站提供的参比样品进行分析质量控制。

2009年，农业部对莱阳市农业局土肥化验室进行质量抽检，共监测土壤有机质、pH、碱解氮、有效磷、速效钾五项指标。化验人员按照分工，精心操作，一次性通过农业部的质量抽检。

第四章　土壤理化状况及评价

土壤养分含量是一个可变因素，在其比例协调的情况下，含量与作物产量呈正相关，即养分含量高，作物产量也高，反之则低。莱阳市农业局从2007年开始对全市土壤进行采样化验，共化验分析土壤样本7800个，其中用于耕地地力评价的土壤样本2000个，包括蔬菜样本54个，粮油作物样本1580个，果园样本366个；化验分析中微量元素样本700个，其中用于耕地地力评价的样本624个；化验分析土壤容重、土壤孔隙度样本180个。基本摸清了莱阳市土壤养分状况，找出了高产土壤适宜的氮、磷、钾配比及低产土壤在养分方面的限制因素，为莱阳市合理施肥、夺取高产及用地、养地、培肥土壤等方面提供了科学依据。土壤养分分级评价标准如表4-1所示。

表4-1　耕层土壤养分含量分级标准

级别	1	2	3	4	5	6	7	8	9
有机质(g/kg)	>20	15～20	12～15	10～12	8～10	6～8	<6		
全氮(g/kg)	1.5	1.2～1.5	1～1.2	0.75～1	0.5～0.75	0.3～0.5	<0.3		
碱解氮(mg/kg)	>150	120～150	90～120	75～90	60～75	45～60	30～45	<30	
有效磷(mg/kg)	>120	80～120	50～80	30～50	20～30	15～20	10～15	5～10	<5
速效钾(mg/kg)	>300	200～300	150～200	120～150	100～120	75～100	50～75	<50	
缓效钾(mg/kg)	>1200	900～1200	750～900	500～750	300～500	<300			
pH	>8.5	7.5～8.5	6.5～7.5	5.5～6.5	4.5～5.5	<4.5			
有效铜(mg/kg)	>1.8	1～1.8	0.2～1	0.1～0.2	<0.1				
有效锌(mg/kg)	>3	1～3	0.5～1	0.3～0.5	<0.3				
有效硼(mg/kg)	>2	1～2	0.5～1	0.2～0.5	<0.2				
有效铁(mg/kg)	>20	10～20	4.5～10	2.5～4.5	<2.5				
有效锰(mg/kg)	>30	15～30	5～15	1～5	<1				
有效钼(mg/kg)	>0.3	0.2～0.3	0.15～0.2	0.1～0.15	<0.1				
有效硫(mg/kg)	>100	75～100	60～75	45～60	30～45	15～30	<15		
交换性钙(mg/kg)	>6000	4000～6000	3000～4000	2500～3000	2000～2500	1500～2000	1000～1500	500～1000	<500
交换性镁(mg/kg)	>600	400～600	300～400	250～300	200～250	150～200	<150		

经过对 2000 个耕地地力监测点的化验分析可知，莱阳市耕层土壤各种养分含量的变化范围较大，微量元素差异更为悬殊。耕层有机质平均含量为 9.1g/kg，属于 5 级水平，变化范围为 0.8～25.6g/kg，变异系数为 31.22%；耕层土壤碱解氮平均含量为55mg/kg，属于 5 级水平，变化范围为 20～110mg/kg，变异系数为 25.2%。耕层有效磷含量平均为 26.8mg/kg，属于 5 级水平，变化范围为 2.2～187.8mg/kg，变异系数为 63.03%。耕层土壤速效钾平均含量为 99mg/kg，属于 6 级水平，变化范围为 31～464mg/kg，变异系数为 44.93%。耕层土壤交换性钙含量平均为 4025mg/kg，属于 2 级水平，变化范围为 540～15370mg/kg，变异系数为 53.78%。耕层土壤交换性镁含量平均为 428mg/kg，属于 2 级水平，变化范围为 100～1950mg/kg，变异系数为 44.38%。耕层土壤有效硫含量平均为 45.2mg/kg，属于 4 级水平，变化范围为 6～412.2mg/kg，变异系数为 107.29%。耕层土壤有效硅含量平均为 110.9mg/kg，属于 4 级水平，变化范围为 13.6～242.5mg/kg，变异系数为 42.84%。耕层土壤有效铁含量平均为 29.19mg/kg，属于 1 级水平，变化范围为 1.93～87.59mg/kg，变异系数为 74.44%。耕层土壤有效锰含量平均为 42.22mg/kg，属于 1 级水平，变化范围为 7.26～128.05mg/kg，变异系数为 30.24%。耕层土壤有效铜含量平均为 2.07mg/kg，属于 1 级水平，变化范围为 0.38～10.32mg/kg，变异系数为 97.57%。耕层土壤有效硼含量平均为 0.4mg/kg，属于 4 级水平，变化范围为 0.01～1.87mg/kg，变异系数为 48.73%。耕层土壤有效锌含量平均为 0.98mg/kg，属于 3 级水平，变化范围为 0.19～8.1mg/kg，变异系数为 9.42%。耕层土壤有效钼含量平均为 0.15mg/kg，属于 3 级水平，变化范围为 0.01～0.49mg/kg，变异系数为 52.62%（见表 4-2）。

表 4-2 莱阳市耕层土壤养分汇总表

项　目	全市平均	分级水平	变化范围	变异系数(%)
有机质(g/kg)	9.1	5	0.8～25.6	31.22
全氮(g/kg)	0.57	5	0.24～1.25	20.64
碱解氮(mg/kg)	55	5	20～110	25.2
有效磷(mg/kg)	26.8	5	2.2～187.8	63.03
速效钾(mg/kg)	99	6	31～464	44.93
pH	6.2	4	5.6～8.1	6.45
交换性钙(mg/kg)	4025	2	540～15370	53.78
交换性镁(mg/kg)	428	2	100～1950	44.38
有效硫(mg/kg)	45.2	4	6～412.2	107.29
有效硅(mg/kg)	110.9	4	13.6～242.5	42.84

续表

项　目	全市平均	分级水平	变化范围	变异系数(%)
有效铁(mg/kg)	29.19	1	1.93～87.59	74.44
有效锰(mg/kg)	42.22	1	7.26～128.05	30.24
有效锌(mg/kg)	0.98	3	0.19～8.1	94.2
有效硼(mg/kg)	0.4	4	0.01～1.87	48.73
有效钼(mg/kg)	0.15	3	0.01～0.49	52.62
有效铜(mg/kg)	2.07	1	0.38～10.32	97.57

第一节　土壤酸碱度和有机质

一、土壤酸碱度

土壤酸碱性是土壤的一个重要特性，也是影响土壤肥力的一个重要因素。它一方面引起土壤一些性质的变化，另一方面直接影响作物的生长。一般作物在中性、弱酸性、弱碱性土壤中生长最适宜，过酸、过碱都会影响作物的生长。因此，了解土壤的酸碱性及土壤过酸、过碱的原因，以便采取措施加以调节，是提高作物产量的主要手段之一。

(一)土壤 pH 及分布

莱阳市耕层土壤 pH 变化范围为 5.6～8.1，众数为 6.2，属 pH 分级的 4 级标准，变异系数为 6.45%。与 1983 年第二次土壤普查时的 6.3 相比，pH 轻微酸化。

从莱阳市 pH 分级来看，没有 1 级水平(＞8.5)、5 级水平(4.5～5.5)、6 级水平(≤4.5)的土地。2 级水平(7.5～8.5)水平的土地面积为 173.2hm^2，占总土地面积的 0.1%，主要分布在冯格庄、山前店、龙旺庄、万第等部分区域。3 级水平(6.5～7.5)的土地面积为 127942.84hm^2，占总土地面积的 73.87%，主要分布在全市大部分乡镇的棕壤区。4 级水平(5.5～6.5)的土地面积为 45083.96hm^2，占总土地面积的 26.03%，主要分布在谭格庄、沐浴店、团旺、穴坊等地(见表 4-3)。

表 4-3　　莱阳市土壤 pH 分级表

等级	分级标准	等级面积(hm^2)	占总面积比例(%)
1	≥8.5	0	0
2	7.5～8.5	173.2	0.1
3	6.5～7.5	127942.84	73.87
4	5.5～6.5	45083.96	26.03
5	4.5～5.5	0	0
6	≤4.5	0	0

(二)不同利用类型耕层土壤 pH

莱阳市不同作物的土壤样品化验分析结果表明，全市耕地土壤酸化较轻，为弱酸性。全市蔬菜地、粮田和果园的 pH 众数为 6.2、6.8 和 6.6，标准差分别为 0.07、0.02 和 0.04，变异系数为 4.8%、6.3% 和 7%。1558 个土样分析表明，土壤 pH 小于 6 和大于 7.5 的样品数仅占 7%左右(见表 4-4 和图 4-1)。

表 4-4 **莱阳市不同作物类型土壤** pH

类　型	样品数	众数	最大值	最小值	标准差	极差	变异系数(%)
蔬菜地	42	6.2	7.1	6	0.07	1.1	4.8
粮田	1232	6.8	8.1	5.6	0.02	2.5	6.3
果园	284	6.6	7.8	5.6	0.04	2.2	7

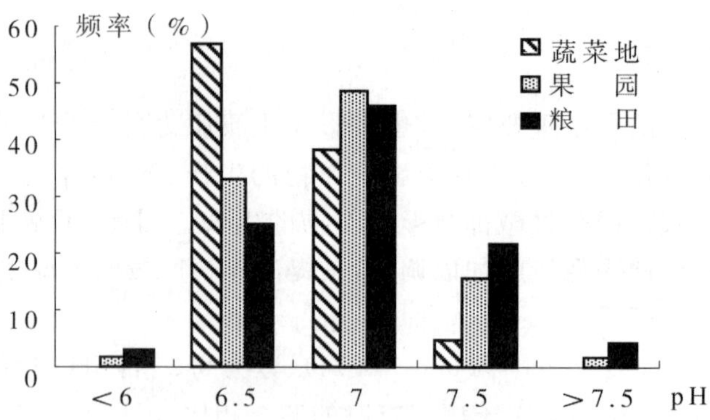

图 4-1　不同作物类型土壤 pH 含量及分布状况

二、土壤有机质

土壤有机质不仅含有作物生长所需的各种养分，而且能促进团粒结构的形成，提高土壤的代换和缓冲能力，协调水、肥、气、热等肥力因素之间的矛盾，促进植物生长和微生物活动。因此，土壤有机质含量高低是评价土壤肥力的重要指标之一。增加土壤有机质主要措施包括增施有机肥、各种秸秆还田等。

(一)土壤有机质含量及分布

莱阳市有机质平均含量为 9.1g/kg，属于 5 级水平，变化范围为 0.8～25.6g/kg，变异系数为 31.22%，与 1983 年土壤普查时的 7.6g/kg 相比，有机质增加了 1.5g/kg，增幅 19.7%。

全市没有 1 级水平(>20g/kg)的土地。2 级水平(15～20g/kg)的土地面积为 848.68hm^2，占总土地面积的 0.49%，主要分布在冯格庄洼、柏林庄洼、沐浴店洼。3 级水平(12～15g/kg)的土地面积为 7690.08hm^2，占总土地面积的 4.44%，主要分布在冯格庄、古柳、姜疃等地。4 级水平(10～12g/kg)的土地面积为 25183.28hm^2，占总土地面积的 14.54%，主要分布在城厢、古柳、照旺庄、冯格庄等地。5 级水平(8～10g/kg)的土地面积为 82685.68hm^2，占总土地面积的 47.74%，主要分布在穴坊、谭格庄、龙旺庄、姜疃等地。6 级水平(6～8g/kg)的土地面积为 53328.28hm^2，占总土地面积的 30.79%，主要分布在沐浴店、高格庄、羊郡、团旺等地。7 级水平(<6g/kg)的土地面积为 3464hm^2，占总土地面积的 2%，主要分布在团旺、沐浴店、万第等地(见表 4-5)。

表 4-5　莱阳市土壤有机质含量分级表

等级	分级标准(g/kg)	等级面积(hm^2)	占总面积比例(%)
1	>20	0	0
2	15～20	848.68	0.49
3	12～15	7690.08	4.44
4	10～12	25183.28	14.54
5	8～10	82685.68	47.74
6	6～8	53328.28	30.79
7	<6	3464	2

(二)不同利用类型耕层土壤有机质含量

全市土壤样品化验分析表明(见表 4-6 和图 4-2)，不同作物土壤样品分析结果的标准差较低，分别为蔬菜 0.7、粮田 0.1、果园 0.18，所得结果可靠性较高。

表 4-6　不同作物类型耕地土壤有机质含量状况

类　型	样品数	平均值(g/kg)	最大值(g/kg)	最小值(g/kg)	标准差	极差	变异系数(%)
蔬菜地	54	11.3	25.6	4.9	0.7	20.67	32.23
粮田	1580	9.1	23	3.9	0.1	22.16	31.18
果园	366	6.4	17.8	8.5	0.18	14.3	29.15

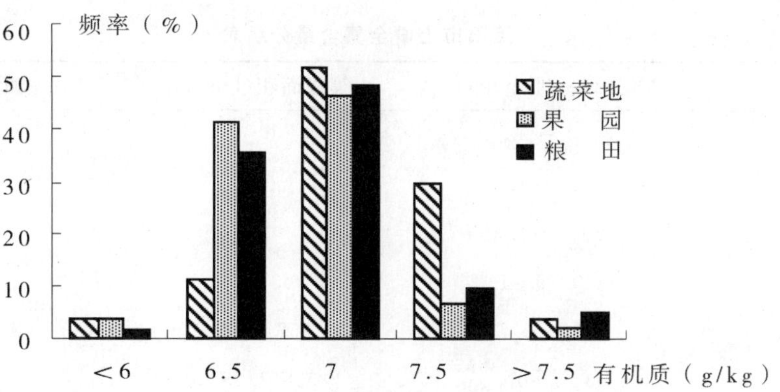

图 4-2　不同作物类型耕地土壤有机质分布状况

总体上，莱阳市土壤有机质呈较低水平。粮田有机质平均含量为 9.1g/kg，变化范围为 3.9～23g/kg，35％的粮田有机质含量低于 8g/kg。蔬菜田有机质平均含量为 11.3g/kg，变化范围为 4.9～25.6g/kg，其中 90％的蔬菜地有机质含量为 8～15g/kg。这主要与莱阳市注重蔬菜发展，农民在培肥地力、增施有机肥、加强秸秆还田等方面重视有着密切的关系。果园有机质平均含量为 8.5g/kg，变化范围为 3.5～17.8g/kg，其中 45％的果园地有机质含量低于 8g/kg。

（三）土壤有机质变化情况

1983 年土壤普查时，全市有机质平均含量为 7.6g/kg。目前全市土壤有机质平均含量为 9.1g/kg，增加了 1.5g/kg，增幅 19.7％。增加的原因：一是有机肥施用量有所增加，鸡粪等优质有机肥占比提高。二是秸秆还田力度加大，莱阳市以小麦高留茬还田为主，留茬高度为 25cm，年高留茬面积为 8000hm^2，还田秸秆量为 2700kg/hm^2。

第二节　土壤大量元素状况

一、土壤氮素

（一）土壤全氮

1. 土壤全氮含量及分布

莱阳市耕层土壤全氮含量平均为 0.57g/kg，属于 5 级水平，变化范围为 0.24～1.25g/kg，变异系数为 20.64％，1983 年第二次土壤普查时全氮平均为 0.51g/kg，两者相比，全氮增加了 0.06g/kg，增幅 11.8％。

莱阳市全氮分级没有 1 级水平（＞1.5g/kg）、2 级水平（1.2～1.5g/kg）、3 级水平（1～1.2g/kg）的土地。4 级水平（0.75～1g/kg）水平的土地面积为 3637.2hm^2，占总土地面积的 2.1％。5 级水平（0.5～0.75g/kg）的土地面积为 135719.52hm^2，占总土地面积的 78.36％。6 级水平（0.3～0.5g/kg）的土地面积为 33843.28hm^2，占总土地面积的 19.54％（见表 4-7）。

表 4-7　莱阳市土壤全氮含量分级表

等级	分级标准(g/kg)	等级面积(hm^2)	占总面积比例(％)
1	＞1.5	0	0
2	1.2～1.5	0	0
3	1.0～1.2	0	0
4	0.75～1	3637.2	2.1
5	0.5～0.75	135719.52	78.36
6	0.3～0.5	33843.28	19.54

2. 不同利用类型耕层土壤全氮含量

对莱阳市的土壤氮素含量进行分析的结果表明(见表 4-8 和图 4-3),全市蔬菜地耕层土壤全氮含量平均为 0.66g/kg,变化范围为 0.397～1.249g/kg。检测的 54 个样品中,土壤样品之间标准差为 0.29,变异系数为 22%,说明样品之间全氮的差异性较低。其中 70%的含量范围在 0.6～0.8g/kg。

粮田耕层土壤全氮含量平均为 0.569g/kg,变化范围为 0.242～1.142g/kg。检测的 1580 个样品中,土壤样品之间标准差为 0.04,变异系数为 21%,说明样品之间全氮的差异性较低。其中 40%的含量范围在 0.5～0.6g/kg。

果园耕层土壤全氮含量平均为 0.543g/kg,变化范围为 0.338～0.927g/kg。检测的 366 个样品中,土壤样品之间标准差为 0.08,变异系数为 18%,说明样品之间全氮的差异性较低。其中 67%的含量范围在 0.5～0.6g/kg。

表 4-8　不同作物类型土壤全氮含量状况统计分析

类　型	样品数	平均值(g/kg)	最大值(g/kg)	最小值(g/kg)	标准差	极差	变异系数(%)
蔬菜地	54	0.66	1.25	0.4	0.29	8.52	22.78
粮田	1580	0.57	1.14	0.24	0.04	9	20.61
果园	366	0.54	0.93	0.34	0.08	5.89	18.78

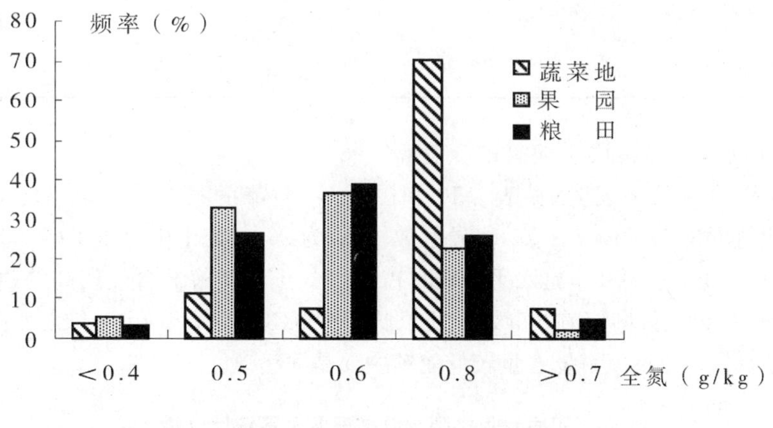

图 4-3　不同作物类型土壤全氮含量分布状况

(二)土壤碱解氮

土壤中的氮素约有 90%以有机态形式存在,不能被作物直接吸收利用。能被作物直接吸收利用的只有以小分子有机态或铵态、硝态和亚硝态等形式存在的无机态氮,一般仅占土壤全氮含量的 10%以下。它的含量水平常作为衡量土壤供氮水平的指标,通常与全氮量呈显著的正相关,但对土壤施肥影响最大。

1. 土壤碱解氮含量及分布

莱阳市耕层土壤碱解氮平均含量为 55mg/kg,属于 5 级水平,变化范围为 20

～110mg/kg，变异系数为 25.2%。

全市没有 1 级水平（>150mg/kg）、2 级水平（120～150mg/kg）的土地。3 级水平（90～120mg/kg）的土地面积为 363.72hm²，占总土地面积的 0.21%。4 级水平（75～90mg/kg）的土地面积为 2165hm²，占总土地面积的 1.25%，主要分布在冯格庄洼、古柳、照旺庄。5 级水平（60～75mg/kg）的土地面积为 31539.72hm²，占总土地面积的 18.21%，主要分布在古柳、照旺庄、冯格庄、姜疃、高格庄等地。6 级水平（45～60mg/kg）的土地面积为 123734.08hm²，占总土地面积的 71.44%，主要分布在河洛、团旺、沐浴店、山前店等地。7 级水平（30～45mg/kg）的土地面积为 15328.2hm²，占总土地面积的 8.85%，主要分布在龙旺庄、谭格庄、沐浴店等地。8 级水平（<30mg/kg）的土地面积为 69.28hm²，占总土地面积的 0.04%（见表 4-9）。

表 4-9　莱阳市土壤碱解氮含量分级表

等级	分级标准（mg/kg）	等级面积（hm²）	占总面积比例（%）
1	>150	0	0
2	120～150	0	0
3	90～120	363.72	0.21
4	75～90	2165	1.25
5	60～75	31539.72	18.21
6	45～60	123734.08	71.44
7	30～45	15328.2	8.85
8	<30	69.28	0.04

2. 不同利用类型耕层土壤碱解氮含量

农田采样检测结果表明（见表 4-10 和图 4-4），全市蔬菜地土壤碱解氮含量平均为 67 mg/kg，变化范围是 35～104mg/kg，变异系数较小，为 26%，处于中等水平（≥50mg/kg）。处于中等水平（50～80mg/kg）及丰富水平的样本占 92 %，土壤碱解氮含量较高的镇主要有照旺庄镇、城厢街道办事处、古柳街道办事处。处于低等水平（30～50mg/kg）和缺乏水平（<30mg/kg）的样本仅占 18%。土壤碱解氮含量较低的镇主要是河洛镇。

表 4-10　不同利用类型土壤碱解氮含量统计分析

类　型	样品数	平均值（mg/kg）	最大值（mg/kg）	最小值（mg/kg）	标准差	极差	变异系数（%）
蔬菜地	54	67	104	35	3.36	68.6	26.02
粮田	1568	55	104	20	0.47	84.1	24.11
果园	366	53	110	28	1.08	82.6	27.59

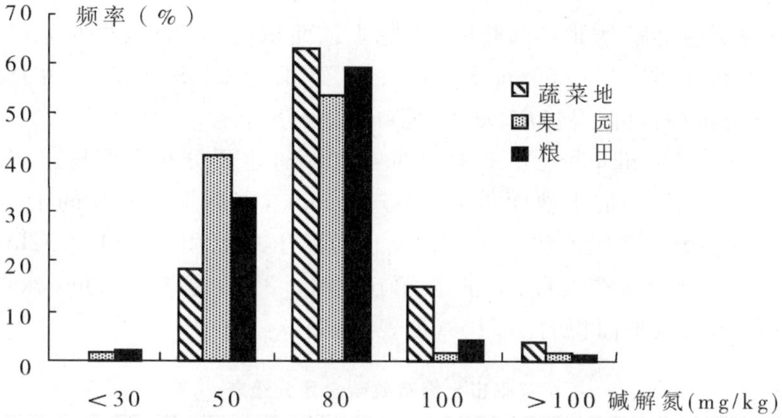

图 4-4 不同利用类型土壤碱解氮含量分布状况

粮田土壤碱解氮含量平均为 55mg/kg,变化范围是 20～104mg/kg,变异系数较大,为 84.11%,但有效氮含量大于 100mg/kg 以上的样品仅有 2 个,占总量的 0.2%,所以土壤样品有效氮含量分布较为集中,处于低等和中等水平(30～50mg/kg)。处于中等水平(50～80mg/kg)的样本占 60%,粮田土壤碱解氮含量较高的镇主要有龙旺庄街道办事处、穴坊镇、照旺庄镇。处于低等水平(30～50mg/kg)和缺乏水平(<30mg/kg)的样本占 35%。粮田土壤碱解氮含量较低的镇主要是团旺镇。

果园土壤碱解氮含量平均为 53mg/kg,变化范围是 28～110mg/kg,变异系数较小,为 27%,处于低等和中等水平(30～50mg/kg)。处于中等水平(50～80mg/kg)的样本占 54%,土壤碱解氮含量较高的镇主要有山前店镇、河洛镇、柏林庄镇。处于低等水平(30～50mg/kg)和缺乏水平(< 30mg/kg)的样本仅占 44%。果园土壤碱解氮含量较低的镇主要是沐浴店镇。

(三)土壤碱解氮变化情况

1983 年土壤普查时,全市碱解氮平均含量为 49mg/kg,变化范围为 19～107mg/kg。当前农田碱解氮的平均含量为 55mg/kg,与 1983 年相比,增加 6mg/kg,增幅为 12.2%,这主要与氮肥的大量施用有关。1983 年纯氮施用量为 16257.4 吨,2008 年纯氮施用量为 39587.9 吨,近 30 年来氮肥施用量增加了 23330.5 吨,增加了 1.44 倍。

二、土壤有效磷

土壤全磷即磷的总含量,包括有机磷和无机磷两大类,土壤中磷元素大部分是以迟效性状态存在,因此土壤中全磷的含量并不能作为土壤磷素供应的指标。无机形态的磷中易溶性磷酸盐及土壤胶体吸附的磷酸根离子和有机形态磷中易矿化的部分能够被植物所吸收,被称为“土壤有效磷”,约占土壤总磷量的 10%。

(一)土壤有效磷含量及分布

莱阳市耕层有效磷含量平均为 26.8mg/kg,属于 5 级水平,变化范围为 2.2～187.8mg/kg,变异系数为 63.03%。

全市没有1级水平(>120mg/kg)、2级水平(80～120mg/kg)的土地。3级水平(50～80mg/kg)的土地面积为3013.68hm²,占总土地面积的1.74%,主要分布在照旺庄、河洛、沐浴店。4级水平(30～50mg/kg)的土地面积为3888.34hm²,占总土地面积的22.45%,主要分布在古柳、冯格庄、城厢、照旺庄、河洛等地。5级水平(20～30mg/kg)的土地面积为85439.56hm²,占总土地面积的49.33%,主要分布在谭格庄、穴坊、沐浴店。6级水平(15～20mg/kg)的土地面积为34051.12hm²,占总土地面积的19.66%,分布于全市丘陵中下部区域。7级水平(10～15mg/kg)的土地面积为11448.52hm²,占总土地面积的6.61%,主要分布在大夼、团旺、万第丘陵区。8级水平(5～10mg/kg)的土地面积为363.72hm²,占总土地面积的0.21%(见表4-11)。

表4-11　莱阳市土壤有效磷含量分级表

等级	分级标准(mg/kg)	等级面积(hm²)	占总面积比例(%)
1	>120	0	0
2	80～120	0	0
3	50～80	3013.68	1.74
4	30～50	38883.4	22.45
5	20～30	85439.56	49.33
6	15～20	34051.12	19.66
7	10～15	11448.52	6.61
8	5～10	363.72	0.21

(二)不同利用类型耕层土壤有效磷含量

不同类型土壤检测结果表明(见表4-12和图4-5),全市蔬菜地土壤有效磷含量平均为44.3mg/kg,变化范围是9.5～87.2mg/kg,变异系数较大,为49%。但有效磷含量大于80mg/kg以上的样品仅有6个,占总量的11%,属于相对丰富水平。处于中等及丰富水平的样本占了61%,主要分布在古柳平原棕壤、城厢丘陵下部棕壤和平原潮土、照旺庄镇平原棕壤、河洛镇丘陵中部棕壤以及冯格庄镇平原砂姜黑土。处于缺乏水平(<10mg/kg)的样本占3%。土壤有效磷含量较低的镇主要是万第镇、团旺镇,质地主要为棕壤性土、褐土性土。

表4-12　莱阳市不同利用类型土壤有效磷含量统计分析

类　型	样品数	平均值(mg/kg)	最大值(mg/kg)	最小值(mg/kg)	标准差	极差	变异系数(%)
蔬菜地	54	44.3	87.2	9.5	4.17	77.7	48.9
粮田	1580	25	84.4	2.2	0.51	82.2	57.12
果园	366	32.1	187.8	5.4	1.7	182.4	71.55

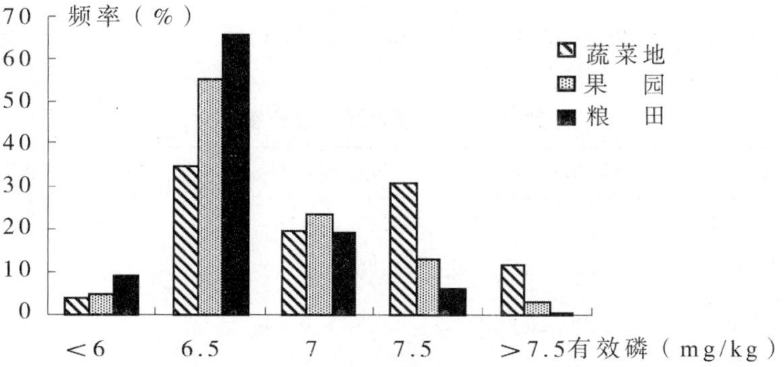

图 4-5 不同利用类型土壤有效磷含量分布状况

粮田土壤有效磷含量平均为 25mg/kg，变化范围是 2.2～84.4mg/kg，极差为 82，标准差为 0.51，变异系数为 57%，处于中等水平（10～30mg/kg）的占了样本的 65%，土壤有效磷含量较高的镇主要有城厢、山前店、冯格庄、姜疃。处于缺乏水平的样本占 9%。土壤有效磷含量较低的镇主要是万第镇。

果园土壤有效磷含量平均为 32.1mg/kg，变化范围是 5.4～187.8mg/kg，极差为 182.4，标准差为 1.7，变异系数为 71%，处于中等水平。处于中等水平的样本占 55%。土壤有效磷含量较高的有照旺庄镇、山前店镇，处于不缺水平的样本占 45%。土壤有效磷含量较低的镇主要是柏林庄镇、河洛镇、沐浴店镇。

（三）土壤有效磷变化情况

1983 年土壤普查时，全市有效磷平均含量为 8.1mg/kg，变化范围为 0.7～68.8mg/kg。与本次分析结果相比可以发现，近 30 年来由于大量磷肥（过磷酸钙、磷酸二铵）的施用，导致大量磷素得以积累。1983 年全市施用 P_2O_5 2523.5 吨，2008 年全市施用 P_2O_5 17201.8 吨，增加了 14778.3 吨。当前农田有效磷的含量是 33mg/kg，是 1983 年土壤普查时的 4.1 倍。

三、土壤钾素

土壤中的钾素营养主要来源于含钾矿物、有机肥、作物秸秆等，流动性小，能被作物根系吸收利用。钾素含量会因土壤黏土矿物含量、施肥等条件的不同而有差异。

（一）土壤速效钾含量及分布

莱阳市耕层土壤速效钾平均含量为 99mg/kg，属于 6 级水平，变化范围为 31～464mg/kg，变异系数为 44.93%。

全市 1 级水平（>300mg/kg）的土地面积为 69.28hm^2，占总土地面积的 0.04%。2 级水平（200～300mg/kg）的土地面积为 1316.32hm^2，占总土地面积的 0.76%，主要分布在沐浴店洼、姜疃洼。3 级水平（150～200mg/kg）的土地面积为 5750.24hm^2，占总土地面积的 3.32%，主要分布在冯格庄、河洛。4 级水平（120～150mg/kg）的土地面积为 18636.32hm^2，占总土地面积的 10.76%，主要分布在古柳、照旺庄、沐浴店。5 级水平（100～120mg/kg）的土地面积为 33791.32hm^2，占总土地面积的 19.51%，分布于全市的泊地。6 级水平（75～100mg/kg）的土地面积为 91588.16hm^2，占总土地面积的 52.88%，广泛分布于全市各地。7级水平(50～75mg/kg)的土地面积为22048.36hm²,占总土地面积的12.73%,主要分布于大夼、万第等地。没有8级水平(<50mg/kg)水平的土地(见表4-13)。

表4-13　　莱阳市土壤速效钾含量分级表

等级	分级标准(mg/kg)	等级面积(hm²)	占总面积比例(%)
1	>300	69.28	0.04
2	200～300	1316.32	0.76
3	150～200	5750.24	3.32
4	120～150	18636.32	10.76
5	100～120	33791.32	19.51
6	75～100	91588.16	52.88
7	50～75	22048.36	12.73
8	<50	0	0

(二)不同利用类型耕层土壤速效钾

农田土壤样品检测结果表明(见表4-14和图4-6),全市蔬菜地土壤速效钾含量平均为127mg/kg,变化范围是63～365mg/kg,极差为302.2,标准差为12.52,变异系数为51%,属于丰富水平。

表4-14　　不同利用类型土壤速效钾含量统计分析

类　型	样品数	平均值(mg/kg)	最大值(mg/kg)	最小值(mg/kg)	标准差	极差	变异系数(%)
蔬菜地	54	127.43	364.8	62.6	12.52	302.2	51.06
粮田	1574	91.27	295	31.3	1.2	263.7	36.9
果园	366	126.52	464.1	39.7	4.74	424.4	50.68

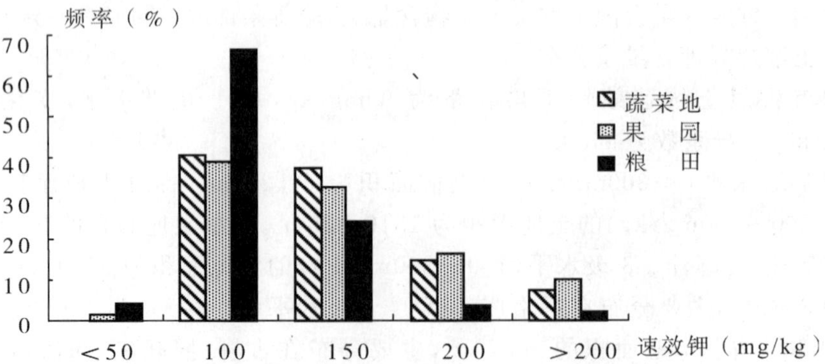

图4-6　不同利用类型土壤速效钾含量分布状况

粮田土壤速效钾含量平均为91mg/kg，变化范围是31～295mg/kg，极差为263.7，标准差为1.2，变异系数为36.9%，处于中等水平。处于中等水平的样本占66%。土壤速效钾含量较高的镇主要有柏林庄镇、沐浴店镇、姜疃镇。处于缺乏水平的样本仅占4%。土壤速效钾含量较低的镇主要是谭格庄镇。

果园土壤速效钾含量平均为127mg/kg，范围是40～464mg/kg，极差为424.4，标准差为4.74，变异系数为51%，处于相对丰富水平。处于中等水平以上的样本占98 %，土壤速效钾含量较高的是柏林庄镇、沐浴店镇、河洛镇。处于缺乏水平的样本仅占2%。土壤速效钾含量较低的镇主要是山前店镇。

（三）土壤速效钾变化情况

1983年土壤普查时，莱阳市速效钾平均含量为68mg/kg，变化范围为21～219mg/kg。与之相比，近30年来全市耕层土壤速效钾含量大体呈上升趋势。当前农田速效钾的含量是128mg/kg，是1983年土壤普查时的1.9倍。1983年全市施用氧化钾281.9吨，2008年全市施用氧化钾15185.7吨，增加了14903.8吨，但由于2000年前氧化钾的年施用量较少，加之土壤氧化钾含量底子薄，所以农田氧化钾含量增速较缓。

第三节　土壤中量元素状况

一、交换性钙

（一）耕层土壤交换性钙含量及分布

莱阳市耕层土壤交换性钙含量平均为4025mg/kg，属于2级水平，变化范围为540～15370mg/kg，变异系数为53.78%。

全市1级水平（>6000mg/kg）的土地面积为11309.96hm^2，占总土地面积的6.53%，主要分布在吕格庄、冯格庄、山前店、龙旺庄的平泊区。2级水平（4000～6000mg/kg）的土地面积为60169.68hm^2，占总土地面积的34.74%，主要分布在河洛、冯格庄、龙旺庄、古柳、山前店等地的大部。3级水平（3000～4000mg/kg）的土地面积为55250.8hm^2，占总土地面积的31.9%，主要分布在沐浴店、照旺庄、大夼、穴坊等地的大部分区域。4级水平（2500～3000mg/kg）的土地面积为25495.04hm^2，占总土地面积的14.72%，主要分布在团旺、羊郡、大夼、谭格庄等地。5级水平（2000～2500mg/kg）的土地面积为13682.8hm^2，占总土地面积的7.9%，主要分布在全市的丘陵区中部、中上部，呈无规律、不规则分布。6级水平（1500～2000mg/kg）的土地面积为6668.2hm^2，占总土地面积的3.85%，主要分布在谭格庄西南部、团旺西北、西南部。7级水平（<1500mg/kg）的土地面积为623.52hm^2，占总土地面积的0.36%（见表4-15）。

表 4-15　　莱阳市土壤交换性钙含量分级表

等级	分级标准(mg/kg)	等级面积(hm^2)	占总面积比例(%)
1	>6000	11309.96	6.53
2	4000～6000	60169.68	34.74
3	3000～4000	55250.8	31.9
4	2500～3000	25495.04	14.72
5	2000～2500	13682.8	7.9
6	1500～2000	6668.2	3.85
7	<1500	623.52	0.36

(二)不同利用类型耕层土壤交换性钙含量

各土壤样品的中量元素钙含量分析结果表明(见表 4-16),21 个蔬菜地土壤样品的交换性钙含量平均为 4450mg/kg,变化范围为 2090～7640mg/kg,标准差为 0.36;476 个粮田土壤样品的交换性钙含量平均为 4060mg/kg,变化范围为 540～15370mg/kg,标准差为 0.1;127 个果园土壤样品的交换性钙含量平均为 3820mg/kg,变化范围为 570～13780mg/kg,标准差为 0.2。

表 4-16　　莱阳市不同利用类型土壤交换性钙含量统计特征值

类　型	样品数	平均值(mg/kg)	最大值(mg/kg)	最小值(mg/kg)	标准差	极差	变异系数(%)
蔬菜地	21	4450	7640	2090	0.36	5550	37.36
粮田	476	4060	15370	540	0.1	14830	52.95
果园	127	3820	13780	570	0.2	13210	59.55

从钙元素含量分布状况(见图 4-7)可以看出,全市土壤交换性钙含量为相对丰富水平,蔬菜地中处于相对丰富的占样本总数的 76%,粮田为 62%,果园为 66%。

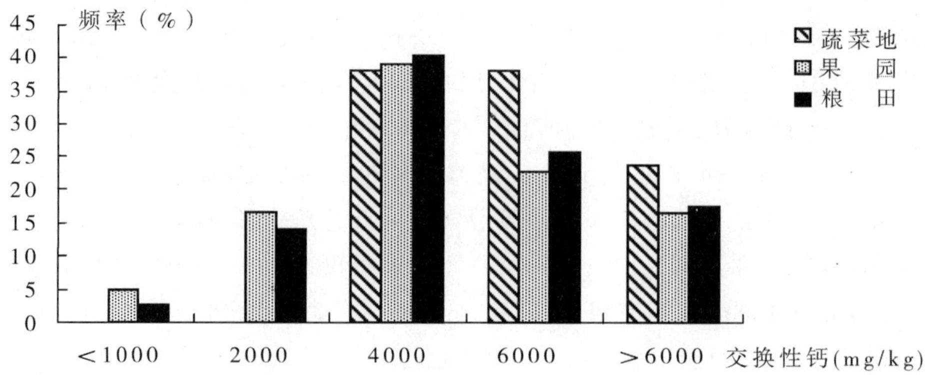

图 4-7　不同利用类型土壤交换性钙含量分布状况

二、交换性镁

(一)土壤交换性镁含量及分布

莱阳市耕层土壤交换性镁含量平均为428mg/kg，属于2级水平，变化范围为100～1950mg/kg，变异系数为44.38%。

全市1级水平(>600mg/kg)的土地面积为10270.76hm²，占总土地面积的5.93%，主要分布在吕格庄西洼、高格庄南洼、照旺庄东部、河洛南洼等地。2级水平(400～600mg/kg)的土地面积为82148.76hm²，占总土地面积的47.43%，主要分布在龙旺庄、穴坊、柏林庄、照旺庄等地。3级水平(300～400mg/kg)的土地面积为64863.4hm²，占总土地面积的37.45%，主要分布在团旺、姜疃、万第、沐浴店等地。4级水平(250～300mg/kg)水平的土地面积为11898.84hm²，占总土地面积的6.87%，主要分布在万第、沐浴店、山前店，呈散乱分布。5级水平(200～250mg/kg)水平的土地面积为3637.20hm²，占总土地面积的2.1%，主要分布在沐浴店北部、东部丘陵区。6级水平(150～200mg/kg)的土地面积为381.04hm²，占总土地面积的0.22%，主要分布在沐浴店榛子沟、上朱兰、上蒲格庄、山前店的北张夼等山地丘陵零星区域(见表4-17)。

表4-17　莱阳市土壤交换性镁含量分级表

等级	分级标准(mg/kg)	等级面积(hm²)	占总面积比例(%)
1	>600	10270.76	5.93
2	400～600	82148.76	47.43
3	300～400	64863.4	37.45
4	250～300	11898.84	6.87
5	200～250	3637.20	2.1
6	150～200	381.04	0.22

(二)不同利用类型耕层土壤交换性镁含量

由表4-18可以看出，蔬菜地土壤样品的交换性镁含量平均为470mg/kg，变化范围为310～740mg/kg，标准差为0.03；粮田土壤样品的交换性镁含量平均为440mg/kg，变化范围为100～1950mg/kg，标准差为0.01；果园土壤样品的交换性镁含量平均为370mg/kg，变化范围为130～910mg/kg，标准差为0.01。

表4-18　不同利用类型土壤交换性镁含量统计特征值

类　型	样品数	平均值(mg/kg)	最大值(mg/kg)	最小值(mg/kg)	标准差	极差	变异系数(%)
蔬菜地	21	470	740	310	0.03	430	25.26
粮田	476	440	1950	100	0.01	1850	44.85
果园	127	370	910	130	0.01	780	40.83

从镁元素含量分布状况(见图 4-8)可以看出,全市蔬菜地和果园土壤交换性镁含量处于中等水平,分别占样本总数的 58%、42%;粮田处于缺乏水平,缺和极缺占 65%。

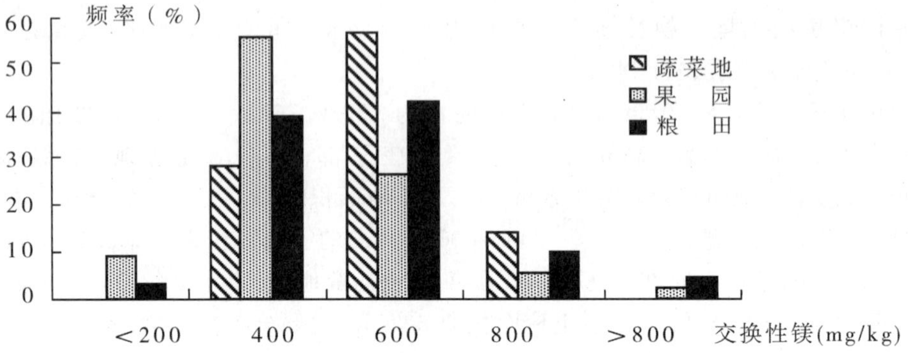

图 4-8 不同利用类型土壤交换性镁含量分布状况

三、有效硫

(一)土壤有效硫含量及分布

莱阳市耕层土壤有效硫含量平均为 45.2mg/kg,属于 4 级水平,变化范围为 6~412.2mg/kg,变异系数为 107.29%。

全市 1 级水平(>100mg/kg)的土地面积为 11015.52hm²,占总土地面积的 6.36%,主要分布于吕格庄、团旺、古柳的部分区域,谭格庄、穴坊、沐浴店有零星分布。2 级水平(75~100mg/kg)的土地面积为 15726.56hm²,占总土地面积的 9.08%,主要分布于沐浴店、古柳、吕格庄、团旺的大部分区域。3 级水平(60~75mg/kg)的土地面积为 20472.24hm²,占总土地面积的 11.82%,主要分布在穴坊、羊郡、沐浴店、万第的部分区域。4 级水平(45~60mg/kg)的土地面积为 27227.04hm²,占总土地面积的 15.72%,主要分布在沐浴店、高格庄、万第等地。5 级水平(30~45mg/kg)的土地面积为 43733hm²,占总土地面积的 25.25%,主要分布在万第北部、照旺庄东南部、大夼北部。6 级水平(15~30mg/kg)的土地面积为 50106.76hm²,占总土地面积的 28.93%,主要分布在姜疃、大夼、河洛、冯格庄、山前店等地。7 级水平(<15mg/kg)的土地面积为 4918.88hm²,占总土地面积的 2.84%,主要分布在河洛、姜疃、大夼的部分区域(见表 4-19)。

表 4-19 莱阳市土壤有效硫含量分级表

等级	分级标准(mg/kg)	等级面积(hm²)	占总面积比例(%)
1	>100	11015.52	6.36
2	75~100	15726.56	9.08
3	60~75	20472.24	11.82

续表

等级	分级标准(mg/kg)	等级面积(hm^2)	占总面积比例(%)
4	45～60	27227.04	15.72
5	30～45	43733	25.25
6	15～30	50106.76	28.93
7	<15	4918.88	2.84

(二)不同利用类型耕层土壤有效硫含量

由表4-20可以看出,蔬菜地土壤样品的有效硫含量平均为58.8mg/kg,变化范围为7.8～297.6mg/kg,标准差为15.88;粮田土壤样品的有效硫含量平均为44.4mg/kg,变化范围为6～412mg/kg,标准差为2.28;果园土壤样品的有效硫含量平均为45.7mg/kg,变化范围为7.5～196.9mg/kg,标准差为3.35。

表4-20 不同利用类型土壤有效硫含量统计特征值

类型	样品数	平均值(mg/kg)	最大值(mg/kg)	最小值(mg/kg)	标准差	极差	变异系数(%)
蔬菜地	21	58.8	297.6	7.8	15.88	289.74	123.74
粮田	476	44.4	412.2	6	2.28	406.17	111.82
果园	127	45.7	196.9	7.5	3.35	189.43	82.67

从硫元素含量分布状况(见图4-9)可以看出,全市土壤有效硫含量处于低等水平,蔬菜地、果园和粮田分别占样本总数的38%、37%和45%。

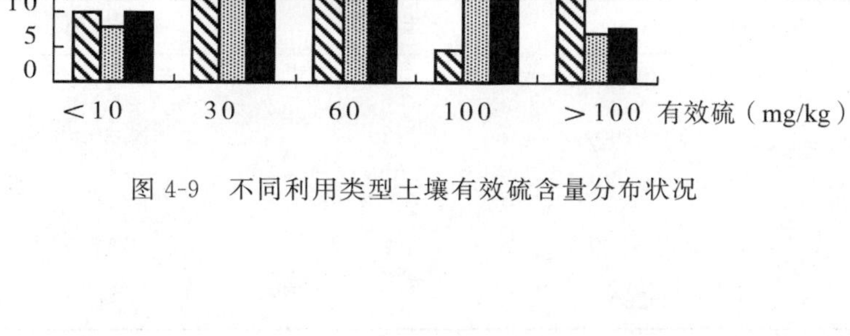

图4-9 不同利用类型土壤有效硫含量分布状况

四、有效硅

(一)土壤有效硅含量及分布

莱阳市耕层土壤有效硅含量平均为 110.9mg/kg,属于 4 级水平,变化范围为 13.6～242.5mg/kg,变异系数为 42.84%。

全市没有 1 级水平(>300mg/kg)的土地。2 级水平(200～300mg/kg)的土地面积为 259.8hm^2,占总土地面积的 0.15%,主要分布在古柳四真庄、高格庄宅科。3 级水平(150～200mg/kg)的土地面积为 14410.24hm^2,占总土地面积的 8.32%,主要分布在古柳、城厢东北部、照旺庄东部、穴坊南部。4 级水平(100～150mg/kg)的土地面积为 97702.12hm^2,占总土地面积的 56.41%,广泛分布于全市各地。5 级水平(50～100mg/kg)的土地面积为 57935.4hm^2,占总土地面积的 33.45%,主要分布在谭格庄、姜疃、羊郡东部、沐浴店东北部。6 级水平(<50mg/kg)的土地面积为 2892.44hm^2,占总土地面积的 1.67%,主要分布在柏林庄的北部、河洛北部山地丘陵区(见表 4-21)。

表 4-21　莱阳市土壤有效硅含量分级表

等级	分级标准(mg/kg)	等级面积(hm^2)	占总面积比例(%)
1	>300	0	0
2	200～300	259.8	0.15
3	150～200	14410.24	8.32
4	100～150	97702.12	56.41
5	50～100	57935.4	33.45
6	<50	2892.44	1.67

(二)不同利用类型耕层土壤有效硅含量

蔬菜地土壤有效硅含量平均为 124.83mg/kg,变化范围为 60.07～198.41mg/kg,变异系数为 28.22%;粮田土壤有效硅含量平均为 112.15mg/kg,变化范围为 21.4～242.5mg/kg,变异系数为 41.76%;果园土壤有效硅含量平均为 104.24mg/kg,变化范围为 20.85～233.47mg/kg,变异系数为 48.45%。分级状况如表 4-22 所示。

表 4-22　不同利用类型土壤有效硅含量状况

项目		蔬菜地(%)	果园(%)	粮田(%)
分级	<50	0	17	8
	50～100	29	30	36
	100～150	43	33	36
	150～200	29	17	17
	>200	0	4	4

续表

项　目	蔬菜地(%)	果园(%)	粮田(%)
样品数	21	127	476
平均值(mg/kg)	124.83	104.24	112.15
最大值(mg/kg)	198.41	233.47	242.5
最小值(mg/kg)	60.07	20.85	21.4
标准差	7.69	4.48	2.15
变异系数(%)	28.22	48.45	41.76

第四节　土壤微量元素状况

微量元素是自然界中广泛存在的含量很低的化学元素。在植物体内多为酶或辅酶的组成成分和活化剂,他们的作用有很强的专一性,一旦缺乏,植物便不能正常生长,有时成为作物产量和品质的限制因子,虽然需要量不多,但在植物的生命活动和代谢过程中,有与氮、磷、钾同样重要的作用。已证明植物必需的微量元素有铁、锰、铜、锌、钼、硼。

一、有效铁

(一)土壤有效铁含量及分布

莱阳市耕层土壤有效铁含量平均为 29.19mg/kg,属于 1 级水平,变化范围为 1.93～87.59mg/kg,变异系数为 74.44%。

全市 1 级水平(>20mg/kg)的土地面积为 128843.48hm^2,占总土地面积的 74.39%,主要分布在姜疃、高格庄、谭格庄、穴坊等全市大部分耕地。2 级水平(10～20mg/kg)的土地面积为 35557.96hm^2,占总土地面积的 20.53%,主要分布在吕格庄大部、团旺西北部、羊郡西部和南部。3 级水平(4.5～10mg/kg)的土地面积为 8729.28hm^2,占总土地面积的 5.04%,主要分布在沐浴店东南部、山前店西北部、大夼东南部丘陵区。4 级水平(2.5～4.5mg/kg)的土地面积为 69.28hm^2,占总土地面积的 0.04%。全市没有 5 级水平(<2.5mg/kg)的土地(见表 4-23)。

表 4-23　莱阳市土壤有效铁含量分级表

等级	分级标准(mg/kg)	等级面积(hm^2)	占总面积比例(%)
1	>20	128843.48	74.39
2	10～20	35557.96	20.53
3	4.5～10	8729.28	5.04
4	2.5～4.5	69.28	0.04
5	<2.5	0	0

(二)不同利用类型耕层土壤有效铁含量

全市蔬菜地土壤有效铁含量平均为27.43mg/kg,变化范围为2.48～66.46mg/kg,标准差为4.09;粮田土壤有效铁含量平均为29.48mg/kg,变化范围为1.93～87.59mg/kg,标准差为1;果园土壤有效铁含量平均为28.58mg/kg,变化范围为2.12～78.85mg/kg,标准差为1.98,差异相当悬殊。分级状况如表4-24所示。

表4-24　　不同利用类型耕地土壤有效铁含量状况

项　目		蔬菜地(%)	果园(%)	粮田(%)
分级	＜5	10	13	13
	5～20	38	35	31
	20～40	29	20	24
	40～60	14	20	22
	＞60	10	11	11
样品数		21	127	476
平均值(mg/kg)		27.43	28.58	29.48
最大值(mg/kg)		66.46	78.85	87.59
最小值(mg/kg)		2.48	2.12	1.93
标准差		4.09	1.98	1
变异系数(%)		68.35	78.06	73.71

二、有效锰

(一)土壤有效锰含量及分布

莱阳市耕层土壤有效锰含量平均为42.22mg/kg,属于1级水平,变化范围为7.26～128.05mg/kg,变异系数为30.24%。

全市1级水平(＞30mg/kg)的土地面积为162271.08hm²,占总土地面积的93.69%,广泛分布于全市。2级水平(15～30mg/kg)的土地面积为10842.32hm²,占总土地面积的6.26%,主要分布在山前店西北部、沐浴店东北部、大夼南部及古柳的部分区域。3级水平(5～15mg/kg)的土地面积为86.6hm²,占总土地面积的0.05%,主要分布于古柳前泉水和山子村。没有4级水平(1～5mg/kg)和5级水平(＜1mg/kg)的土地(见表4-25)。

表 4-25 莱阳市土壤有效锰含量分级表

等级	分级标准(mg/kg)	等级面积(hm^2)	占总面积比例(%)
1	>30	162271.08	93.69
2	15～30	10842.32	6.26
3	5～15	86.6	0.05
4	1～5	0	0
5	<1	0	0

(二)不同利用类型耕层土壤有效锰含量

蔬菜地土壤有效锰含量平均为 37.53mg/kg,变化范围为 7.82～48.11mg/kg,变异系数为 28.1%;粮田土壤有效锰含量平均为 43.05mg/kg,变化范围为 7.26～128.05 mg/kg,变异系数为 31.53%;果园土壤有效锰含量平均为 40.12mg/kg,变化范围为 11.94～48.22mg/kg,变异系数为 22.02%,分级状况如表 4-26 所示。

表 4-26 不同利用类型土壤有效锰含量状况

项　目		蔬菜地(%)	果园(%)	粮田(%)
分级	<15	5	1	3
	15～30	14	13	12
	30～45	52	43	32
	45～60	29	44	50
	>60	0	0	4
样品数		21	127	476
平均值(mg/kg)		37.53	40.12	43.05
最大值(mg/kg)		48.11	48.22	128.05
最小值(mg/kg)		7.82	11.94	7.26
标准差		2.3	0.78	0.62
变异系数(%)		28.1	22.02	31.53

三、有效铜

(一)土壤有效铜含量及分布

莱阳市耕层土壤有效铜含量平均为 2.07mg/kg,属于 1 级水平,变化范围为 0.38～10.32mg/kg,变异系数为 97.57%。

全市 1 级水平(>1.8mg/kg)的土地面积为 62906.24hm^2,占总土地面积的 36.32%,主要分布在沐浴店、山前店、照旺庄、穴坊等的苹果、茌梨等果树作物上。2 级水平(1～1.8mg/kg)的土地面积为 87829.72hm^2,占总土地面积的 50.71%,主要分布在谭格庄、吕格庄、高格庄、姜疃、万第等地。3 级水平（0.2～1mg/kg）的土地面积为 22464.04hm²，占总土地面积的 12.97%，主要分布在团旺、大夼、冯格庄等的粮食作物上。没有 4 级水平（0.1～0.2mg/kg）水平和 5 级水平（<0.1mg/kg）的土地（见表 4-27）。

表 4-27 莱阳市土壤有效铜含量分级表

等级	分级标准(mg/kg)	等级面积(hm²)	占总面积比例(%)
1	>1.8	62906.24	36.32
2	1～1.8	87829.72	50.71
3	0.2～1	22464.04	12.97
4	0.1～0.2	0	0
5	<0.1	0	0

（二）不同利用类型耕层土壤有效铜含量

蔬菜地土壤有效铜含量平均为 1.59mg/kg，变化范围为 0.6～2.82mg/kg，变异系数为 28.97%；粮田土壤有效铜含量平均为 1.56mg/kg，变化范围为 0.38～10.11mg/kg，变异系数为 85.55%；果园耕层土壤有效铜含量平均为 4.06mg/kg，变化范围为 0.63～10.32mg/kg，变异系数为 71.2%。分级状况如表 4-28 所示。

表 4-28 不同利用类型土壤有效铜含量状况

项目		蔬菜地(%)	果园(%)	粮田(%)
分级	<0.5	0	0	1
	0.5～1	5	7	34
	1～2	86	30	49
	2～4	10	22	10
	>4	0	41	5
样品数		21	127	476
平均值(mg/kg)		1.59	4.06	1.56
最大值(mg/kg)		2.82	10.32	10.11
最小值(mg/kg)		0.6	0.63	0.38
标准差		0.1	0.26	0.06
变异系数(%)		28.97	71.2	85.55

四、有效硼

（一）土壤有效硼含量及分布

莱阳市耕层土壤有效硼含量平均为 0.4mg/kg，属于 4 级水平，变化范围为 0.01～1.87mg/kg，变异系数为 48.73%。

全市没有 1 级水平（>2mg/kg）的土地。2 级水平（1～2mg/kg）的土地面积为

277.12hm²,占总土地面积的0.16%,主要分布在高格庄洼、团旺崔疃洼、万第护驾崖洼。3级水平(0.5～1mg/kg)的土地面积为25460.4hm²,占总土地面积的14.7%,主要分布在冯格庄、沐浴店、古柳、穴坊、高格庄的洼区、平泊地。4级水平(0.2～0.5mg/kg)的土地面积为145280.16hm²,占总土地面积的83.88%,广泛分布在莱阳市大部分地区。5级水平(<0.2mg/kg)的土地面积为2182.32hm²,占总土地面积的1.26%,主要分布在照旺庄的中部、东部、南部传统蔬菜区(见表4-29)。

表4-29　　莱阳市土壤有效硼含量分级表

等级	分级标准(mg/kg)	等级面积(hm²)	占总面积比例(%)
1	>2	0	0
2	1～2	277.12	0.16
3	0.5～1	25460.4	14.7
4	0.2～0.5	145280.16	83.88
5	<0.2	2182.32	1.26

(二)不同利用类型耕层土壤有效硼含量

蔬菜地土壤有效硼含量平均为0.35mg/kg,变化范围为0.04～0.75mg/kg,变异系数为56.89%;粮田土壤有效硼含量平均为0.4mg/kg,变化范围为0.01～1.87mg/kg,变异系数为48.7%;果园土壤有效硼含量平均为0.4mg/kg,变化范围为0.07～1.07mg/kg,变异系数为48.08%。分级状况如表4-30所示。

表4-30　　不同利用类型土壤有效硼含量状况

项　目		蔬菜地(%)	果园(%)	粮田(%)
分级	<0.1	14	1	2
	0.1～0.3	33	35	29
	0.3～0.6	43	50	59
	0.6～0.8	10	9	8
	>0.8	0	6	3
样品数		21	127	476
平均值(mg/kg)		0.35	0.4	0.4
最大值(mg/kg)		0.75	1.07	1.87
最小值(mg/kg)		0.04	0.07	0.01
标准差		0.04	0.02	0.01
变异系数(%)		56.89	48.08	48.7

五、有效锌

（一）土壤有效锌含量及分布

莱阳市耕层土壤有效锌含量平均为0.98mg/kg，属于3级水平，变化范围为0.19～8.1mg/kg，变异系数为9.42%。

全市1级水平(>3mg/kg)的土地面积为935.28hm^2，占总土地面积的0.54%，主要分布在柏林庄南部、北小平、吕格庄陡崖后、姜疃西宅等小范围区域。2级水平(1～3mg/kg)的土地面积为50955.44hm^2，占总土地面积的29.42%，主要分布在河洛、柏林庄、沐浴店东北部、照旺庄、姜疃等地。3级水平(0.5～1mg/kg)的土地面积为10774.72hm^2，占总土地面积的62.21%，主要分布在高格庄、穴坊、谭格庄等地。4级水平(0.3～0.5mg/kg)的土地面积为13405.68hm^2，占总土地面积的7.74%，主要分布在团旺西部、万第西北部。5级水平(<0.3mg/kg)的土地面积为155.88hm^2，占总土地面积的0.09%，主要分布在万第水口(见表4-31)。

表4-31　莱阳市土壤有效锌含量分级表

等级	分级标准(mg/kg)	等级面积(hm^2)	占总面积比例(%)
1	>3	935.28	0.54
2	1～3	50955.44	29.42
3	0.5～1	107747.72	62.21
4	0.3～0.5	13405.68	7.74
5	<0.3	155.88	0.09

（二）不同利用类型耕层土壤有效锌含量

蔬菜地土壤有效锌含量平均为1.92mg/kg，变化范围为0.41～5.09mg/kg，变异系数为73.4%；粮田土壤有效锌含量平均为0.82mg/kg，变化范围为0.19～8.1mg/kg，变异系数为80.93%；果园土壤有效锌含量平均为1.42mg/kg，变化范围为0.25～7.82mg/kg，变异系数为94.35%。分级状况如表4-32所示。

表4-32　不同利用类型土壤有效锌含量状况

项　目		蔬菜地(%)	果园(%)	粮田(%)
分级	<0.4	0	6	19
	0.4～1	29	46	60
	1～2	38	28	16
	2～4	19	13	4
	>4	14	7	1
样品数		21	127	476
平均值(mg/kg)		1.92	1.42	0.82

续表

项　目	蔬菜地(%)	果园(%)	粮田(%)
最大值(mg/kg)	5.09	7.82	8.1
最小值(mg/kg)	0.41	0.25	0.19
标准差	0.31	0.12	0.03
变异系数(%)	73.4	94.35	80.93

六、有效钼

(一)土壤有效钼含量及分布

莱阳市耕层土壤有效钼含量平均为 0.15mg/kg,属于 3 级水平,变化范围为 0.01～0.49mg/kg,变异系数为 52.62%。

全市 1 级水平(>0.3mg/kg)的土地面积为 883.32hm²,占总土地面积的 0.51%,主要分布在古柳洼、穴坊洼、高格庄胡城洼。2 级水平(0.2～0.3mg/kg)的土地面积为 23624.48hm²,占总土地面积的 13.64%,主要分布在古柳大部、龙旺庄平泊区、高格庄曲坊洼、穴坊洼、团旺南洼。3 级水平(0.15～0.2mg/kg)的土地面积为 59372.96hm²,占总土地面积的 34.28%,全市各镇街均有分布。4 级水平(0.1～0.15mg/kg)的土地面积为 72276.36hm²,占总土地面积的 41.73%,分布于全市各地。5 级水平(<0.1mg/kg)的土地面积为 17042.88hm²,占总土地面积的 9.84%,主要分布于万第、沐浴店、山前店丘陵区的中上部梯田(见表 4-33)。

表 4-33　　莱阳市土壤有效钼含量分级表

等级	分级标准(mg/kg)	等级面积(hm²)	占总面积比例(%)
1	>0.3	883.32	0.51
2	0.2～0.3	23624.48	13.64
3	0.15～0.2	59372.96	34.28
4	0.1～0.15	72276.36	41.73
5	<0.1	17042.88	9.84

(二)不同利用类型耕层土壤有效钼含量

蔬菜地土壤有效钼含量平均为 0.15mg/kg,变化范围为 0.03～0.38mg/kg,变异系数为 49.01%;粮田土壤有效钼含量平均为 0.15mg/kg,变化范围为 0.01～0.4mg/kg,变异系数为 52.26%;果园土壤有效钼含量平均为 0.15mg/kg,变化范围为 0.03～0.49mg/kg,变异系数为 55.65%。分级状况如表 4-34 所示。

表 4-34　　不同利用类型土壤有效钼含量状况

项　目		蔬菜地(%)	果园(%)	粮田(%)
分级	<0.05	5	7	9
	0.05～0.1	19	27	20
	0.1～0.2	62	50	46
	0.2～0.3	10	10	20
	>0.3	5	7	5
样品数		21	127	476
平均值		0.15	0.15	0.15
最大值(mg/kg)		0.38	0.49	0.4
最小值(mg/kg)		0.03	0.03	0.01
标准差(mg/kg)		0.02	0.01	0
变异系数(%)		49.01	55.65	52.26

第五节　土壤主要物理性状

一、土壤质地

土壤质地是土壤中各粒级所占的比例，即土壤的沙黏性。它是土壤肥沃度、耕性、生产性能的重要指标，是土壤的重要物理性状之一，对土壤肥力有重要影响。莱阳市的土壤可划分为四大类、十一种类型(见表 4-35)。

表 4-35　　莱阳市土壤表层质地表

表层质地	总面积		可利用面积		耕地面积	
	hm^2	%	hm^2	%	hm^2	%
砾石土	619.9	0.36	593.8	0.4	48	0.06
粗沙土	6900.3	4.04	6659.3	4.44	3520	4.4
石皮土	2389.9	1.4	2227.4	1.49	1144	1.43
石渣土	13430.7	7.86	12774.6	8.53	2120	2.65
壤质土	352178.1	22.73	35987.8	24.02	20088	25.11
松沙土	171.2	0.1	88.5	0.06	32	0.04
紧沙土	4972.4	2.91	3319.6	2.22	520	0.65
沙壤土	8971.5	5.25	6654.7	4.44	3064	3.83
轻壤土	90069.5	52.7	77748.9	51.89	47008	58.76
中壤土	4538.7	2.66	3761.5	2.51	2456	3.07
重壤土	15.1	0.01	14.9	0.01	8	0.01
合计	170924	100	149831.1	100	80000	100

（一）砾石土

砾石土包括砾石含量达30%以上的砾石土、粗沙土、石皮土、石渣土等4个质地类型。其农林可利用面积为2.2×10^4 hm^2，占总可利用面积的15%；耕地面积为6800hm^2，占总耕地面积的8.5%。主要分布在山丘中上部。因所处地形部位较高，地面坡度大，水土流失严重，土体发育差，导致土壤表层质地粗，粗沙、砾石、小石块含量高，孔隙大，通透性好，不抗干旱，有机质分解快，养分积累少，含量匮乏，主要种植花生、薯类。应因地制宜，退耕还林，大力发展果园，以适应生产发展的需要。

（二）沙土及沙壤土

沙土及沙壤土包括物理性沙粒（>0.01mm）含量达80%以上的松沙土、紧沙土和沙壤土3个质地类型。可利用面积为1000hm^2，占总可利用面积的6%；耕地面积为3600hm^2，占总耕地面积的4.5%。主要分布在五龙河流域两侧的河滩上。该类型土壤以沙粒为主，土壤孔隙大，通透性好，耕性好，但保蓄性差，不抗旱，土壤养分含量低，肥劲短，发小苗、不发老苗。主要种植林果菜，只适于种植花生、薯类等农作物。应采取秸秆还田、增施有机肥等措施，加以改良。在灌溉施肥时，应掌握“少吃多餐”“小水勤浇”的原则。

（三）壤　土

壤土包括沙黏比例适中（物理性沙粒含量80%～55%，物理性黏粒含量20%～45%）、耕性好、保供性能好、施种性广的轻壤、中壤以及性土中的壤质土3个质地类型。可利用面积为11.7×10^5 hm^2，占总可利用面积的78%；耕地面积为6.95×10^4 hm^2，占总耕地面积的86.9%。主要分布在莱阳市平泊区及丘陵中下部。该质地类型沙粒、粉粒、黏粒含量比例适中，孔隙状况好，通透性、保供性能良好，有机质分解快，养分含量丰富。土性暖，耕性好，易耕期长，发小苗也发老苗，故适宜种植各种作物，应变能力强，是农业上较理想的土壤质地类型。

（四）重壤土

莱阳市仅有物理性黏粒含量达45%～60%的重壤土80hm^2，仅占耕地面积的0.1%，系造地压土所成，应适当掺沙改良。

化验分析表明，莱阳市的土壤表层质地较好，砾石土占8.5%，沙土及沙壤土占4.5%，壤土占86.9%，重壤土占0.1%。全市土壤因沙粒、粉粒、黏粒含量比例适中，孔隙状况好，通透性、保供性能良好，有机质分解快，养分含量丰富，生产性能较高。

二、土壤容重

土壤容重是指自然状态下单位体积的干土重，是土壤质地、结构、松紧度、孔隙度的综合反映。一般认为，表土层容重以1.1～1.45g/cm^3较为理想。

8个土壤类型的180个样点测定统计结果表明，莱阳市表层土壤容重变化范围为1.1～1.53 g/cm^3，平均为1.35 g/cm^3。其中，1.1～1.5g/cm^3的占统计数的91%，大于1.5 g/cm^3的占统计数的9%。亚耕层土壤容重变化范围为1.32～1.72g/cm^3，平均为1.45 g/cm^3，大于1.5 g/cm^3的占统计数的35%。说明莱阳市土壤基本不过松，也不过紧，但部分典型棕壤亚类、褐土亚类、潮褐土亚类犁底层容重偏大，结构紧密，影响作物根系下扎，应加以改良。通过对表土层质地类型分析，壤质土、轻壤土、石渣土容重适宜，而粗沙土容重偏大，因砾石含量过多所致。

综合分析可知，莱阳土壤壤土所占比例较大，土壤容重适中，孔隙状况好，通透性能、保供性能良好，土壤养分含量丰富，一般适宜种植各种作物。但如果注意利用秸秆还田，增施有机肥，进一步改进土壤结构和理化形状，培肥地力，能使其转变成为高产良田。

三、土壤孔隙度

土壤孔隙度是土壤水分和空气的通道和储存场所。它的大小、数量和分布状况对土壤肥力因素的调节及土壤中的生物化学过程影响极大，土壤孔隙度就是在自然状态下，土壤中的孔隙占土壤总体积的百分数。孔隙度的大小受土壤结构、质地、腐殖质及紧实度等因素的影响。通气孔隙是指直径大于 0.1mm 的孔隙，它经常为土壤空气所占据。通气孔隙度的大小，直接影响着土壤的通气、透水性能。通常认为表层土壤总孔隙度大于45％、通气孔隙度大于 10％较为适宜。

通过对莱阳市 180 个典型剖面孔隙度统计，全市表层土壤总孔隙度变化范围为41.2％～57.9％，平均为 49.3％，其中大于 45％的占 91.5％；通气孔隙度变化范围为1.8％～29.5％，平均为 12.75％，其中大于 7％的占 76.2％，大于 10％的占 56.1％。亚耕层总孔隙度变化范围为 35.8％～51.5％，平均为 46％，其中大于 45％的占 64.2％；通气孔隙度变化范围为 1.02％～26.3％，平均为 8.7％，其中大于 7％的占 54.1％。分析结果表明，全市多处土壤孔隙度较适宜，通透性能较好，固、液、气三相关系协调，有利于作物正常生长。而部分棕壤、潮棕壤、褐土、潮褐土亚类土壤因心土层夹黏，通透性不良，有碍作物生长，应通过深耕、深翻等措施，加厚活土层，改善通透性，促进作物正常生长。

四、土体厚度

土体厚度是指基岩以上的土壤层厚度，是作物布局、产量高低的主要依据。莱阳市属典型丘陵区，因地面坡度大，侵蚀重，多数土地土体发育较浅薄，主要分为极薄层、薄层、中层、厚层、深厚层五种类型。具体如表 4-36 所示。

表 4-36　莱阳市土体厚度面积统计表

项目	总面积		可利用面积		耕地面积	
	hm^2	%	hm^2	%	hm^2	%
极薄层（＜15cm）	3571.7	2.09	3320.7	2.22	96	0.12
薄层（15～30cm）	36981.1	21.64	34850.7	23.26	15248	19.06
中层（30～60cm）	60409	35.34	55750.2	37.21	32400	40.5
厚层（60～100cm）	9576.4	5.6	8434.1	5.63	5008	6.26
深厚层（＞100cm）	60385.8	35.33	47475.4	31.69	27248	34.06
合计	170924	100	149831.1	100	80000	100

（一）极薄层土壤

可利用面积为 0.33×10^4 hm^2，占总可利用面积的 2.2%；耕地面积为 96hm^2，占总耕地面积的 0.1%。主要分布在山丘顶部。该类土壤土体厚度小于 15cm，生产性能较差，为林果用地，也多用于种植薯类、花生。

（二）薄层土壤

耕地面积为 1.52×10^4 hm^2，占总耕地面积的 19.1%。主要分布在山丘中上部。该类土壤土体厚度为 15～30cm，蓄水保肥性能差，养分含量低，严重影响作物正常生长，多种植薯类、花生。

（三）中层土壤

耕地面积为 3.24×10^4 hm^2，占总耕地面积的 40.5%。主要分布在山丘中下部。该类土壤土体厚度为 30～60cm，因土层较浅薄，保供性能差，抗旱耐涝性差，土壤肥力低，仍障碍作物生长。

（四）厚层土壤

耕地面积为 0.5×10^4 hm^2，占总耕地面积的 6.2%。主要分布在山丘下部及平坡地上。该类土壤土体厚度为 60～100cm，保供能力较好，抗旱耐涝，产量较高。

（五）深厚层土壤

耕地面积为 2.72×10^4 hm^2，占总耕地面积的 34.1%。主要分布在平泊区。该类土壤土体厚度大于 100cm，土壤肥沃，保供性好，抗旱耐涝，生产潜能大，是莱阳市的主要粮食产能土壤。

五、土体构型

土壤在人为因素和自然因素的影响下，形成了特有的形态和层次。土体构型是指 1m 土体内各种质地层次的排列组合状况。土地构型的好坏直接影响着土壤的生产性能、土壤培肥的难易程度和改良利用的途径。

莱阳市土壤母质来源复杂，土体构型复杂多样。通过对各土类、土种的归纳，其基本形态分为石底、夹黏、夹沙和夹砾石、均质、夹砂姜 5 种类型（见表 4-37）。

表 4-37　　莱阳市土体构型面积统计表

构　型	总面积		可利用面积		耕地面积	
	hm^2	%	hm^2	%	hm^2	%
极薄层硬石底	3571.7	2.09	3320.7	2.22	96	0.12
薄层硬石底	21578.4	12.62	20141	13.44	10192	12.74
薄层酥石底	15402.7	9.01	14709.7	9.82	5056	6.32
中层硬石底	26941.7	15.76	24847.3	16.58	14032	17.54
中层酥石底	33467.4	19.58	30902.9	20.63	18368	22.96
浅位夹黏	24727.2	14.47	20942.3	13.95	12672	15.84

续表

构　型	总面积		可利用面积		耕地面积	
	hm^2	%	hm^2	%	hm^2	%
中位夹黏	5913.9	3.46	4665.5	3.11	3048	3.81
浅位夹沙	2449.5	1.43	1916	1.28	840	1.05
中位夹沙	3645	2.13	3042.4	2.03	1784	2.23
浅位夹砾石	578.7	0.34	452.8	0.3	264	0.33
中位夹砾石	429.4	0.25	323.1	0.22	200	0.25
浅位夹沙壤	201.3	0.12	168.5	0.11	40	0.05
中位夹沙壤	62.2	0.04	46.6	0.03	24	0.03
浅位夹壤	56.5	0.03	55.6	0.04	40	0.05
中位夹壤	72.3	0.04	54	0.04	24	0.03
浅位夹砂姜	49.6	0.03	48.1	0.03	32	0.04
中位夹砂姜	2713	1.59	2183	1.46	1432	1.79
均质沙壤	4756.2	2.78	3275.9	2.19	1368	1.71
均轻壤质	19345.6	11.32	15459.9	10.32	9936	12.42
均沙质	4962	2.9	3275.6	2.19	544	0.68
合计	170924	100	149831.1	100	80000	100

(一)石底型

多属极薄和薄层土体，土体下是岩石。莱阳市石底土壤可利用面积为 $1.75\times10^5hm^2$，占总可利用面积的62.29%；耕地面积为 $4.77\times10^4hm^2$，占总耕地面积的59.68%。该类型土壤主要分布于各地山丘岭地中上部，土层浅薄，保肥、保水能力差，易旱、易涝，产量低而不稳。主要种植作物以花生等抗旱耐瘠作物为主。应根据其不同土体厚度，实行深耕、翻耕，以加厚活土层。如酥石底岩石呈半风化状态，可以通过深翻深刨加深土层，可提高蓄水保肥能力。如铺板石硬石底时，则应提倡局部深翻，加深土层，以防水肥侧渗流失，提高土壤保供性能。同时应切实搞好退耕还林、栽植果树等。

(二)夹黏型

夹黏型包括浅位、中位夹黏型土壤。可利用面积为 $2.53\times10^4hm^2$，占总可利用面积的17%；耕地面积为 $1.57\times10^4hm^2$，占总耕地面积的19.66%。主要分布在莱阳市山丘下部泊地上。该类土壤土体厚度大于60cm，土体内有一重壤或黏土夹层。当夹层在20～60cm出现时，为浅层夹黏；厚度超过30cm时，为厚层夹黏。这种夹黏层的出现，障碍作物根系下扎，影响土壤肥力因素的协调状况。应实行深耕、深翻，破除夹黏层，加厚活土层，增施有机肥。夹黏层在60～100cm出现时为中位夹黏，中位夹黏上轻下重，上虚下实，通透性好，保供性强，是理想的土体构型，生产潜能大。

（二）夹沙、夹砾石型

夹沙、夹砾石型包括浅位、中位夹沙、夹沙壤、夹砾石型土壤。可利用面积为5700hm^2，占总可利用面积的3.8%；耕地面积为3000hm^2，占总耕地面积的3.85%。夹沙型土壤主要分布在龙旺庄、古柳、沐浴店等地的部分村庄；夹砾石型土壤主要分布在山前店、羊郡等地的部分村庄。该类土壤土体内有沙、沙壤、砾石夹层，极易造成水肥侧渗流失，土壤干得快，旱情重，养分流失多，影响作物正常生长。应增施有机肥加以改良，以增强土壤保蓄能力。

（四）均质型

均质型包括均壤质、均沙壤、均沙质等构型，可利用面积为$2.2\times10^4 hm^2$，占总可利用面积的14%；耕地面积为11200hm^2，占总耕地面积的14%。其中均壤质型通体为轻壤。中壤土通透性好，保供性能强，耕性好，适合各种作物生长，是一种易培肥、夺高产的理想土体构型。其耕地面积为9600hm^2，占总耕地面积的12%，主要分布在微斜平地上。而均沙壤、均沙质土耕地面积为1840hm^2，占总耕地面积的2.3%，主要分布在河滩地上。该类型土壤漏水、漏肥，是很难培肥的低产土体构型，应采取秸秆还田、增施有机肥等综合措施加以改良，并注意科学施肥浇水。

（五）夹砂姜型

可利用面积为2200hm^2，占总可利用面积的1.4%；耕地面积为1488hm^2，占总耕地面积的1.86%。主要分布在冯格庄、吕格庄西北洼以及柏林庄西南洼。全市夹砂姜型土壤砂姜层普遍出现在60cm以下，对生产障碍作用较小，应充分利用土层深厚、保供性强、潜在肥力高的特点，科学耕作管理，以夺取更高产。

第五章　耕地地力评价

保护耕地，实现农业的可持续发展，是我们的基本国策之一。耕地是土地的精华，是农业生产中不可替代的重要生产资料，是保持社会和国民经济可持续发展的重要资源。因此，及时掌握耕地资源的数量、质量及其变化，对于合理规划和利用耕地、切实保护耕地有十分重要的意义。在全面的野外调查和室内化验分析，获取大量耕地地力相关信息的基础上，进行了莱阳市耕地地力的综合评价，评价结果对于摸清全市耕地地力的现状及问题，为耕地资源的高效和可持续利用提供了重要的科学依据。

第一节　评价的原则、依据及流程

一、评价的原则、依据

（一）评价的原则

耕地地力就是耕地的生产能力，是在一定区域内一定的土壤类型上耕地的土壤理化性状、所处自然环境条件、农田基础设施及耕作施肥管理水平等因素的总和。根据评价的目的要求，在莱阳市耕地地力评价中，遵循的基本原则有四条。

1. 综合因素研究与主导因素分析相结合原则

土地是一个自然经济综合体，是人们利用的对象，对土地质量的鉴定涉及自然和社会经济多个方面，耕地地力也是各类要素的综合体现。所谓综合因素研究是指对地形地貌、土壤理化性状、相关社会经济因素之总体进行全面的研究、分析与评价，以全面了解耕地地力状况。主导因素是指对耕地地力起决定作用的、相对稳定的因子，在评价中要着重对其进行研究分析。因此，把综合因素与主导因素结合起来进行评价则可以对耕地地力作出科学准确的评定。

2. 共性评价与专题研究相结合原则

莱阳市耕地利用存在菜地、农田等多种类型，土壤理化性状、环境条件、管理水平等不一，因此耕地地力水平有较大的差异。考虑市域内耕地地力的系统性、可比性，针对不同的耕地利用等状况，应选用统一的共同的评价指标和标准，即耕地地力的评价不针对某一特定的利用类型。另外，为了了解不同利用类型的耕地地力状况及其内部的差异情况，则对有代表性的主要类型如蔬菜地等进行专题的深入研究。这样，共性的评价与专题的研究相结合，使整个的评价和研究具有更大的应用价值。

3. 定量和定性相结合原则

土地系统是一个复杂的灰色系统，定量和定性要素共存，相互作用，相互影响。因此，为了保证评价结果的客观合理，宜采用定量和定性评价相结合的方法。在总体上，为了保证评价结果的客观合理，尽量采用定量评价方法，对可定量化的评价因子如有机质等养分含量、土层厚度等按其数值参与计算，对非数量化的定性因子如土壤表层质地、土体构型等则进行量化处理，确定其相应的指数，并建立评价数据库，以计算机进行运算和处理，尽量避免人为随意性因素的影响。在评价因素筛选、权重确定、评价标准、等级确定等评价过程中，尽量采用定量化的数学模型，在此基础上则充分运用人工智能和专家知识，对评价的中间过程和评价结果进行必要的定性调整，定量与定性相结合，从而保证了评价结果的准确合理。

4. 采用卫星遥感和 GIS 支持的自动化评价方法原则

自动化、定量化的土地评价技术方法是当前土地评价的重要方向之一。近年来，随着计算机技术，特别是 GIS 技术在土地评价中的不断应用和发展，基于 GIS 技术进行自动定量化评价的方法已不断成熟，使土地评价的精度和效率大大提高。本次的耕地地力评价工作将采用最新 SPOT5 卫星遥感数据提取和更新耕地资源现状信息，通过数据库建立、评价模型及其与 GIS 空间叠加等分析模型的结合，实现了全数字化、自动化的评价流程，在一定的程度上代表了当前土地评价的最新技术方法。

（二）评价的依据

耕地地力是耕地本身的生产能力，因此，耕地地力的评价则依据与此相关的各类自然和社会经济要素，具体包括三个方面。

1. 耕地地力的自然环境要素

耕地地力的自然环境要素包括耕地所处的地形地貌条件、水文地质条件、成土母质条件以及土地利用状况等。

2. 耕地地力的土壤理化要素

耕地地力的土壤理化要素包括土壤剖面与土体构型、耕层厚度、质地、容重等物理性状，有机质、N、P、K、微量元素、pH、交换量等化学性状。

3. 耕地地力的农田基础设施条件

耕地地力的农田基础设施条件包括耕地的灌排条件、水土保持工程建设、培肥管理条件等。

二、评价的流程

整个评价可分为三个方面的主要内容，按先后的次序分别为：

1. 资料工具准备及数据库建立

即根据评价的目的、任务、范围、方法，收集准备与评价有关的各类自然及社会经济资料，进行资料的分析处理。选择适宜的计算机硬件和 GIS 等分析软件，建立耕地地力评价基础数据库。

2. 耕地地力评价

划分评价单元，提取影响地力的关键因素并确定权重，选择相应评价方法，制定评价标准，确定耕地地力等级。

3. 评价结果分析

依据评价结果，量算各等级耕地面积，编制耕地地力分布图，分析耕地地力问题，提出耕地资源可持续利用的措施建议。

评价的工作流程如图 5-1 所示。

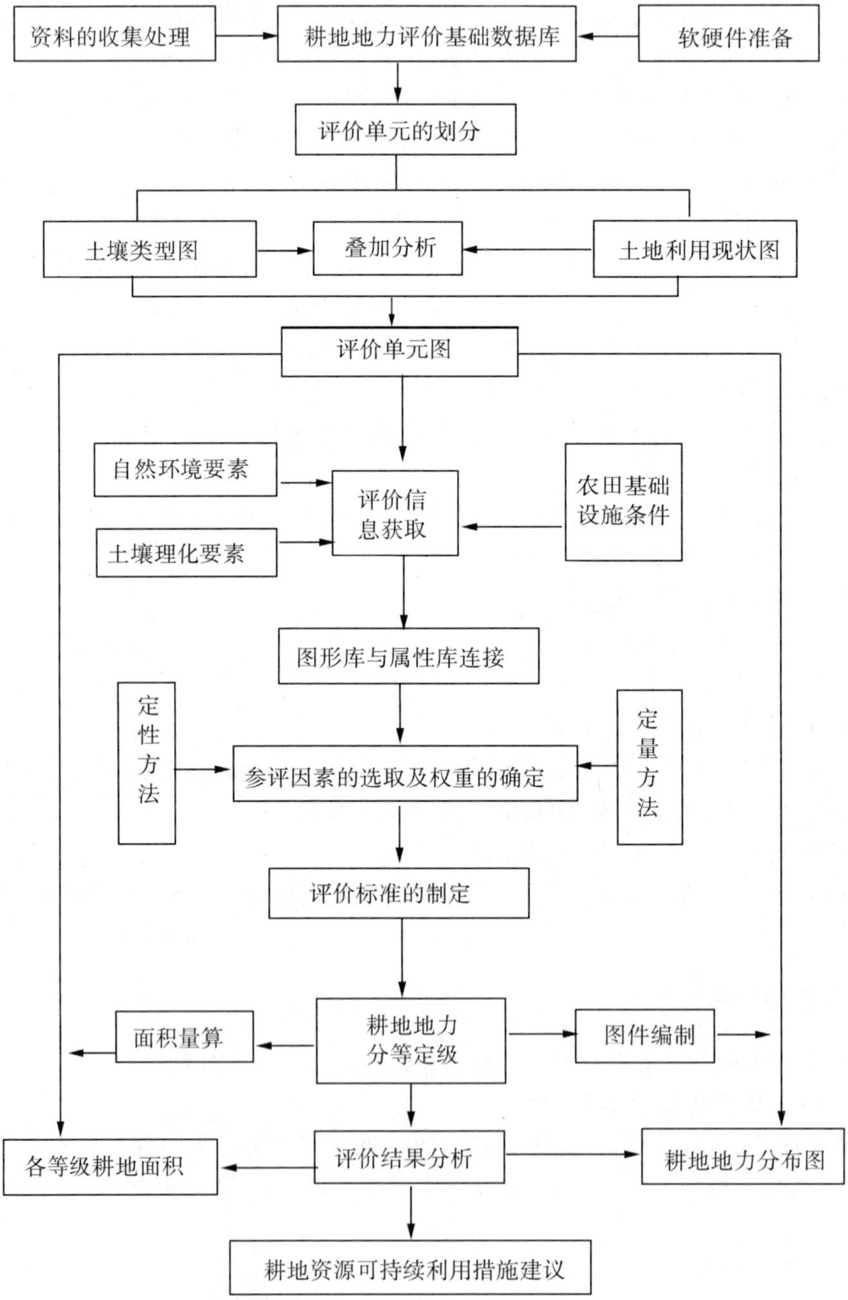

图 5-1　莱阳市耕地地力评价流程图

第二节 软硬件准备、资料的收集处理及基础数据库的建立

一、软硬件准备

(一)硬件准备

硬件主要包括高档计算机、A0幅面数字化仪、A0幅面扫描仪、喷墨绘图仪等。计算机主要用于数据和图件的处理分析,数字化仪、扫描仪用于图件的输入,喷墨绘图仪用于成果图的输出。

(二)软件准备

一是Windows操作系统软件,二是FOXPRO数据库管理、SPSS数据统计分析/ACCESS数据管理系统等应用软件,三是MAPGIS、ARCVIEW、ARCMAP等GIS软件。

二、资料的收集、处理

(一)资料的收集

耕地地力评价以耕地的各性状要素为基础,因此,必须广泛地收集与评价有关的各类自然和社会经济因素资料,为评价工作做好数据的准备。本次耕地地力评价收集获取的资料主要包括四个方面。

1. 野外调查资料

按野外调查点获取,主要包括地形地貌、土壤母质、水文、土层厚度、表层质地、耕地利用现状、灌排条件、作物长势产量、管理措施水平等。

2. 室内化验分析资料

室内化验分析资料包括有机质、全氮、碱解氮、全磷、有效磷、速效钾等大量养分含量,交换性钙、交换性镁等中量养分含量,有效锌、有效硼、有效钼等微量养分含量,以及pH、土壤污染元素含量等。

3. 社会经济统计资料

以行政区划为基本单位的人口、土地面积、作物及蔬菜瓜果面积,以及各类投入产出等社会经济指标数据。

4. 基础及专题图件资料

1∶50000比例尺地形图、行政区划图、土地利用现状图、地貌图、土壤图等。

(二)资料的处理

获取的评价资料可以分为定量和定性资料两大部分,为了采用定量化的评价方法和自动化的评价手段,减少人为因素的影响,需要对其中的定性因素进行定量化处理,根据因素的级别状况赋予其相应的分值或数值。除此,对于各类养分等按调查点获取的数据,则需要进行插值处理,生成各类养分图。

1. 定性因素的量化处理

土壤表层质地:考虑不同质地类型的土壤肥力特征,以及与植物生长发育的关系,赋予不同质地类别以相应的分值(见表5-1)。

表 5-1 土壤表层质地的量化处理

质地类别	中壤	轻壤	重壤	沙壤	沙土
分值	100	95	80	70	55

土体构型：首先以土层质地类别和其在土体中的部位对各类土体构型进行归纳，根据不同的土体构型对植物生长发育的影响，赋予不同土体构型以相应的分值（见表 5-2）。

表 5-2 土体构型的量化处理

土体构型	中壤均质	中壤黏腰	轻壤黏腰	轻壤均质	中壤黏心	中壤沙姜腰	中壤沙腰	重壤均质	轻壤沙心	沙壤沙心	中层	薄层
分值	100	95	95	90	85	85	80	60	60	50	30	10

地貌类型：根据不同的地貌类型对耕地地力及作物生长的影响，赋予其相应的分值（见表 5-3）。

表 5-3 地貌类型的量化处理

地貌类型	缓平坡地	山前倾斜平地	山前缓平地	缓岗	浅平洼地	槽状洼地	河谷高地	河漫滩	河谷梯田	近山阶地	坡麓梯田	荒坡岭
分值	100	97	95	93	90	87	84	80	60	40	20	10

障碍状况：考虑影响莱阳市耕地地力的主要障碍状况，将其障碍状况归纳为不同的类型，并根据其对耕地地力的影响程度进行量化处理（见表 5-4）。

表 5-4 障碍状况的量化处理

障碍状况	无障碍	浅黏	夹沙或砂姜	砾质	石渣土
分值	100	90	80	60	40

2. 各类养分专题图层的生成

对于土壤有机质、氮、磷、钾、锌、硼、钼等养分数据，首先按照野外实际调查点进行整理，建立了以各养分为字段、以调查点为记录的数据库。之后，进行了土壤采样样点图与分析数据库的连接，在此基础上对各养分数据进行自动的插值处理。

对比了分别在 MAPGIS 和 ARCVIEW 环境中的插值结果，发现 ARCVIEW 环境中的插值结果线条更为自然圆滑，符合实际。因此，本研究中所有养分采样点数据均在 ARCVIEW 环境下操作，利用其空间分析模块功能对各养分数据进行自动的插值处理，经编辑处理，自动生成各土壤养分专题栅格图层。后续的耕地地力评价也以栅格形式进行，与矢量形式相比，能够将各评价要素信息精确到栅格（像元）水平，保证了评价结果的准确。图 5-2 和图 5-3 为在 ARCVIEW 下插值生成的莱阳土壤有机质、全氮含量分布栅格图。

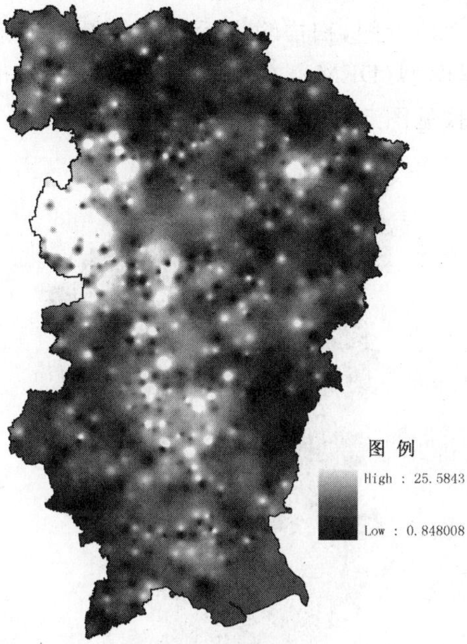

图 5-2　莱阳市土壤有机质含量栅格图

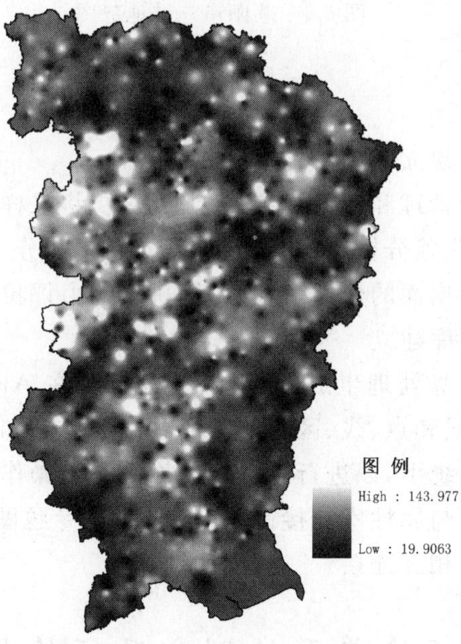

图 5-3　莱阳市土壤全氮含量栅格图

3. 莱阳市数字高程模型和坡度图的生成

利用莱阳市 1∶50000 地形图，扫描输入后进行矢量化，获得等高线及高程信息，自动插值生成莱阳市数字高程模型(DEM)，在此基础上生成莱阳市地形坡度，经编辑处理后形成坡度图和三维地势图(见图 5-4)。

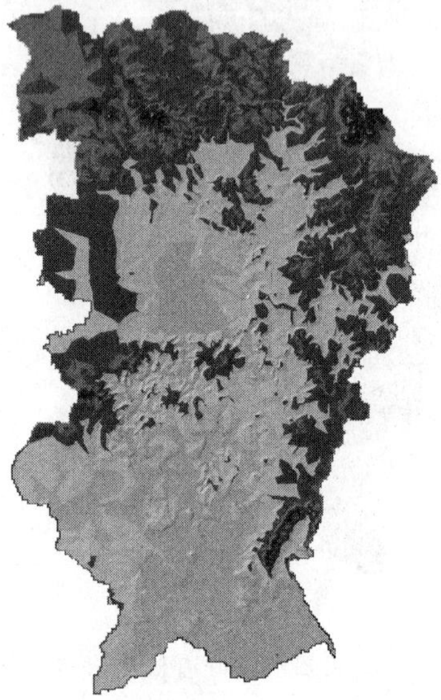

图 5-4　莱阳市三维地势图

三、基础数据库的建立

(一)基础属性数据库建立

为更好地对数据进行管理和为后续工作提供方便，将采样点基本情况信息、农业生产情况信息、土壤理化性状化验分析数据、土壤污染元素化验分析数据等信息以调查点为基本数据库记录进行属性数据库的建立，作为后续耕地地力评价工作的基础。

(二)基础专题图图形库建立

将扫描矢量化及插值等处理生成的各类专题图件，在 ARCVIEW 和 MAPGIS 软件的支持下，分别以栅格形式和点、线、区文件的形式进行存储和管理，同时将所有图件统一转换到相同的地理坐标系统下，以进行图件的叠加等空间操作，各专题图图斑属性信息通过键盘交互式输入或通过与属性库挂接读取，构成基本专题图图形数据库。图形库与基础属性库之间通过调查点相互连接。

第三节　评价单元的划分及评价信息的提取

一、评价单元的划分

评价单元是由对土地质量具有关键影响的各土地要素组成的空间实体，是土地评价的最基本单位、对象和基础图斑。同一评价单元内的土地自然基本条件、土地的个体属性和经济属性基本一致。不同土地评价单元之间,既有差异性,又有可比性。耕地地力评价就是要通过对每个评价单元的评价,确定其地力级别,把评价结果落实到实地和编绘的土地资源图上。因此,土地评价单元划分的合理与否,直接关系到土地评价的结果以及工作量的大小。

目前,对土地评价单元的划分尚无统一的方法,有以土壤类型、以土地利用类型、以行政区划单位、以方里网等多种方法。本次莱阳市耕地地力评价土地评价单元的划分采用土壤图、土地利用现状图的叠置划分法,相同土壤单元及土地利用现状类型的地块组成一个评价单元,即"土地利用现状类型—土壤类型"的格式。其中,土壤类型划分到土种,土地利用现状类型划分到二级利用类型,制图区界以基于遥感影像的莱阳市最新土地利用现状图为准。为了保证土地利用现状的现实性,基于野外的实地调查对耕地利用现状进行了修正,其中菜地进行了进一步的细分,到三级类型。同一评价单元内的土壤类型相同,利用方式相同,交通、水利、经营管理方式等基本一致,用这种方法划分评价单元可以反映单元之间的空间差异性,既使土地利用类型有了土壤基本性质的均一性,又使土壤类型有了确定的地域边界线,使评价结果更具综合性、客观性,可以较容易地将评价结果落实到实际中。

通过图件的叠置和检索,将莱阳市耕地地力划分为3473个评价单元。

二、评价信息的提取

影响耕地地力的因子非常多,并且它们在计算机中的存储方式也不相同,因此,如何准确地获取各评价单元评价信息是评价中的重要一环。鉴于此,舍弃直接从键盘输入参评因子值的传统方式,采取将评价单元与各专题图件叠加采集各参评因素的信息。具体的做法是:按唯一标识原则为评价单元编号;在ARCVIEW环境下生成评价信息空间库和属性数据库;在ARCMAP环境下从图形库中调出各化学性状评价因子的专题图,与评价单元图进行叠加计算出各因子的均值;保持评价单元几何形状不变,在耕地资源管理信息系统中直接对叠加后形成的图形的属性库进行"属性提取"操作,以评价单元为基本统计单位,按面积加权平均汇总评价单元立地条件评价因子的分值。

由此,得到图形与属性相连的、以评价单元为基本单位的评价信息,为后续耕地地力的评价奠定了基础。

第四节　参评因素的选取及其权重确定

正确地进行参评因素的选取并确定其权重,是科学地评价耕地地力的前提,直接关系到评价结果的正确性、科学性和社会可接受性。

一、参评因素的选取

参评因素是指参与评定耕地地力等级的耕地的诸属性。影响耕地地力的因素很多,在本次莱阳市耕地地力评价中,根据莱阳市的区域特点,遵循主导因素原则、差异性原则、稳定性原则、敏感性原则，采用定量和定性方法结合，进行了参评因素的选取。

(一)系统聚类方法

系统聚类方法用于筛选影响耕地地力的理化性质等定量指标，通过聚类将类似的指标进行归并，辅助选取相对独立的主导因子。利用 SPSS 统计软件进行了土壤养分等化学性状的系统聚类。

从图 5-5 中可以看出，氯离子、全盐、硝态氮、全氮、交换性钙、有效硅、交换性镁、有效硼、有效钼、有效铁、有效锰、有效锌、有效铜、有效硫聚为一组，有效磷、速效钾、碱解氮、缓效钾聚为一组，有机质为一组，pH 为一组。

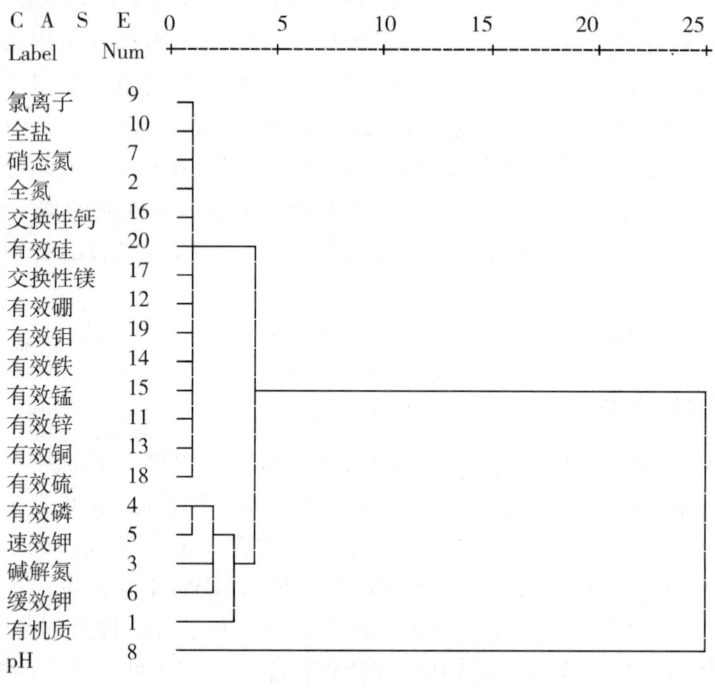

图 5-5 土壤养分等化学性状的聚类分析

(二)DELPHI 法

用 DELPHI 法进行了影响耕地地力的立地条件、物理性状等定性指标的筛选，确定了由土壤农业化学学者、专家及莱阳市土肥站业务人员组成的专家组，首先对指标进行分类，在此基础上进行指标的选取，并讨论确定最终的选择方案。

综合以上两种方法，在定量因素中根据各因素对耕地地力影响的稳定性，以及营养元素的全面性，在聚类分析第一组中选取有效锌、有效硼为参评因素，第二组中选取有效磷、速效钾为参评因素，第三组中选取有机质为参评因素。结合专家组选择结果，最后确定灌溉保证率、坡度、地形地貌、耕层质地、剖面构型、障碍层状况、土层厚度、有机质、大量元素（速效钾、有效磷）、微量元素（有效锌、有效硼）等 12 项因素作为耕地地力评价的参评指标。

二、权重的确定

在耕地地力评价中，需要根据各参评因素对耕地地力的贡献确定权重，确定权重的方法很多，本评价中采用层次分析法(AHP)来确定各参评因素的权重。

层次分析法是在定性方法基础上发展起来的定量确定参评因素权重的一种系统分析方法，这种方法可将人们的经验思维数量化，用以检验决策者判断的一致性，有利于实现定量化评价。

(一)建立层次结构

耕地地力为目标层(G层)，影响耕地地力的立地条件、物理性状、化学性状为准则层(C层)，再把影响准则层中各元素的项目作为指标层(A层)，其结构关系如图5-6所示。

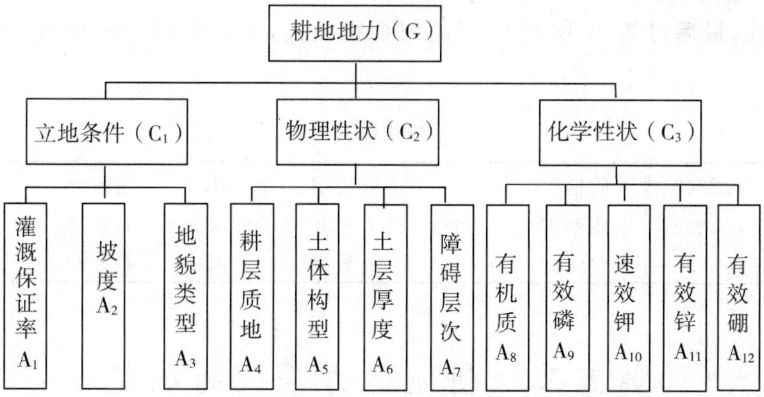

图5-6　耕地地力影响因素层次结构

(二)构造判断矩阵

根据专家经验，确定C层对G层以及A层对C层的相对重要程度，构成A、C_1、C_2、C_3共4个判断矩阵。例如，耕层质地、土体构型、有效土层厚度、障碍层次状况对耕地物理性状的判断矩阵表示为：

$$C_2=\begin{pmatrix} a_{11} & a_{12} & a_{13} & a_{14} \\ a_{21} & a_{22} & a_{23} & a_{24} \\ a_{31} & a_{32} & a_{33} & a_{34} \\ a_{41} & a_{42} & a_{43} & a_{44} \end{pmatrix}=\begin{pmatrix} 1 & 1.25 & 0.7143 & 1.6667 \\ 0.8 & 1 & 0.5714 & 1.3333 \\ 1.4 & 1.75 & 1 & 2.3333 \\ 0.6 & 0.75 & 0.4286 & 1 \end{pmatrix}$$

其中，a_{ij}(i为矩阵的行号，j为矩阵的列号)表示对C_2而言，a_i对a_j的相对重要性的数值。

(三)层次单排序及一致性检验

即求取A层对C层的权数值，可归结为计算判断矩阵的最大特征根对应的特征向量。利用SPSS等统计软件，得到的各权数值及一致性检验的结果如表5-5所示。

表 5-5 权数值及一致性检验结果

矩　阵		特征向量				C_I	C_R
矩阵 A		0.4186	0.3488	0.2326		−0.00000537	0.00000926<0.1
矩阵 C_1		0.198	0.3564	0.4455		−0.00000369	0.00000575<0.1
矩阵 C_2	0.2159	0.2699	0.1542	0.3599		0.00000621	0.0000069<0.1
矩阵 C_3	0.0787	0.0945	0.1181	0.2362	0.4724	0.00000549	0.00000491<0.1

可以看出，C_R<0.1，具有很好的一致性。

(四)层次总排序及一致性检验

经层次总排序，并进行一致性检验，结果为 $C_I=0.00000369$，$C_R=0.00000402$，具有满意的一致性，最后计算 A 层对 G 层的组合权数值，得到各因子的权重，最终结果如表 5-6 所示。

表 5-6 各因子的权重

灌溉保证率	0.2248	质地	0.079	障碍层	0.0474	速效钾	0.0556
坡度	0.1252	土体构型	0.0632	有机质	0.0834	有效锌	0.0278
地形地貌	0.0996	土层厚度	0.1106	有效磷	0.0694	有效硼	0.0139

第五节　耕地地力等级的确定

土地是一个灰色系统，系统内部各要素之间与耕地的生产能力之间关系十分复杂。此外，评价中也存在着许多不严格、模糊性的概念，因此，在评价中引入了模糊数学方法，采用模糊评价方法来进行耕地地力等级的确定。

一、参评因素隶属函数的建立

用 DELPHI 法根据一组分布均匀的实测值评估出对应的一组隶属度，然后在计算机中绘制这两组数值的散点图，再根据散点图进行曲线模拟，寻求参评因素实际值与隶属度关系方程，从而建立起隶属函数。各参评因素的分级及其相应的专家赋值和隶属度如表 5-7 所示。

表 5-7 参评因素的分级及其分值

坡度	0	0.2	0.5	1	3	5	7	10	15	25		
分值	98	100	98	95	90	80	60	30	10	1		
隶属度	0.98	1.00	0.98	0.95	0.90	0.80	0.60	0.30	0.10	0.01		
地形地貌	缓平坡地	山前倾斜平地	山前缓平地	缓岗	浅平洼地	槽状洼地	河谷高地	河漫滩	河谷梯田	近山阶地	坡麓梯田	荒坡岭
分值	100	97	95	93	90	87	84	80	60	40	20	10

续表

隶属度	1.00	0.97	0.95	0.93	0.90	0.87	0.84	0.80	0.60	0.40	0.20	
灌溉保证率	80	70	60	50	30	10	0					
分值	100	90	80	65	40	10	0					
隶属度	1.00	0.90	0.80	0.65	0.40	0.10	0					
有机质	2.0	1.8	1.6	1.4	1.2	1.0	0.8	0.6				
分值	100	98	95	90	84	78	65	50				
隶属度	1.00	0.98	0.95	0.90	0.84	0.78	0.65	0.50				
有效磷	400	300	200	110	80	60	40	30	20	15	10	5
分值	70	80	90	100	98	96	92	90	85	80	60	40
隶属度	0.70	0.80	0.90	1.00	0.98	0.96	0.92	0.90	0.85	0.80	0.60	0.40
速效钾	400	320	240	160	120	100	80	60				
分值	100	98	93	85	82	78	70	50				
隶属度	1.00	0.98	0.93	0.85	0.82	0.78	0.70	0.50				
有效锌	2.0	1.5	1.2	1.0	0.8	0.5	0.3					
分值	100	92	87	85	80	70	55					
隶属度	1.00	0.92	0.87	0.85	0.80	0.70	0.55					
有效硼	1.8	1.5	1.2	1.0	0.8	0.5	0.2					
分值	100	95	87	85	80	70	55					
隶属度	1.00	0.95	0.87	0.85	0.80	0.70	0.55					
耕层质地	中壤	轻壤	重壤	沙壤	沙土 分值	100	95	80	70	55		
隶属度	1.00	0.95	0.80	0.70	0.55							
障碍层状况	其他	浅黏	夹沙砂姜	砾质	石渣土							
分值	100	90	80	60	40							
隶属度	1.00	0.90	0.80	0.60	0.40							
剖面构型	中壤均质	中壤黏腰	轻壤黏腰	轻壤均质	中壤黏心	中壤砂姜腰	中壤沙腰	重壤均质	轻壤沙心	沙壤沙心	中层	薄层
分值	100	95	95	90	85	85	80	60	60	50	30	10
隶属度	1.00	0.95	0.95	0.90	0.85	0.85	0.80	0.60	0.60	0.50	0.30	0.10
有效土层	150	130	110	90	70	50	30					
分值	100	95	88	70	55	35	10					
隶属度	1.00	0.95	0.88	0.70	0.55	0.35	0.10					

通过模拟共得到正直线型、戒上型、戒下型三种类型的隶属函数，其中有效磷属于以上两种或两种以上的复合型隶属函数，地貌类型、质地等描述性的因素属于直线型隶属函数，然后根据隶属函数计算各参评因素的单因素评价评语。以有机质为例绘制的散点图和模拟曲线如图 5-7 和图 5-8 所示。

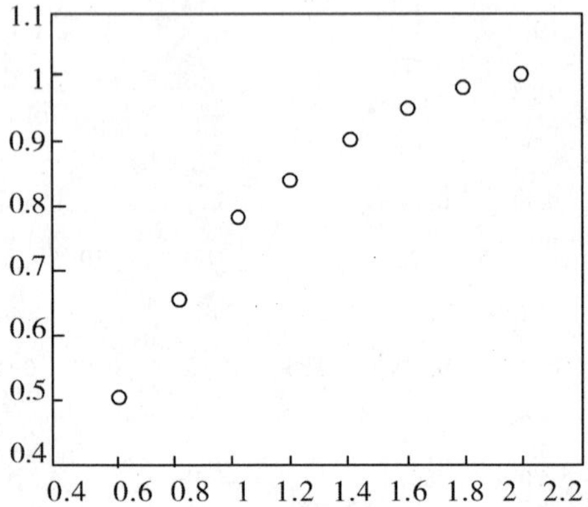

图 5-7　有机质与隶属度关系散点图

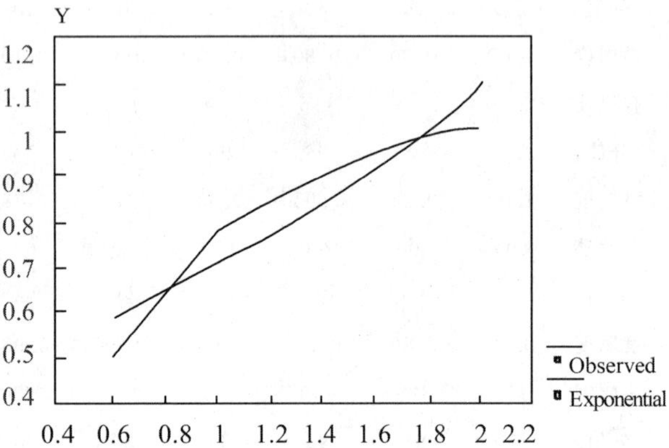

图 5-8　有机质与隶属度关系曲线

其隶属函数为戒上型，形式为：

$$y=\begin{cases}0 & (x\leqslant x_t)\\ 1/[1+A(x-C)^2] & (x_t<x<C)\\ 1 & (C\leqslant x)\end{cases}$$

各参评因素类型及其隶属函数如表 5-8 所示。

表 5-8　参评因素类型及其隶属函数

函数类型	参评因素	隶属函数	A	C	U_t
戒上型	有机质(g/kg)	$y=1/[1+A(x-C)^2]$	0.543	1.822	0.35
戒上型	速效钾(mg/kg)	$y=1/[1+A(x-C)^2]$	0.0000076	327.836	15
戒上型　<110	有效磷(mg/kg)	$y=1/[1+A(x-C)^2]$	0.0000992	80.159	3
戒下型　>110			0.00000742	111.967	450
戒 上 型	有效锌(mg/kg)	$y=1/[1+A(x-C)^2]$	0.245	1.924	0.1
戒 上 型	有效硼(mg/kg)	$y=1/[1+A(x-C)^2]$	0.251	1.879	0.1
正直线型	地貌类型(分值)	$y=Ax$	0.01	100	0
正直线型	剖面构型(分值)	$y=Ax$	0.01	100	0
正直线型	障碍层状况(分值)	$y=Ax$	0.01	100	0

续表

函数类型	参评因素	隶属函数	A	C	U_t
正直线型	耕层质地(分值)	$y=Ax$	0.01	100	0
正直线型	坡度(分值)	$y=Ax$	0.01	100	0
正直线型	灌溉保证率(分值)	$y=Ax$	0.01	100	0
正直线型	有效土层(分值)	$y=Ax$	0.01	100	0

二、耕地地力等级的确定

(一)计算耕地地力综合指数

用指数和法来确定耕地的综合指数，公式为：

$$IFI = \sum F_i \times C_i$$

其中，IFI(Integrated Fertility Index)代表耕地地力综合指数，F_i 为第 i 个因素评语，C_i 为第 i 个因素的组合权重。

具体操作过程：在市域耕地资源管理信息系统中，在“专题评价”模块中编辑立地条件、物理性状和化学性状的层次分析模型以及各评价因子的隶属函数模型，然后选择“耕地生产潜力评价”功能进行耕地地力综合指数的计算。

(二)确定最佳的耕地地力等级数目

计算耕地地力综合指数之后，在耕地资源管理信息系统中选择累积曲线分级法进行评价，根据曲线斜率的突变点(拐点)来确定等级的数目和划分综合指数的临界点，将莱阳市耕地地力共划分为6级，各等级耕地地力综合指数如表5-9所示，综合指数分布如图5-9所示。

表5-9　莱阳市耕地地力等级综合指数

IFI	>0.8	0.72～0.8	0.65～0.72	0.58～0.65	0.52～0.58	<0.52
耕地地力等级	一级地	二级地	三级地	四级地	五级地	六级地

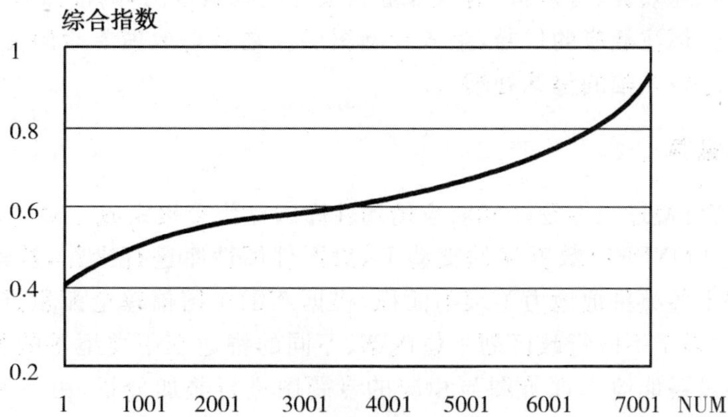

图5-9　莱阳市综合指数分布图

第六节　成果图的编制及面积的量算

一、图件的编制

为了提高制图的效率和准确性，在地理信息系统软件 MAPGIS 的支持下，进行莱阳市耕地地力评价图及相关图件的自动编绘处理，其步骤大致为：扫描矢量化各基础图件→编辑点、线→点、线校正处理→统一坐标系→区编辑并对其赋属性→根据属性赋颜色→根据属性加注记→图幅整饰输出。另外，还充分发挥 MAPGIS 强大的空间分析功能，用评价图与其他图件进行叠加，从而生成其他专题图件，如评价图与行政区划图叠加，进而计算各行政区划单位内的耕地地力等级面积等。

（一）专题图地理要素底图的编制

专题地图的地理要素内容是专题图的重要组成部分，用于反映专题内容的地理分布，并作为图幅叠加处理等的分析依据。地理要素的选择应与专题内容相协调，考虑图面的负载量和清晰度，应选择基本的、主要的地理要素。

以莱阳市最新的土地利用现状图为基础，对此图进行了制图综合处理，选取主要的居民点、交通道路、水系、境界线等及其相应的注记，进而编辑生成 1∶50000 各专题图地理要素底图。

（二）耕地地力评价图的编制

以耕地地力评价单元为基础，根据各单元的耕地地力评价等级结果，对相同等级的相邻评价单元进行归并处理，得到各耕地地力等级图斑。在此基础上，分两个层次进行图面耕地地力等级的表示：一是颜色表示，即赋予不同耕地地力等级以相应的颜色。二是代号表示，用罗马数字Ⅰ、Ⅱ、Ⅲ、Ⅳ、Ⅴ、Ⅵ表示不同的耕地地力等级，并在评价图相应的耕地地力图斑上注明。将评价专题图与以上的地理要素图复合，整饰得出莱阳市 1∶50000 耕地地力评价图。

（三）其他专题图的编制

对于有机质、速效钾、有效磷、有效锌等其他专题要素地图，则按照各要素的分级分别赋予相应的颜色，标注相应的代号，生成专题图层。之后与地理要素图复合，编辑处理生成专题图件，并进行图幅的整饰处理。

二、面积的量算

面积的量算可通过与专题图相对应的属性库的操作直接完成。对耕地地力等级面积的量算，则可在 FOXPRO 数据库的支持下，对图件属性库进行操作，检索相同等级的面积，然后汇总得出各类耕地地力等级的面积，根据莱阳市图幅理论面积进行平差，得到准确的面积数值。对于不同行政区划单位内部、不同的耕地利用类型等的耕地地力等级面积的统计，则通过耕地地力评价图与相应的专题图进行叠加分析，由其相应属性库统计获得。

三、评价结果检验

根据各级地的面积和产量水平，统计出莱阳市的年总产量(折粮食)为 91.84 万吨，与莱阳市 2008 年农业生产总产量相符，说明耕地地力评价的结果符合莱阳市农业生产的实际情况。

第六章　耕地地力分析

本次耕地地力分析按照农业部耕地质量调查和评价的规程及相关标准，结合当地实际情况，选取了对耕地地力影响较大、区域内变异明显、在时间序列上具有相对稳定性、与农业生产有密切关系的12个因素建立评价指标体系。以土壤图与土地利用现状图叠加形成评价单元，应用模糊综合评价方法，通过综合分析，将全区耕地共划分为6个等级，根据评价结果进行耕地地力的系统分析。

第一节　耕地地力等级及空间分布

一、耕地地力等级面积

利用MAPGIS软件，对评价图属性库进行操作，检索统计耕地各等级的面积和图幅总面积。以2008年莱阳市耕地总面积(80000hm^2)为基准，按面积比例平差，计算出各耕地地力等级面积。

莱阳市耕地总面积为80000hm^2，其中一级地和二级地占总耕地面积的13.13%；三级地和四级地占总耕地面积的50.44%；五级地和六级地占总耕地面积的36.43%。以四级地分布面积最大，占总耕地面积的28.4%。一级地分布面积最小，占总耕地面积的5%(见表6-1)。

表6-1　莱阳市耕地地力评价结果面积统计

等　级	一级地	二级地	三级地	四级地	五级地	六级地	总计
面积(hm^2)	4003.23	6501.89	17629.2	22717.29	16170.64	12977.77	80000
百分比(%)	5	8.13	22.04	28.4	20.21	16.22	100

农业部于1997年颁布了《全国耕地类型区、耕地地力等级划分》农业行业标准，该标准根据粮食单产水平将全国耕地地力划分为十个等级。以产量表达耕地生产能力，年单产大于13500kg/hm^{2}为一级地，小于1500kg/hm^{2}为十级地，每1500kg为一个等级。因此，将耕地地力综合指数转换为概念型产量。

通过对莱阳市测土配方施肥基本情况调查表和农户施肥情况调查表进行统计分析，莱阳市一级地平均单产为20283kg/hm^2，其中小麦产量8880kg/hm^2，玉米产量111403kg/hm^2，相当于全国耕地地力一级地产量水平。莱阳市二级地平均单产为

17319kgkg/hm²,其中小麦产量 7630.5kg/hm²,玉米产量 9688.5kg/hm²,相当于全国耕地地力一级地产量水平。莱阳市三级地平均单产为 14626.5kg/hm²,其中小麦产量 6409.5kg/hm²,玉米产量 8217kg/hm²,相当于全国耕地地力一级地产量水平。莱阳市四级地平均单产为 12081kg/hm²,其中小麦产量 5269.5kg/hm²,玉米产量 6811.5kg/hm²,相当于全国耕地地力二级地产量水平。莱阳市五级地平均单产为 8740.5kg/hm²,其中小麦产量 3618kg/hm²,玉米产量 5122.5kg/hm²,相当于全国耕地地力四级地产量水平。莱阳市六级地平均单产为 3927kg/hm²,一年一作玉米产量 3927kg/hm²,相当于全国耕地地力八级地产量水平。莱阳市没有全国耕地地力分级为三级、五级、六级、七级、九级、十级的耕地(见表 6-2)。

表 6-2　莱阳市耕地地力与全国耕地地力关系

莱阳等级	一级地	二级地	三级地	四级地	五级地	六级地	合 计
产量水平 (kg/hm²)	20283	17319	14626.5	12081	8740.5	3927	
总产量(吨)	81197.5	112606.2	257853.5	274447.6	141339.5	50963.7	918408
全国等级	一级地	一级地	一级地	二级地	四级地	八级地	

二、耕地地力空间分布分析

(一)耕地地力等级分布

一级地和二级地主要分布于莱阳市中西部地区,微地貌类型为岭地、泊地、微斜平地、沟谷梯田、河滩地、缓平地、荒坡岭。这一区域耕地地力情况较好,农业基础设施均配套成型,测土配方施肥工程也首先在这一区域展开。三级地、四级地分布比较广,但主要集中在莱阳市东部、南部和西北部,属于只要加大资金投入,完善基础设施,改善生产条件,产量就能大幅提高的中产田类型,有一定的开发潜力。五级地和六级地主要分布在北部地区和东南部地区,这部分耕地有效耕层薄,肥力低,基本无灌溉条件,还有部分未利用土地,属于低产田类型。

从等级的分布地域特征可以看出,等级的高低与地貌类型、土壤类型及海拔高度之间存在着密切的关系,呈现明显的地域分布规律:随着耕地地力等级的提高,地貌类型沿着泊地—河滩地—缓平地—微斜平地—沟谷梯田—岭地方向变化。土壤类型由潮褐土、河潮土、棕壤、风沙土到褐土性土、棕壤性土,向着粗骨土、石质土转化。

(二)耕地地力等级的行政区域划分

将莱阳市耕地地力等级分布图与莱阳市行政区划图进行叠置分析,从耕地地力等级行政区域分布数据库中,按权属字段检索出各等级的记录,统计出各级地在各镇(街道办事处)的分布状况(见表 6-3)。

可以看出,一级地、二级地所占比例较高的为河洛镇、柏林庄镇、山前店镇、龙旺庄街道办事处、城厢街道办事处、照旺庄镇、万第镇、团旺镇、古柳街道办事处、穴坊镇,三级地、四级地所占比例较高的主要为谭格庄镇、沐浴店镇、河洛镇、柏林庄镇、山前店镇、龙旺庄街道办事处、冯格庄街道办事处、照旺庄镇、姜疃镇、万第镇、大夼镇、吕格庄镇、团旺镇、高格庄镇、穴坊镇、羊郡镇，五级地、六级地所占比例较大的有谭格庄镇、沐浴店镇、柏林庄镇、照旺庄镇、姜疃镇、万第镇、大夼镇、吕格庄镇、团旺镇、高格庄镇、穴坊镇、羊郡镇。

表 6-3　莱阳市耕地地力等级行政区域分布

镇(街道办事处)		一级地	二级地	三级地	四级地	五级地	六级地	合计
谭格庄镇	面积(hm^2)	0	0	122.33	966.19	395.3	5940.8	7424.61
	百分比(%)	0	0	1.65	13.01	5.32	80.01	100
沐浴店镇	面积(hm^2)	0	0	339.32	707.54	440.07	2666.82	4153.75
	百分比(%)	0	0	8.17	17.03	10.59	64.2	100
河洛镇	面积(hm^2)	455.17	289.78	807.3	13.93	0	0	1566.17
	百分比(%)	29.06	18.5	51.55	0.89	0	0	100
柏林庄镇	面积(hm^2)	71.06	465.07	1122.53	544.02	691.38	283.35	3177.42
	百分比(%)	2.24	14.64	35.33	17.12	21.76	8.92	100
山前店镇	面积(hm^2)	94.45	673.35	229.57	2914.97	38.24	0	3950.57
	百分比(%)	2.39	17.04	5.81	73.79	0.97	0	100
龙旺庄街道办事处	面积(hm^2)	319.71	765	223.82	2092.79	267.37	0	3668.69
	百分比(%)	8.71	20.85	6.1	57.04	7.29	0	100
冯格庄街道办事处	面积(hm^2)	57.49	114.1	2026.04	993.97	1.99	36.72	3230.31
	百分比(%)	1.78	3.53	62.72	30.77	0.06	1.14	100
城厢街道办事处	面积(hm^2)	448.3	221.39	120.41	202.16	0	0	992.26
	百分比(%)	45.18	22.31	12.13	20.37	0	0	100
照旺庄镇	面积(hm^2)	869.54	567.6	1439.09	679.62	1092.89	444.24	5092.98
	百分比(%)	17.07	11.14	28.26	13.34	21.46	8.72	100
姜疃镇	面积(hm^2)	0	346.09	1657.76	1204.53	2037.06	712.31	5957.75
	百分比(%)	0	5.81	27.83	20.22	34.19	11.96	100
万第镇	面积(hm^2)	291.02	632.95	1670.5	2460.47	3758.11	594.04	9407.07
	百分比(%)	3.09	6.73	17.76	26.16	39.95	6.31	100
大夼镇	面积(hm^2)	14.39	40.26	679.59	2546.92	902.54	4.71	4188.41
	百分比(%)	0.34	0.96	16.23	60.81	21.55	0.11	100
吕格庄镇	面积(hm^2)	0	297.31	857.15	106.38	1543.01	140.17	2944.03
	百分比(%)	0	10.1	29.11	3.61	52.41	4.76	100

续表

镇(街道办事处)		一级地	二级地	三级地	四级地	五级地	六级地	合计
团旺镇	面积(hm^2)	0	834.87	2320.5	6144.53	706.51	0	10006.42
	百分比(%)	0	8.34	23.19	61.41	7.06	0	100
古柳街道办事处	面积(hm^2)	1382.1	314.22	317.78	94.09	74.4	0	2182.59
	百分比(%)	63.32	14.4	14.56	4.31	3.41	0	100
高格庄镇	面积(hm^2)	0	0	603.07	736.5	131.65	1416.98	2888.2
	百分比(%)	0	0	20.88	25.5	4.56	49.06	100
穴坊镇	面积(hm^2)	0	841.55	2150.31	221.27	2993.2	442.93	6649.27
	百分比(%)	0	12.66	32.34	3.33	45.02	6.66	100
羊郡镇	面积(hm^2)	0	98.34	942.13	87.42	1096.93	294.7	2519.51
	百分比(%)	0	3.9	37.39	3.47	43.54	11.7	100

第二节　耕地地力等级分述

一、一级地

(一)面积与分布

一级地综合评价指数大于0.8,耕地面积为4003.22hm^2,占全市总耕地面积的5%,为莱阳市分布最小的一个等级。其中水浇地2744.21hm^2,占一级地面积的68.55%;旱地1221.91hm^2,占一级地面积的30.52%,此外有少部分菜地37.1hm^2,仅占一级地面积的0.93%(见表6-4)。

表6-4　　莱阳市一级地各利用类型面积

利用类型	评价单元(个)	面积(hm^2)	占总耕地面积(%)	占一级地面积(%)
水浇地	349	2744.21	3.43	68.55
旱地	155	1221.91	1.53	30.52
菜地	11	37.1	0.05	0.93
合计	515	4003.22	5.01	100

一级地主要分布于河洛镇、龙旺庄街道办事处、城厢街道办事处、照旺庄镇、万第镇和古柳街道办事处,柏林庄镇、山前店镇、冯格庄街道办事处、大夼镇等有少量或零星分布,谭格庄镇、沐浴店镇、姜疃镇、吕格庄镇、团旺镇、高格庄镇、穴坊镇和羊郡镇境内没有一级地分布。

(二)主要属性分析

一级地土壤类型以棕壤、潮棕壤、河潮土、潮褐土为主,兼有褐土。土壤表层质地为轻壤和沙壤,有少量沙土和中壤,土体构型以轻壤均质、轻壤厚黏心、轻壤厚黏腰和沙壤均质为主,有浅黏和夹砂姜等障碍层次。微地貌类型以河滩地、泊地为主,坡度为0.2°~5°。

该级地土体深厚(>100cm),无侵蚀现象,无障碍层次。土壤理化性状良好,土壤容重变化范围为1.18~1.54g/cm³,平均为1.32g/cm³,总孔隙度变化范围为46.5%~56.1%,平均为49.5%,通气孔隙度变化范围为6.5%~22.8%,平均为11.6%,土壤通透性能好,保水、保肥性能强,适种性广。

地下水丰富,无盐化现象,该级地农田水利设施完善,灌排条件好,灌溉保证率基本达到100%,旱涝保收,高产稳产。土壤养分含量较高,如表6-5所示。

表6-5 莱阳市一级地主要养分含量

项目	有机质(g/kg)	有效磷(mg/kg)	速效钾(mg/kg)	有效锌(mg/kg)	有效硼(mg/kg)	碱解氮(mg/kg)
平均值	9.6	31.3	116	1.18	0.43	68
范围值	5.9~21.5	9.3~79	54~306	0.34~4.49	0.13~1.04	36.1~104
含量水平	中偏上	较高	较高	中偏上	中等	中等

项目	交换性镁(mg/kg)	交换性钙(mg/kg)	有效硫(mg/kg)	有效铁(mg/kg)	有效钼(mg/kg)	有效铜(mg/kg)	有效锰(mg/kg)
平均值	466	4484	59.7	26.58	0.14	1.58	37.22
范围值	336~728	2893~7608	7.5~283.4	2.57~60.35	0.03~0.39	0.62~2.85	7.82~48.1
含量水平	较高	较高	中等	高	中等	较高	高

(三)存在问题

一是部分区域微量元素养分含量较低,成为制约作物产量进一步提高的主要限制因素;二是土壤有机质含量仍然偏低,离高产高效、可持续发展农业仍有不少差距;三是各养分含量丰缺程度差异较大,仍需要加大测土配方施肥工作力度,加大宣传应用,使各养分比例进一步趋向合理。

(四)合理利用

一级地是全市综合性能最好的耕地,各项评价指标均属良好型。土层厚,排灌性好,易于耕作,养分含量高,保肥、保水,适于各种作物生长,是莱阳市的丰产耕地。利用方向是发展高产、优质、高效农业,如出口蔬菜基地、日光温室、反季节瓜果栽培等。为此,应搞好以下工作:

(1)大力发展出口蔬菜基地。以国家级和省级农业产业化龙头企业为主体,实施"公司+基地""公司+农户"的生产模式,扩大出口蔬菜基地面积,提升农业综合生产能力。

(2)增施有机肥,增加土壤有机质含量;实施平衡施肥,防止土壤污染,实行有机与无机配合、大量元素肥料与微肥配合,提高耕地质量。

(3)加大蔬菜、粮油标准化生产技术推广,确保农业灌溉、施肥、用药安全,进一步扩大无公害、绿色食品生产面积。

(4)科学规划，严格控制建设用地，坚持用地养地、可持续发展。

二、二级地

(一)面积与分布

二级地综合评价指数为0.72～0.8，耕地面积为6501.89hm²，占全市耕地总面积的8.13%。其中水浇地3316.26hm²，占二级地面积的51%；旱地3149.69hm²，占二级地面积的48.44%；菜地35.94hm²，仅占二级地面积的0.55%(见表6-6)。

表6-6 莱阳市二级地各利用类型面积

利用类型	评价单元(个)	面积(hm²)	占总耕地面积(%)	占二级地面积(%)
水浇地	417	3316.26	4.15	51
旱地	372	3149.69	3.94	48.44
菜地	9	35.94	0.04	0.55
合计	798	6501.89	8.13	100

二级地主要分布在河洛镇、龙旺庄街道办事处、冯格庄街道办事处、照旺庄镇、姜疃镇、万第镇、穴坊镇和羊郡镇，其中以冯格庄镇和照旺庄镇分布面积最大，分别为768.23hm²和762.13hm²，占该镇耕地面积的12.66%和8.34%，分别占二级地的12.94%和12.84%。大夼镇和羊郡镇等有少量分布，谭格庄镇、沐浴店镇和高格庄镇境内没有二级地分布。

(二)主要属性分析

二级地土壤类型以棕壤、河潮土、潮褐土和砂姜黑土为主，兼有少量褐土。土壤表层质地主要是轻壤、中壤、沙壤和沙土，土体构型以轻壤均质、轻壤厚黏心、中层、轻壤厚黏腰、中壤均质、沙壤均质、轻壤厚沙腰、沙均质、中壤厚黏心为主，有少量薄层、沙壤厚沙腰、沙壤厚沙心、轻壤砾石腰、轻壤厚沙心和沙壤厚壤心，有砾石、夹沙砂姜和浅黏的障碍层次。微地貌类型以泊地、微斜平地、河滩地和缓平地为主。坡度为0.2°～10°。

该级地土壤理化性状良好，可耕性较强，土体深度大于80cm，有轻度侵蚀，有不同程度的障碍层次。土壤容重变化范围为1.2～1.58g/cm³，平均为1.33g/cm³，总孔隙度变化范围为45.1%～55.2%，平均为49.25%，通气孔隙度变化范围为6.5%～29.8%，平均为11.79%。土壤通透性和保水、保肥性较好。

农田水利设施较为完善，灌排条件良好，灌溉保证率达到50%左右，部分达到75%，甚至100%。土壤养分含量均比较理想(见表6-7)。

表 6-7　　莱阳市二级地主要养分含量

项　目	有机质(g/kg)	有效磷(mg/kg)	速效钾(mg/kg)	有效锌(mg/kg)	有效硼(mg/kg)	碱解氮(mg/kg)
平均值	9.3	27	101	0.99	0.42	65
范围值	4.9～18.3	8.3～74.8	55～320	0.25～4.33	0.07～0.87	31.7～110
含量水平	中偏上	中偏上	中偏上	中等	中等	中等

项　目	交换性镁(mg/kg)	交换性钙(mg/kg)	有效硫(mg/kg)	有效铁(mg/kg)	有效钼(mg/kg)	有效铜(mg/kg)	有效锰(mg/kg)
平均值	458	4479	58.8	26.72	0.15	1.59	37.35
范围值	316～731	2873～7542	7.8～297.6	2.43～63.87	0.03～0.47	0.65～2.93	7.8～47.85
含量水平	较高	较高	中等	高	中等	较高	高

(三)存在问题

一是灌溉保证率达不到100%,需要加大农田水利基本建设;二是耕层中存在砾石、浅黏、砂姜、犁底层等障碍性层次;三是部分耕地地形坡度较大,耕地环境质量欠佳。

(四)合理利用

实施平原农区可持续高效农业模式,应用有效作物轮作、间作方式,高效合理地应用土地、水、光、热资源;增施有机肥料,实行秸秆直接还田,不断培肥地力;采取深耕一年、浅耕两年的措施,破除犁底层,改良土壤质地和构型,以利于作物根系伸展;同时与农田基础建设相结合,兴修水利,大力推广节水灌溉技术,扩大灌溉面积;在坚持因地制宜的基础上,着重有机肥与氮、磷、钾化肥的配合施用。

三、三级地

(一)面积与分布

三级地综合评价指数为0.65～0.72。三级地是莱阳市除四级地,分布面积最大的一级土地。耕地面积为17629.19hm^2,占全市耕地总面积的22.04%。其中水浇地6161.9hm^2,占三级地面积的34.95%;旱地11347.37hm^2,占三级地面积的64.37%;菜地119.94hm^2,占三级地面积的0.68%(见表6-8)。

表 6-8　　莱阳市三级地各利用类型面积

利用类型	评价单元(个)	面积(hm^2)	占总耕地面积(%)	占三级地面积(%)
水浇地	687	6161.9	7.7	34.95
旱地	1091	11347.37	14.18	64.37
菜地	30	119.94	0.15	0.68
合计	1808	17629.19	22.03	100

三级地广泛地分布在全市，其中以团旺镇分布面积最大，为 2320.5hm^2，占该镇耕地面积的 23.19%，占三级地的 13.16%。

（二）主要属性分析

三级地土壤类型以棕壤、河潮土、砂姜黑土、褐土为主，兼有部分棕壤性土和褐土性土。土壤表层质地主要是轻壤、中壤、沙壤和沙土，土体构型以轻壤厚黏心、中层、轻壤均质、薄层、沙壤均质、轻壤厚黏腰、中壤厚黏心、沙壤厚沙腰、沙壤均质为主，有少量沙壤厚沙心、轻壤厚沙心、轻壤厚沙腰、轻壤薄沙腰，有浅黏和夹砂姜等障碍层次。微地貌类型主要是微斜平地、泊地和河滩地，有少量缓平地、沟谷梯田，坡度为 0.2°～10°。

本级地土体厚度小于 80cm，地面基本平整，有中度侵蚀。土壤容重变化范围为 1.25～1.56g/cm^3，平均为 1.35g/cm^3，总孔隙度变化范围为 44.5%～54.7%，平均为 49.01%，通气孔隙度变化范围为 6.48%～39.9%，平均为 12.7%。通透性、保供性、适耕性一般，易受旱、涝、风、寒等灾害性天气影响。

灌溉保证率达到或接近 50%，有部分达到 75%，甚至 100%。土壤养分相对比较理想（见表 6-9）。

表 6-9 莱阳市三级地主要养分含量

项　目	有机质 (g/kg)	有效磷 (mg/kg)	速效钾 (mg/kg)	有效锌 (mg/kg)	有效硼 (mg/kg)	碱解氮 (mg/kg)
平均值	9.3	25.9	97	0.91	0.41	63
范围值	4.9～20.1	7.3～67.7	50～374	0.21～6.23	0.09～1.14	28.5～104
含量水平	中偏上	中等	中等	中等	中等	中等

项　目	交换性镁 (mg/kg)	交换性钙 (mg/kg)	有效硫 (mg/kg)	有效铁 (mg/kg)	有效钼 (mg/kg)	有效铜 (mg/kg)	有效锰 (mg/kg)
平均值	459	4417	51.2	27.59	0.14	1.52	42.83
范围值	221～719	2633～7569	8.7～246.1	2.69～72.13	0.02～0.45	0.45～3.08	7.26～128.05
含量水平	较高	较高	中等	高	中等	较高	高

（三）存在问题

一是通透性、保供性降低；二是灌溉保证率只有 50%，水分的有效持续供应成为农田升级的主要障碍；三是耕地养分不平衡。

（四）合理利用

一是大力推广旱作小麦高产、高效栽培技术，实行农机农艺配套措施，实现小麦、玉米连续高产稳产；二是加大秸秆还田力度，改善土壤理化性状，提高土壤对水分、养分的保蓄能力；三是大力搞好农田基本建设，维护和建设水利设施，提高灌溉保证率；四是实施稳氮、减磷、补钾、增施微肥的施肥策略。

四、四级地

(一)面积与分布

四级地综合评价指数为 0.58～0.65，耕地面积为 22717.29hm²，为莱阳市耕地面积最大的一个等级，占全市耕地总面积的 28.4％。其中水浇地 3594.31hm²，占四级地面积的 15.82％；旱地 19036.3hm²，占四级地面积的 83.8％；菜地 86.68hm²，占四级地面积的 0.38％(见表 6-10)。

表 6-10 莱阳市四级地各利用类型面积

利用类型	评价单元(个)	面积(hm²)	占总耕地面积(％)	占四级地面积(％)
水浇地	419	3594.31	4.49	15.82
旱地	1251	19036.3	23.8	83.8
菜地	30	86.68	0.11	0.38
合计	1700	22717.29	28.4	100

四级地主要分布在谭格庄镇、沐浴店镇、柏林庄镇、山前店镇、龙旺庄街道办事处、冯格庄街道办事处、城厢街道办事处、照旺庄镇、姜疃镇、万第镇、大夼镇、团旺镇、高格庄镇、穴坊镇，其中以团旺镇分布面积最大，为 6144.53hm²，占该镇耕地面积的 61.41％，占四级地面积的 27.05％。河洛镇、吕格庄镇、古柳街道办事处及羊郡镇等有少量或零星分布。

(二)主要属性分析

四级地土壤类型以棕壤、河潮土、棕壤性土、褐土性土为主，兼有少量砂姜黑土。土壤表层质地主要是中壤、轻壤、沙壤和沙土，土体构型以中层、薄层、轻壤厚黏心、轻壤均质、沙壤均质、沙均质、极薄层、轻壤厚黏腰、中壤厚黏心和轻壤薄沙心为主，有少量中壤均质、沙壤厚沙腰、沙壤厚沙心、轻壤砾石腰、轻壤厚沙心、轻壤厚沙腰和沙壤砾石腰，耕层中含有砾石、浅黏和砂姜等明显障碍性层次。微地貌类型以岭地、河滩地、泊地为主，有少量缓平地、岭坡梯田、荒坡岭、沟谷梯田。地形坡度为 0°～25°。

该级地土体厚度小于 60cm，有较明显障碍因素，地面不平整，有中度以上侵蚀。土壤容重变化范围为 1.29～1.66g/cm³，平均为 1.36g/cm³，总孔隙度变化范围为 40％～60.7％，平均为 48.3％，通气孔隙度变化范围为 5.7％～37.5％，平均为 12％。土壤质地较差，结构性较差，保水、保肥性能较差。少部分地区灌溉保证率能达到 75％。土壤养分中，有效磷、速效钾和有效锌含量偏低(见表 6-11)。

表 6-11　　莱阳市四级地主要养分含量

项　目	有机质 (g/kg)	有效磷 (mg/kg)	速效钾 (mg/kg)	有效锌 (mg/kg)	有效硼 (mg/kg)	碱解氮 (mg/kg)
平均值	8.8	24.8	94	0.83	0.4	62
范围值	4.6～18.5	7～69.4	44～402	0.28～6.53	0.08～1.55	24.6～102
含量水平	中等	中偏下	中偏下	中偏下	中等	中等

项　目	交换性镁 (mg/kg)	交换性钙 (mg/kg)	有效硫 (mg/kg)	有效铁 (mg/kg)	有效钼 (mg/kg)	有效铜 (mg/kg)	有效锰 (mg/kg)
平均值	435	4255	53.4	27.81	0.15	2.76	41.47
范围值	186～1275	1878～7022	7.9～273.5	3.75～72.85	0.03～0.46	0.7～8.59	7.53～97.64
含量水平	较高	较高	中等	高	中等	高	高

（三）存在问题

该级地耕层中存在明显的障碍性层次，砾石较多，阻碍作物的正常发育；农田水利设施不完善，灌溉条件较差；养分含量偏低，对作物生长不利。

（四）改良利用

一是调整种植业结构，大力发展旱作农业，加厚活土层，选用适宜的优良品种，实施以保水为中心的田间管理技术；二是大力发展莱阳梨、丰水梨、黄金梨、红富士苹果基地，提高农业总产值；三是进一步兴修农田水利，提高雨水利用率；四是修筑梯田，平整土地，增施有机肥，改善土壤环境。

五、五级地

（一）面积与分布

五级地综合评价指数为 0.52～0.58，面积为 16170.64hm^2，占全市耕地总面积的 20.21%。其中水浇地 1044.99hm^2，占五级地面积的 6.46%；旱地 15040.38hm^2，占五级地面积的 93.01%；菜地 85.27hm^2，占五级地面积的 0.53%（见表 6-12）。

表 6-12　　莱阳市五级地各利用类型面积

利用类型	评价单元（个）	面积（hm^2）	占总耕地面积（%）	占五级地面积（%）
水浇地	143	1044.99	1.31	6.46
旱地	965	15040.38	18.8	93.01
菜地	22	85.27	0.11	0.53
合计	1130	16170.64	20.22	100

五级地主要分布在谭格庄镇、沐浴店镇、柏林庄镇、龙旺庄街道办事处、照旺庄镇、姜疃镇、万第镇、大夼镇、吕格庄镇、团旺镇、高格庄镇、穴坊镇、羊郡镇，其中以万第镇分布面

积最大，为3758.11hm²，占该镇耕地面积的39.95％，占五级地的23.24％。山前店镇、冯格庄街道办事处和古柳街道有少量或零星分布。

（二）主要属性分析

五级地土壤类型以棕壤、河潮土、棕壤性土、粗骨土为主，含有少量褐土。土壤表层质地以轻壤、沙壤、沙土和中壤为主。土体构型以中层、薄层、极薄层、轻壤厚黏心为主，有少量沙均质、轻壤均质和沙壤均质。耕层中含有砾石、砂姜、浅黏等明显障碍性层次。微地貌类型以岭地、河滩地为主，有少量岭坡梯田和荒坡岭。地形坡度为0.5°～15°。

该级地土体厚度小于60cm，有较明显障碍因素，有中度至重度侵蚀。土壤容重变化范围为1.34～1.69g/cm³，平均为1.38g/cm³，总孔隙度变化范围为41.5％～63.8％，平均为50.3％，通气孔隙度变化范围为6.1％～38.2％，平均为13.2％。土壤结构性与保水、保肥性差。少部分地区灌溉保证率能达到50％，有部分的无灌溉区。土壤养分含量偏低（见表6-13）。

表6-13 莱阳市五级地主要养分含量

项　目	有机质（g/kg）	有效磷（mg/kg）	速效钾（mg/kg）	有效锌（mg/kg）	有效硼（mg/kg）	碱解氮（mg/kg）
平均值	8.5	22.8	89	0.86	0.4	51
范围值	2.2～15.9	5.8～61.1	52～279	0.23～3.96	0.14～0.92	22～97
含量水平	中偏下	较低	中偏下	中等	中等	中偏下

项　目	交换性镁（mg/kg）	交换性钙（mg/kg）	有效硫（mg/kg）	有效铁（mg/kg）	有效钼（mg/kg）	有效铜（mg/kg）	有效锰（mg/kg）
平均值	419	4052	45.7	29.25	0.15	4.01	40.91
范围值	181～1296	779～6883	6～415.8	3.62～81.29	0.03～0.49	0.7～10.32	10.37～48.22
含量水平	较高	较高	中等	高	中等	高	高

（三）存在问题

该级地主要分布在山丘地区的荒山岭和坡麓梯田上，耕层中存在障碍性层次，地形坡度较大，不易大面积开发整理成耕地，土壤养分含量低。

（四）改良利用

大力实施中低产田改造工程，加强管灌和蓄水池建设，整修道路，规划田间林网，大犁深耕，增加土壤活土层。根据实际情况发展林果业，种植葡萄、苹果、板栗等果品。同时加大荒山治理力度，综合整治山水林田路。利用方向是整修梯田，营造水土保持林，提高综合控制水土的能力；因土制宜调整农业种植结构，发展耐旱耐土壤贫瘠作物；发展经济林，实行多种经营，增加收入。

六、六级地

（一）面积与分布

六级地综合评价指数小于 0.52，耕地面积为 12977.76hm²，占全市耕地总面积的 16.22%。其中水浇地 598.08hm²，占六级地面积的 4.61%；旱地 12323.13hm²，占六级地面积的 94.96%；菜地 56.55hm²，仅占六级地面积的 0.44%（见表 6-14）。

表 6-14　　莱阳市六级地各利用类型面积

利用类型	评价单元（个）	面积（hm²）	占总耕地面积（%）	占六级地面积（%）
水浇地	87	598.08	0.75	4.61
旱地	1080	12323.13	15.4	94.96
菜地	17	56.55	0.07	0.44
合计	1184	12977.76	16.22	100

六级地主要分布在谭格庄镇、沐浴店镇、柏林庄镇、照旺庄镇、姜疃镇、万第镇、吕格庄镇、高格庄镇、穴坊镇和羊郡镇，其中以谭格庄镇分布面积最大，为 5940.8hm²，占该镇耕地面积的 80.01%，占六级地的 45.77%。冯格庄街道办事处和大夼镇等有少量或零星分布，山前店镇、龙旺庄街道办事处、城厢街道办事处、团旺镇和古柳街道办事处无六级地分布。

（二）主要属性分析

六级地土壤类型主要为棕壤、棕壤性土，有少量褐土性土、粗骨土和石质土。土壤表层质地为轻壤、中壤、沙土、沙壤。土体构型为薄层、中层或极薄层。耕层中含有砾质、砂姜等明显障碍性层次。微地貌类型以岭地、荒岭坡为主，有少量泊地、岭坡梯田和沟谷梯田。地形坡度为 0°～25°。

该级地土层浅薄，小于 40cm，侵蚀重。土壤容重变化范围为 1.31～1.62g/cm³，平均为 1.41g/cm³，总孔隙度变化范围为 46.5%～58.6%，平均为 51.7%，通气孔隙度变化范围为 3.9%～31.6%，平均为 13.4%。灌溉保证水平低，有大量的无灌溉区。土壤养分含量基本与五级地持平（见表 6-15）。

表 6-15　　莱阳市六级地主要养分含量

项　目	有机质（g/kg）	有效磷（mg/kg）	速效钾（mg/kg）	有效锌（mg/kg）	有效硼（mg/kg）	碱解氮（mg/kg）
平均值	8.5	18	75	0.87	0.37	47
范围值	2.6～15.8	8.3～72	34～300	0.31～3.56	0.14～1.23	19.9～82
含量水平	中偏下	中等	中偏下	中等	中等	较低

续表

项 目	交换性镁(mg/kg)	交换性钙(mg/kg)	有效硫(mg/kg)	有效铁(mg/kg)	有效钼(mg/kg)	有效铜(mg/kg)	有效锰(mg/kg)
平均值	376	4066	44.4	29.89	0.14	3.28	39.52
范围值	128～903	715～6917	7.5～196.3	3.99～87.59	0.03～0.47	0.75～8.5	8.21～47.66
含量水平	中等	较高	中等	高	中等	高	高

（三）存在的问题

一是无灌溉条件，大部分只能靠天吃饭；二是耕作水平低，耕作制度为一年一作，每年只种植一季花生或玉米，产量只有3000～4500kg/hm^2；三是水土流失严重，表土长时间裸露，经雨水冲刷，侵蚀重，水土大量流失；四是土壤质地差，土层浅。

（四）改良利用

一是开挖蓄水池，积极开展农田水利建设，利用山沟自然条件，修筑塘坝，大力开辟水源；二是大力发展板栗、核桃等耐瘠薄干杂果；三是积极退耕还林、还牧，发展经济林、用材林，改善土壤环境条件，保护自然植被，防止水土流失。

第二篇　耕地改良与管理

第七章　耕地资源管理信息系统

第一节　基本内容

一、项目来源及目的意义

莱阳市耕地资源管理信息系统数据库建设工作，是农业部沃土工程“科学施用化肥”即测土配方施肥工作的重要组成部分，是国家实现农业科学种田，促进粮食稳定生产，实现农业科学施肥经常化、普及化的重要工作，是实现农业耕地地力评价成果资料统一化、标准化的重要计划，是实现综合农业信息资料共享的技术手段。莱阳市耕地资源管理信息系统数据库建设工作是对最新的土地利用现状调查成果，第二次土壤普查的土壤、地貌等，以及本次耕地地力评价工作中采集的土壤化学分析成果进行汇总，建立一个集空间数据库和属性数据库的存储、管理、查询、分析、显示为一体的数据库，为科学种田及施肥、农业的可持续发展，深化农业科学管理工作服务。

二、建库单位组成

为加快莱阳市耕地地力评价及耕地资源管理信息系统数据库建设，依据农业部县域耕地资源管理信息系统数据库建设要求，由多年来一直从事农业测土施肥管理、研究、耕地地力评价、数据库建设等有一定经验的单位组成联合工作组。

山东省土壤肥料总站：负责耕地地力评价及建库工作组织、协调、标准制定、土壤图成果资料的归属核查处理等。

山东农业大学资源与环境学院：负责耕地地力评价图、土壤化学微量元素系列图及研究报告编制等。

山东天地亚太国土遥感有限公司：负责土地、土壤、坡度、地貌、灌溉分区等图件扫描矢量化及几何校正处理等编图工作，耕地地力评价所有建库资料统一化、标准化处理，空间数据库和属性数据库建设，耕地地力评价成果图件修改编辑及图件输出、数据库建设报告编制等工作。

三、建库工作的软硬件环境

1. 主要硬件

计算机 10 台，HP5000 和 HP3500 绘图仪各 1 台。

2. 软件

MAPGIS 6.7 软件 10 套，ARCGIS 9.2 软件 2 套，县域耕地资源管理信息系统软件 2 套，ENVI 4.5 遥感图像处理与分析软件 1 套。

第二节　建库内容及建库工作中主要问题的处理

一、建库内容

依据农业部耕地地力评价数据库建设的要求，莱阳市耕地资源管理信息系统数据库包括空间数据库和属性数据库两部分内容。属性数据库依据县域耕地资源管理信息系统数据字典、建库县提供的有关资料、山东省第二次土壤普查土种归属表及土壤分类代码编制。空间数据库包括土地利用现状图、土壤图、坡度图、灌溉分区图、地貌图、耕地地力调查点点位图、耕地地力评价等级图、土壤化学微量元素系列图等。

二、建库工作中的主要问题

莱阳市耕地资源管理信息系统数据库建设工作由于涉及的内容多，加之部分资料为第二次土壤普查的资料，与县域耕地资源管理信息系统数据字典的要求对比存在以下问题。

(1)第二次土壤普查的土壤、地貌等成果均为纸介质图，因图纸折叠和自然伸缩的影响，图件变形大，形成较大的误差。

(2)土地利用现状图为 2008 年以前的现状，近年来交通用地和蔬菜地出现较大的变化等。

(3)莱阳市土壤图中的土种名称与山东省土种归属要求不一致。

(4)莱阳市的地貌图为微地貌图，与县域耕地资源管理信息系统数据字典中地貌划分的名称不能一一对应。

(5)已有资料坐标系不统一问题，如第二次土壤普查图件为 1954 年北京坐标系，土地利用现状图或行政区划图为 1980 年西安坐标系等。

(6)已有成果资料专业内容和地名注释错漏等。

(7)没有统一的土壤分类与代码。

三、建库工作中有关问题的处理

(1)依据 1∶50000 标准分幅地形图，对所有建库的纸介质成果图全部进行几何校正处理，以消除纸介质成果图的误差。

(2)依据较新的航天卫星资料对近年来变化的公路、铁路等进行修改补充。

(3)为使莱阳市土种的名称与省归属要求相对应，在耕地资源管理信息系统数据库建设前，首先对土壤图中所有图斑内容进行检查统计、对错漏注释及边界问题，交项目市进行修改补充及编制土种归属表，最后由省土肥站进行土种归属复查处理。为方便县域土壤图的利用和对比，建库后的图中仍保留了原县域土壤图的土种代码，编制了省标、县土壤名称及代码对比表。属性挂接为县域土种代码。

(4)由于县域耕地资源管理信息系统数据字典中划分的地貌名称少，其地貌名称不能一一对应，在建库时尽量选择与数据字典中相近的地貌名称进行编码，为方便地貌图的利用和对比，在地貌图中保留了原地貌图的名称和代码，图例中增加了建库数据字典中规定的地貌名称、代码与县原地貌名称、代码的对比表，属性挂接为数据字典中规定的地貌名称和代码。

(5)对已有资料坐标系不统一问题，依据数据库建设要求，所有成果全部统一到高斯—克吕格投影，6 度分带，1954 年北京坐标系中。

(6)对已有成果资料专业内容和地名注释错漏问题，全部打印成图件和文字交项目市进行全面检查和补充，依据项目市的检查稿逐条进行修改。

(7)对没有统一的土壤分类与代码问题，编制了全省统一的土类、亚类、土属代码及县域土种代码。

由于 20 世纪 80 年代山东省第二次土壤普查汇总时没有制定全省统一的县域土壤代码，无法满足目前全国开展的耕地地力评价及县域耕地资源管理信息系统建库工作统一化、标准化和科学实施测土施肥的需要，为了满足其建库和科学施肥工作的需要，依据县域耕地资源管理信息系统数据字典中土壤类型代码要求及山东省第二次土壤普查土种归属的要求，以满足本次建库工作的需要为基础，编制了山东省第二次土壤普查分类的土类、亚类、土属、土种的代码。其中土类、亚类、土属的代码以山东省第二次土壤普查土种归属表为准，土种代码以每个县级为单元，按土种的顺序编制。

分类原则与方法：本次编码工作依据山东省第二次土壤普查土种归属的要求，以科学性、完整性、统一化、标准化、可扩展性等为原则，在山东省第二次土壤普查土种归属分类单元中对土类、亚类、土属的三个层级进行编码的基础上，扩大到四个层级的土种编码，每个县域为独立的单元编码。

代码结构与编码方法：代码结构，采用四个层次的编码方法对山东省第二次土壤普查县域成果进行编码，其代码结构为土类、亚类、土属、土种四个层次。编码方法，土类代码用第一层两位，用阿拉伯数字表示(每一个土类用二个阿拉伯数字表示，从“01”开始)。亚类代码用第二层两位阿拉伯数字表示，从“01”开始。土属代码用第三层两位阿拉伯数字表示，从“01”开始。土种代码用第四层两位阿拉伯数字表示，按每个县域的土种顺序从“01”开始。

山东省第二次土壤普查土种归属表中未列内容处理：裸岩是山东省第二次土壤普查土种归属表中未列的内容，但是山丘区的部分县土壤图中出现了裸岩图斑，由于中国土壤分类与代码国标中也没有裸岩内容，本次编码不分裸岩岩石类型，相当于增加一个土壤类型处理(土类、亚类 、土属、土种)。

第三节 数据库标准化

一、标准引用

县域耕地资源信息系统数据字典中规定的国标及行业有关技术标准：

(1)GB/T 2260－2002 《中华人民共和国行政区划代码》

(2)NY/T 309－1996 《全国耕地类型区、耕地地力等级划分》

(3)NY/T 310－1996 《全国中低产田类型划分与改良技术规范》

(4)GB/T 17296－2000 《中国土壤分类与代码》

(5)全国农业区划委员会 《土地利用现状调查技术规程》

(6)国土资源部 《土地利用现状变更调查技术规程》

(7)GB/T 13989－1992 《国家基本比例尺地形图分幅与编号》

(8)GB/T 13923－1992 《国土基础信息数据分类与代码》

(9)GB/T 17798－1999 《地球空间数据交换格式》

(10)GB 3100－1993 《国际单位制及其应用》

(11)GB/T 16831－1997 《地理点位置的纬度、经度和高程的标准表示方法》

(12)GB/T 10113－2003 《分类与编码通用术语》

(13)GB/T 10114－2003 《县级以下行政区划代码编制规则》

(14)GB/T 9648－1988 《国际单位制代码》

(15)农业部 《全国耕地地力调查与评价技术规程》

(16)农业部 《测土配方施肥技术规范(试行)》(2008年)

(17)农业部 《测土配方施肥专家咨询系统编制规范(试行)》

(18)山东省县域土种归属标准

(19)山东省县域耕地地力评价标准

(20)山东省第二次土壤普查土种归属及代码等。

二、空间坐标系及建库平台

(一)空间数据坐标系

投影:高斯—克吕格,6度分带。1954年北京坐标系,1956年黄海高程系。比例尺:1∶50000。

(二) 数据库采集模板和数据库文件格式

为使所有建库资料达到统一化和标准化,以及满足所有成果图件的输出和耕地资源地力评价工作的需要,对建库资料的扫描矢量化和几何校正处理工作均采用MAPGIS平台,数据库的文件格式为MAPGIS的点、线、面文件。待数据库成果评审验收和修改后,将MAPGIS的点、线、面格式转换为shape格式,由ARCGIS平台进行数据库规范化处理,最后将数据库资料导入县域耕地资源管理信息系统。

第四节　数据库结构

一、空间数据库图层划分

空间数据库图层划分是严格按照县域耕地资源管理信息系统数据字典要求分层的，每层只反映属性相同的内容。莱阳市耕地资源管理信息系统数据库建设包括土地利用现状图、第二次土壤普查成果和耕地地力评价等三部分内容，其全省空间数据库图层划分情况如表 7-1 所示。

表 7-1　　耕地资源信息系统空间数据库分层表

序号	图层代码	图层名称	序号	图层代码	图层名称
1	AD101	行政区划图	18	SP103	耕层土壤有效磷等值线图
2	AD102	县乡村位置图	19	SP104	耕层土壤速效钾等值线图
3	AD103	行政界线图	20	SP105	耕层土壤缓效钾等值线图
4	AD201	辖区边界图	21	SP106	耕层土壤有效锌等值线图
5	AD202	装饰边界图	22	SP108	耕层土壤有效钼等值线图
6	GE103	面状水系图	23	SP109	耕层土壤有效铜等值线图
7	GE104	线状水系图	24	SP110	耕层土壤有效硅等值线图
8	GE105	道路图	25	SP111	耕层土壤有效锰等值线图
9	GE201	坡度图	26	SP112	耕层土壤有效铁等值线图
10	GE203	地貌类型分区图	27	SP201	耕层土壤 pH 等值线图
11	LM102	灌溉分区图	28	SP113	耕层土壤交换性钙等值线图
12	LU101	土地利用现状图	29	SP114	耕层土壤交换性镁等值线图
13	SB101	土壤图	30		耕层土壤有效硫等值线图
14	SB203	地下水矿化度等值线图	31		耕层土壤水解性氮等值线图
15	SB302	耕地地力调查点点位图	32		耕地地力评价等级图
16	SP101	耕层土壤有机质等值线图	33		耕层土壤有效硼等值线图
17	SP102	耕层土壤全氮等值线图			

注：本表山东省统一的分层情况，莱阳市为部分图件。

二、属性数据库结构

属性数据结构内容严格按县域耕地资源管理信息系统数据字典及建库县提供的资料编制，属性数据库结构如表 7-2 所示。

表 7-2 耕地资源信息系统属性数据库结构表

图名	属性数据结构	字段类型
行政区划图	内部标识码:系统内部 ID 号	长整型,9
	实体类型:point,polyline,polygon	文本型,8
	实体面积:系统内部自带	双精度,19,2
	实体长度:系统内部自带	长整型,10
	县内行政码:根据国家统计局“统计上使用的县以下行政区划代码编制规则”编制	长整型,6
县乡村位置图	内部标识码:系统内部 ID 号	长整型,9
	实体类型:point,polyline,polygon	文本型,8
	X 坐标:无,Y 坐标:无	双精度,19,2
	县内行政码:根据国家统计局“统计上使用的县以下行政区划代码编制规则”编制	长整型,6
	标注类型:村标注,乡标注,县标注	字符串,6
行政界线图	内部标识码:系统内部 ID 号	长整型,9
	实体类型:point,polyline,polygon	文本型,8
	实体长度:系统内部自带	长整型,10
	界线类型:根据国家基础信息标准(GB 13923—92)填写	文本型,40
辖区边界图	内部标识码:系统内部 ID 号	长整型,9
	实体类型:point,polyline,polygon	文本型,8
	实体面积:系统内部自带	双精度,19,2
	实体长度:系统内部自带	长整型,10
	要素代码:依据《国家基础地理信息数据分类与代码》编制要素代码	长整型,5
	要素名称:依据《国家基础地理信息数据分类与代码》编制要素名称	文本型,40
	行政单位名称:单位的实际名称填写	文本型,20
装饰边界图	内部标识码:系统内部 ID 号	长整型,9
面状水系图	内部标识码:系统内部 ID 号	长整型,9
	实体类型:point,polyline,polygon	文本型,8
	实体面积:系统内部自带	双精度,19,2
	实体长度:系统内部自带	长整型,10
	要素代码:依据《国家基础地理信息数据分类与代码》编制要素代码	长整型,5
	要素名称:依据《国家基础地理信息数据分类与代码》编制要素名称	文本型,40
	面状水系码:自定义编码	字符串,5
	面状水系名称:依据 2006 年 10 月版山东省地图册编制	字符串,20
	湖泊储水量:依据 1∶50000 地形图	字符串,8

续表

图名	属性数据结构	字段类型
线状水系图	内部标识码:系统内部 ID 号	长整型,9
	实体类型:point,polyline,polygon	文本型,8
	实体长度:系统内部自带	长整型,10
	要素代码:依据《国家基础地理信息数据分类与代码》编制要素代码	长整型,5
	要素名称:依据《国家基础地理信息数据分类与代码》编制要素名称	文本型,40
	线状水系码:自定义编码	长整型,4
	线状水系名称:依据 2006 年 10 月版山东省地图册编制	文本型,20
	河流流量:无	长整型,6
道路图	内部标识码:系统内部 ID 号	长整型,9
	实体类型:point,polyline,polygon	文本型,8
	实体长度:系统内部自带	长整型,10
	要素代码:依据《国家基础地理信息数据分类与代码》编制要素代码	长整型,5
	要素名称:依据《国家基础地理信息数据分类与代码》编制要素名称	文本型,40
	公路代码:根据国家标准《公路路线命名编号和编码规则命名和编号规则》编制	文本型,11
	公路名称:根据国家标准《公路路线命名编号和编码规则命名和编号规则》编制	文本型,20
地貌类型分区图	内部标识码:系统内部 ID 号	长整型,9
	实体类型:point,polyline,polygon	文本型,8
	实体面积:系统内部自带	双精度,19,2
	实体长度:系统内部自带	长整型,10
	地貌类型:数据引用自“中国科学院生物多样性委员会 地貌类型代码库”(四类码)	文本型,18
灌溉分区图	内部标识码:系统内部 ID 号	长整型,9
	实体类型:point,polyline,polygon	文本型,8
	实体面积:系统内部自带	双精度,19,2
	实体长度:系统内部自带	长整型,10
	灌溉水源:县局提供数据	文本型,10
	灌溉水质:无	文本型,4
	灌溉方法:县局提供数据	文本型,18
	年灌溉次数:县局提供数据	文本型,2
	灌溉条件:无	文本型,4
	灌溉保证率:无	长整型,3
	灌溉模数:无	双精度,5,2
	抗旱能力:无	长整型,3

续表

图名	属性数据结构	字段类型
土地利用现状图	内部标识码:系统内部 ID 号	长整型,9
	实体类型:point,polyline,polygon	文本型,8
	实体面积:系统内部自带	双精度,19,2
	实体长度:系统内部自带	长整型,10
	地类号:国土资源部发布的《全国土地分类》三级类编码	长整型,3
	平差面积:无	双精度,7,2
土壤图	内部标识码:系统内部 ID 号	长整型,9
	实体类型:point,polyline,polygon	文本型,8
	实体面积:系统内部自带	双精度,19,2
	实体长度:系统内部自带	长整型,10
	土壤省标码:土壤类型省及县分类系统编码	长整型,8
地下水矿化度等值线图	内部标识码:系统内部 ID 号	长整型,9
	实体类型:point,polyline,polygon	文本型,8
	实体长度:系统内部自带	长整型,10
	地下水矿化度:依据县级矿化度图实际数据填写	双精度,5,1
耕地地力调查点点位图	内部标识码:系统内部 ID 号	长整型,9
	实体类型:point,polyline,polygon	文本型,8
	X 坐标:北京 54 坐标系	双精度,19,2
	Y 坐标:北京 54 坐标系	双精度,19,2
	点县内编号 AP310102:自定义编号	长整型,8
行政区基本情况数据表	县内行政码 SH110102:根据国家统计局"统计上使用的县以下行政区划	长整型,6
	代码编制规则"编制	字符串,6
	省名称:山东省	字符串,8
	县名称:××市,××区,××县	字符串,18
	乡名称:××乡,××镇,××街道	字符串,18
	村名称:××村,××委员会	字符串,20
	行政单位名称:××市,××区,××县,××乡,××镇,××街道,××村,××委员会	字符串,7
	总人口:无	字符串,7
	农业人口:无	字符串,7
	非农业人口:无	双精度,11,2
	国民生产总值 GNP:无	字符串,20

续表

图名	属性数据结构	字段类型
县级行政区划代码表	行政单位名称：××市，××区，××县，××乡××镇××街道××村××委员会	长整型,6
	县内行政码 SH110102：根据国家统计局"统计上使用的县以下行政区划代码编制规则"编制	长整型,9
土地利用现状地块数据表	内部标识码：系统内部 ID 号	长整型,9
	地类号：国土资源部发布的《全国土地分类》三级类编码	字符串,3
	地类名称：国土资源部发布的《全国土地分类》三级类名称	字符串,20
	计算面积：无	双精度,7,2
	地类面积：无	双精度,7,2
	平差面积：无	双精度,7,2
	报告日期：无	日期型,10
土壤类型代码表	土壤省标码：土壤类型省标分类系统编码	字符串,8
	土壤省标名：土壤类型省标分类系统名称	字符串,20
耕地地力调查点基本情况及化验结果数据表	灌溉水源：县提供数据	字符串,10
	灌溉方法：县提供数据	字符串,18
	调查点国内统一编号：自定义编号	字符串,14
	调查点县内编号：自定义编号	字符串,8
	调查点自定义编号 AP310103：自定义编号	字符串,40
	调查点类型：耕地地力调查点	字符串,20
	户主联系电话：区号一本地电话号码	字符串,13
	调查人联系电话：区号一本地电话号码	字符串,13

续表

图 名	属 性 数 据 结 构	字段类型
耕地地力调查点基本情况及化验结果数据表	调查人姓名:××××	字符串,8
	调查日期:采集当天日期	日期型,10
	≥0℃积温:无	字符串,5
	≥10℃积温:无	字符串,5
	年降水量:县提供数据	字符串,4
	全年日照时数:无	字符串,4
	光能辐射总量:无	字符串,4
	无霜期:县提供数据	字符串,3
	干燥度 CW210107:无	双精度,4,2
	东经:县提供数据	双精度,9,5
	北纬:县提供数据	双精度,8,5
	坡度:地形坡度海拔:海拔高度	双精度,6,1
	坡向:缺少数据	双精度,4,1
	地形部位:数据引用自 NY/T 309－1996《全国耕地类型区、耕地地力等级划分》和 NY/T 310－1996《全国中低产田类型划分与改良技术规范》	字符串,4
	田面坡度:依据田面实际坡度	字符串,50
	灌溉保证率:无	双精度,4,1
	排涝能力:无	字符串,3
	梯田类型:无	字符串,2
	梯田熟化年限:无	字符串,10
	保护块面积:无	字符串,3
	土壤侵蚀类型:无	双精度,7,2
	土壤侵蚀程度:无明显侵蚀,轻度侵蚀	字符串,8
	污染源企业名称:无	字符串,20
	污染源企业地址:无	字符串,50
	液体污染物排放量:无	字符串,50
	粉尘污染物排放量:无	双精度,6,1
	污染面积 LE220105:无	双精度,6,1
	污染物类型:无	双精度,9,2
	污染范围:无	字符串,20
	污染造成的损害:无	字符串,40
	距污染源距离:无	字符串,30
	污染物形态:无	字符串,5
	污染造成的经济损失:无	字符串,4
	省名称:山东省	字符串,9
	县名称:××市,××区,××县	字符串,8
	乡名称:××乡,××镇,××街道	字符串,18
	村名称:××村,××委员会	字符串,18
	户主姓名	字符串,8
	土壤类型代码(国标):根据县提供数据填写	字符串,8
	土类名称(县级):县提供数据	字符串,20

续表

图名	属性数据结构	字段类型
耕地地力调查点基本情况及化验结果数据表	亚类名称(县级):县提供数据	字符串,20
	土属名称(县级):县提供数据	字符串,20
	土种名称(县级):县提供数据	字符串,20
	剖面构型:土层符号代码表、土层后缀符号代码表、剖面构型数据编码表	字符串,10
	是根据《中国土种志》整理	字符串,8
	质地构型:无	字符串,2
	耕层厚度:县提供数据	字符串,10
	障碍层类型:无	字符串,3
	障碍层出现位置:无	字符串,3
	障碍层厚度:无	字符串,30
	成土母质:数据引用于《土壤调查与制图》(第二版),农业出版社	字符串,6
	质地:中壤土,重壤土,沙壤土	双精度,4,2
	容重:县提供数据	字符串,2
	田间持水量:县提供数据	双精度,4,1
	pH:依据土壤化学分析 pH 耕地地力等级评价成果填写	双精度,4,1
	CEC:依据土壤化学分析 CEC 值耕地地力等级评价成果填写	双精度,5,1
	有机质:依据土壤化学分析有机质值耕地地力等级评价成果填写	双精度,6,3
	全氮:依据土壤化学分析全氮值耕地地力等级评价成果填写	字符串,5
	全磷:依据土壤化学分析全磷值耕地地力等级评价成果填写	双精度,5,1
	有效磷:依据土壤化学分析有效磷值耕地地力等级评价成果填写	字符串,4
	缓效钾:依据土壤化学分析缓效钾值耕地地力等级评价成果填写	字符串,3
	速效钾:依据土壤化学分析速效钾值耕地地力等级评价成果填写	双精度,5,2
	有效锌:依据土壤化学分析有效锌值耕地地力等级评价成果填写	双精度,4,2
	水溶态硼:依据土壤化学分析水溶态硼值耕地地力等级评价成果填写	双精度,6,2
	有效硅:依据土壤化学分析有效硅值耕地地力等级评价成果填写	双精度,4,2
	有效钼:依据土壤化学分析有效钼值耕地地力等级评价成果填写	双精度,5,2
	有效铜:依据土壤化学分析有效铜值耕地地力等级评价成果填写	双精度,5,1
	有效锰:依据土壤化学分析有效锰值耕地地力等级评价成果填写	双精度,6,1
	有效铁:依据土壤化学分析有效铁值耕地地力等级评价成果填写	双精度,6,1
	交换性钙:依据土壤化学分析交换性钙值耕地地力等级评价成果填写	双精度,5,1
	交换性镁:依据土壤化学分析交换性镁值耕地地力等级评价成果填写	双精度,5,1
	有效硫:依据土壤化学分析有效硫值耕地地力等级评价成果填写	双精度,5,1
	盐化类型:无	字符串,20
	1m 土层含盐量:无	双精度,5,1
	耕层土壤含盐量:无	双精度,5,1
	水解性氮:依据土壤化学分析水解性氮值耕地地力等级评价成果填写	双精度,5,3
	旱季地下水位:无	字符串,3
	采样深度:县提供数据	字符串,7

续表

图名	属性数据结构	字段类型
耕层土壤有机质等值线图	内部标识码:系统内部 ID 号 实体类型:point,polyline,polygon 实体长度:系统内部自带 有机质:依据土壤化学分析有机质值耕地地力等级评价成果填写	长整型,9 文本型,10 长整型,10 双精度,5,1
耕层土壤全氮等值线图	内部标识码:系统内部 ID 号 实体类型:point,polyline,polygon 实体长度:系统内部自带 全氮:依据土壤化学分析全氮值耕地地力等级评价成果填写	长整型,9 文本型,10 长整型,10 双精度,4,2
耕层土壤有效磷等值线图	内部标识码:系统内部 ID 号 实体类型:point,polyline,polygon 实体长度:系统内部自带 有效磷:依据土壤化学分析有效磷值耕地地力等级评价成果填写	长整型,9 文本型,10 长整型,10 双精度,5,1
耕层土壤速效钾等值线图	内部标识码:系统内部 ID 号 实体类型:point,polyline,polygon 实体长度:系统内部自带 速效钾:依据土壤化学分析速效钾值耕地地力等级评价成果填写	长整型,9 文本型,10 长整型,10 长整型,3
耕层土壤缓效钾等值线图	内部标识码:系统内部 ID 号 实体类型:point,polyline,polygon 实体长度:系统内部自带 缓效钾:依据土壤化学分析缓效钾值耕地地力等级评价成果填写	长整型,9 文本型,10 长整型,10 长整型,4
耕层土壤有效锌等值线图	内部标识码:系统内部 ID 号 实体类型:point,polyline,polygon 实体长度:系统内部自带 有效锌:依据土壤化学分析有效锌值耕地地力等级评价成果填写	长整型,9 文本型,10 长整型,10 双精度,5,2
耕层土壤有效钼等值线图	内部标识码:系统内部 ID 号 实体类型:point,polyline,polygon 实体长度:系统内部自带 有效钼:依据土壤化学分析有效钼值耕地地力等级评价成果填写	长整型,9 文本型,10 长整型,10 双精度,4,2

续表

图名	属性数据结构	字段类型
耕层土壤有效铜等值线图	内部标识码:系统内部 ID 号 实体类型:point,polyline,polygon 实体长度:系统内部自带 有效铜:依据土壤化学分析有效铜值耕地地力等级评价成果填写	长整型,9 文本型,10 长整型,10 双精度,5,2
耕层土壤有效硅等值线图	内部标识码:系统内部 ID 号 实体类型:point,polyline,polygon 实体长度:系统内部自带 有效硅:依据土壤化学分析有效硅值耕地地力等级评价成果填写	长整型,9 文本型,10 长整型,10 双精度,6,2
耕层土壤有效锰等值线图	内部标识码:系统内部 ID 号 实体类型:point,polyline,polygon 实体长度:系统内部自带 有效锰:依据土壤化学分析有效锰值耕地地力等级评价成果填写	长整型,9 文本型,10 长整型,10 双精度,5,1
耕层土壤有效铁等值线图	内部标识码:系统内部 ID 号 实体类型:point,polyline,polygon 实体长度:系统内部自带 有效铁:依据土壤化学分析有效铁值耕地地力等级评价成果填写	长整型,9 文本型,10 长整型,10 双精度,5,1
耕层土壤 pH 等值线图	内部标识码:系统内部 ID 号 实体类型:point,polyline,polygon 实体长度:系统内部自带 pH:依据土壤化学分析 ph 值耕地地力等级评价成果填写	长整型,9 文本型,10 长整型,10 双精度,4,1
耕层土壤交换性钙等值线图	内部标识码:系统内部 ID 号 实体类型:point,polyline,polygon 实体长度:系统内部自带 交换性钙:依据土壤化学分析交换性钙值耕地地力等级评价成果填写	长整型,9 文本型,10 长整型,10 双精度,6,1
耕层土壤交换性镁等值线图	内部标识码:系统内部 ID 号 实体类型:point,polyline,polygon 实体长度:系统内部自带 交换性镁:依据土壤化学分析交换性镁值耕地地力等级评价成果填写	长整型,9 文本型,10 长整型,10 双精度,5,1

续表

图名	属性数据结构	字段类型
耕层土壤有效硫等值线图	内部标识码:系统内部 ID 号	长整型,9
	实体类型:point,polyline,polygon	文本型,10
	实体长度:系统内部自带	长整型,10
	有效硫:依据土壤化学分析有效硫值耕地地力等级评价成果填写	双精度,5,1
耕层土壤水解性氮等值线图	内部标识码:系统内部 ID 号	长整型,9
	实体类型:point,polyline,polygon	文本型,10
	实体长度:系统内部自带	长整型,10
	水解性氮:依据土壤化学分析水解性氮值耕地地力等级评价成果填写	双精度,5,3
耕地地力评价等级图	内部标识码:系统内部 ID 号	长整型,9
	实体类型:point,polyline,polygon	文本型,10
	实体面积:系统内部自带	双精度,19,2
	等级(县内):′120′	文本型,2
耕层土壤有效硼等值线图	内部标识码:系统内部 ID 号	长整型,9
	实体类型:point,polyline,polygon	文本型,10
	实体长度:系统内部自带	长整型,10
	有效硼:依据土壤化学分析有效硼值耕地地力等级评价成果填写	双精度,4,2
土壤全盐含量分布图	内部标识码:系统内部 ID 号	长整型,9
	实体类型:point,polyline,polygon	文本型,10
	实体长度:系统内部自带	长整型,10
	全盐:依据土壤化学分析全盐值耕地地力等级评价成果填写	双精度,4,1
耕层土壤有效镁等值线图	内部标识码:系统内部 ID 号	长整型,9
	实体类型:point,polyline,polygon	文本型,10
	实体长度:系统内部自带	长整型,10
	有效镁:依据土壤化学分析有效镁值耕地地力等级评价成果填写	长整型,2
耕层土壤有效钙等值线图	内部标识码:系统内部 ID 号	长整型,9
	实体类型:point,polyline,polygon	文本型,10
	实体长度:系统内部自带	长整型,10
	有效钙:依据土壤化学分析有效钙值耕地地力等级评价成果填写	长整型,2

第五节 建库工作方法

一、数据库质量控制

数据库质量涉及三个方面的工作：一要满足耕地地力评价工作的需要；二要满足耕地资源管理信息系统数据库建设的需要；三要满足建库所有成果图件输出的需要。为满足以上三个方面的要求，在数据库建设工作开展前，首先在有关国标、部标和行业标准的基础上，制定了统一的工作平台、工作方法和流程，成果图件图名、图例和色彩编制要求，成果质量检查工作方法，对耕地地力评价基础性图件首先在建库单位初步检查后，交项目市进行全面检查和修改补充错漏内容，返回建库单位对所有成果图件安排专人进行全面检查和修改，从而保证了数据库的成果质量。

二、建库工作有关规定

为保证建库工作的按时及保质完成，成立了建库项目组。

建库项目组：设立技术负责人一名，全面负责建库工作有关规程的学习，日常建库工作安排、工作进度、质量检查、建库数据库资料汇总、MAPGIS 格式建库成果经 ARCGIS 规范化处理，导入县域耕地资源管理信息系统等工作。

质量检查组：安排具有工作经验的人员组成检查组，负责所有建库资料的质量检查及修改工作。

制定建库工作标准：在建库工作前，首先对建库图形子图的大小、线的粗细及线型、面的色彩搭配、图件分层进行规定，并把工作方法和流程下发到每一个建库工作人员手中，统一建库图形扫描矢量化的技术要求。

最终成果检查：所有成果图待评审验收后，依据专家意见，由建库组和耕地地力评价组依据专家意见进行成果图和数据库修改补充，最后输出成果图件和导入县域耕地资源管理信息系统。

三、建库资料精度及建库工作流程

（一）建库资料精度

为保证建库资料的数学精度，首先形成大于莱阳市范围的 1：50000 标准图幅理论图框，拼接形成县域的 1：50000 理论图框，以 1：50000 标准分幅地形图为基础，在地形图和县域土地利用现状图上选择同名地物点（主要为农村道路交叉点等）为几何校正点。为保证县域图件的精度，选择不少于 30 个几何校正点，每一个几何校正点选择地形图附近的 4 个公里网交叉点，将其校正到县域的理论图框上，形成满足 1：50000 精度要求的县域地理底图；以该图为基础，将所有建库成果图件校正到县域地理底图上。

（二）建库工作流程

第一步：首先按照建库工作的基本要求对土地利用现状、土壤、灌溉分区、地貌、采样点位等图件进行扫描矢量化和几何校正处理、建库组错漏自查和相关人员进行错漏检查、返回建库组修改及编辑、拓扑检查、属性挂接处理等。第二步:将以上成果交耕地地力评价组进行耕地地力评价工作。第三步:耕地地力评价组将其评价成果资料再返回建库组,由建库组按照县域耕地资源管理信息系统数据库建设要求,对所有建库成果资料进行全面的质量检查及编辑处理、拓扑处理、属性挂接,最后由 MAPGIS—ARCGIS—县域耕地资源管理信息系统输出成果图件。

(三)主要空间数据库说明

行政区划图(地理底图):以土地利用现状图为背景,分别提取乡镇、村庄、主要工矿企业建设用地,主要道路、河流、境界、行政区划等内容。参考地图或 1∶50000 地形图,对主要道路、双线河流等地物进行连接并加注地物注记。依据卫星影像等资料,对近年来增加的主要道路进行更新。

土壤图:依据土壤调查研究报告、土壤志、山东省土壤分类归属标准,编制土种归属对比表和省标与县级对比表图例。在土壤图上保留土壤图原始代码,属性挂接为新编的县域土种代码,以满足各级政府工作的需要。

地貌图:由于地貌图为微地貌图,为满足各级政府使用及建库工作的需要,在地貌图中保留了原地貌代码,其属性尽量对应到数据字典中的名称及代码,在图例中增加了对比表,满足了各项工作的需要。

(四)属性库编制方法

严格按照建库数据字典中的要求及建库单位提供的资料编制各种成果图属性代码。

第六节　建库成果

莱阳市耕地资源管理信息系统数据库建设成果包括农业部规定格式的数据库和 MAPGIS 格式的成果共计 23 幅图(见表 7-3)。

表 7-3　莱阳市耕地资源管理信息系统数据库建设成果表

序号	成果图名称	备注
1	莱阳市土地利用现状图	
2	莱阳市地貌图	
3	莱阳市土壤图	
4	莱阳市坡度图	
5	莱阳市耕地地力调查点点位图	
6	莱阳市灌溉分区图	
7	莱阳市土壤 pH 分布图	
8	莱阳市耕地地力评价等级图	
9	莱阳市土壤碱解氮含量分布图	
10	莱阳市土壤交换性钙含量分布图	

续表

序号	成果图名称	备注
11	莱阳市土壤交换性镁含量分布图	
12	莱阳市土壤全氮含量分布图	
13	莱阳市土壤速效钾含量分布图	
14	莱阳市土壤有机质含量分布图	
15	莱阳市土壤有效硅含量分布图	
16	莱阳市土壤有效磷含量分布图	
17	莱阳市土壤有效硫含量分布图	
18	莱阳市土壤有效锰含量分布图	
19	莱阳市土壤有效钼含量分布图	
20	莱阳市土壤有效硼含量分布图	
21	莱阳市土壤有效铁含量分布图	
22	莱阳市土壤有效铜含量分布图	
23	莱阳市土壤有效锌含量分布图	

莱阳市耕地资源管理信息系统数据库建设包括空间数据库和属性数据库两部分内容,空间数据库全部是按照县域耕地资源管理信息系统数据字典要求进行的,属性数据库由于部分资料难以收集到(如土地平差面积等),属性数据仅按照县域耕地资源管理信息系统数据字典要求编制了部分内容。再者,例如耕地地力评价土壤采样点位图,利用GPS坐标展绘到地理底图上的点与实际点位误差较大,达不到精度要求,所以耕地地力评价土壤调查采样点位图是依据野外采样点位图经扫描矢量化后形成,属性挂接为GPS定点的坐标。

第八章　耕地改良利用分区

近年来，随着农村经营体制、耕作制度、作物品种、种植结构、产量水平和肥料施用等方面的显著变化，莱阳市耕地利用状况发生了明显改变。虽然 2007 年开始对部分耕地实施了地力监测，但至今对区域中低产耕地状况及其障碍因素等缺乏系统性、实用性的调查分析，使耕地利用与改良难以适应新形势下农业生产发展的要求。因此，开展区域耕地地力调查评价，摸清莱阳市中低产耕地状况及其障碍因素，有的放矢地开展中低产耕地的科学改良利用，挖掘区域耕地的生产潜力，对于莱阳市耕地资源的可持续利用具有十分重要的意义。

第一节　耕地改良利用分区原则与分区系统

一、耕地改良利用分区原则

耕地改良利用分区的基本原则是：从耕地自然条件出发，主导性、综合性、实用性和可操作性相结合，按照因地制宜、因土适用合理利用和配置耕地资源，充分发挥各类耕地的生产潜力，坚持用地与养地相结合、近期与长远相结合的原则进行，以土壤组合类型、肥力水平、改良方向和主要改良措施的一致性为主要依据。同时，考虑地貌、气候、水文和生态等条件以及植被类型，参照历史与现状等因素综合考虑进行分区。

二、耕地改良利用分区系统

根据耕地改良利用原则，将影响耕地利用的各类限制因素归纳为耕地自然环境要素、耕地土壤养分要素和耕地土壤物理要素，将全区耕地改良利用划分为三个改良利用类型区，即：耕地自然环境条件改良利用区、耕地土壤培肥改良利用区、耕地土体整治改良利用区，并分别用大写字母 E、N 和 P 表示。各改良利用类型区内，再根据相应的限制性主导因子，续分为相应的具体改良利用亚类。

第二节　耕地改良利用分区方法

一、耕地改良利用分区因子的确定

耕地改良利用分区因子是指参与评定改良利用分区类型的耕地诸属性。由于影响的因素很多，根据耕地地力评价，遵循主要因素原则、差异性原则、稳定性原则、敏感性原则，进行了限制主导因素的选取。考虑与耕地地力评价中评价因素的一致性，各土壤养分的丰缺状况及其相关要素的变异情况，选取耕地土壤有机质含量、耕地土壤有效磷含量、耕地土壤速效钾含量、耕地土壤有效锌含量和耕地土壤有效硼含量因素作为耕地土壤养分状况的限制性主导因子；选取灌溉保证率、坡度和有效土层厚度作为耕地自然环境状况的限制性主导因子；选取耕层质地条件和土体构型作为耕地土壤物理状况的限制性主导因子。

二、耕地改良利用分区标准

依据农业部《全国中低产田类型划分与改良技术规范》，根据山东省各县区耕地地力评价资料，综合分析目前全省各耕地改良利用因素的现状水平，同时针对影响莱阳市耕地利用水平的主要因素，邀请具有土壤管理经验的相关专家进行分析，制定了耕地改良利用各主导因子的分区及其耕地改良利用类型的确定标准。具体分级标准如表 8-1 所示。

表 8-1　　耕地改良利用主导因子分区标准

耕地改良利用区划	限制因子	代号	分区标准
耕地土壤培肥改良利用区(N)	有机质(o,g/kg)	No	＜12
	有效磷(p,mg/kg)	Np	＜15
	速效钾(k,mg/kg)	Nk	＜100
	有效锌(zn,mg/kg)	Nzn	＜0.5
	有效硼(b,mg/kg)	Nb	＜0.5
耕地自然环境条件改良利用区(E)	灌溉保证(i,%)	Ei	灌溉保障率低于 50%
	坡度(s,度)	Es	＞10°
	有效土层(d,cm)	Ed	＜60cm
耕地土体整治改良利用区(P)	耕层质地(t)	Pt	沙土、沙壤、粗骨土
	土体构型(c)	Pc	土体中有障碍层次

第三节　耕地改良利用分区专题图的生成

一、耕地土壤培肥改良利用分区图的生成

根据耕地土壤养分限制因素分区标准把莱阳市耕地有机质分为两类，即有机质改良利用区和有机质非改良利用区，有机质改良利用区用代号 No 标注，同样，有效磷改良利用区用代号

Np 标注，速效钾改良利用区用代号 Nk 标注，有效锌改良利用区用代号 Nzn 标注，有效硼改良利用区用代号 Nb 标注。编辑生成耕地土壤培肥改良利用分区图(见图 8-1)。

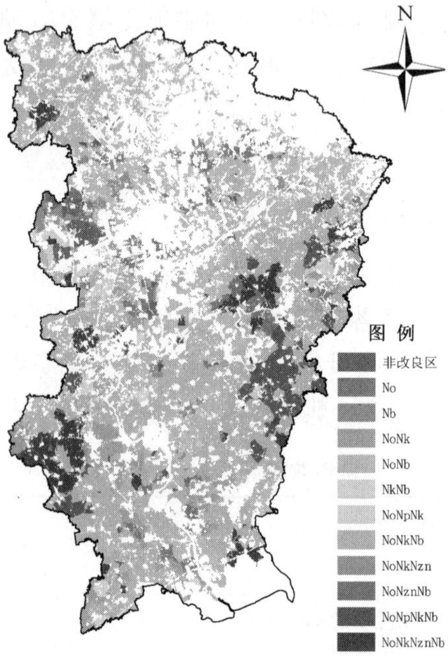

图 8-1　莱阳市耕地土壤培肥改良利用分区图

二、耕地自然环境条件改良利用分区图的生成

根据耕地自然环境条件限制因素分区标准进行莱阳市耕地改良利用分区。灌溉保证条件分为灌溉保证条件改良利用区和灌溉保证条件非改良利用区，改良利用区用代号 Ei 标注；坡度条件分为坡度条件改良利用区和坡度条件非改良利用区，坡度条件改良利用区用代号 Es 标注；有效土层厚度分为有效土层改良利用区和有效土层非改良利用区，有效土层改良利用区用代号 Ed 标注。标注结果如图 8-2 所示。

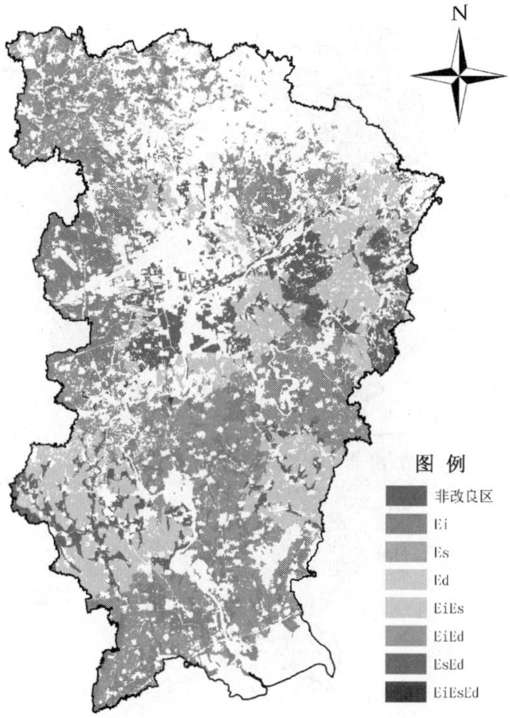

图 8-2 莱阳市耕地自然环境条件改良利用分区图

三、耕地土体整治改良利用分区图的生成

根据耕地土地条件限制因素分区标准,耕地耕层质地条件改良利用区用代号 Pt 标注,耕地土体构型改良利用区用代号 Pc 标注,在 GIS 下检索生成耕地土体整治改良利用分区图(见图 8-3)。

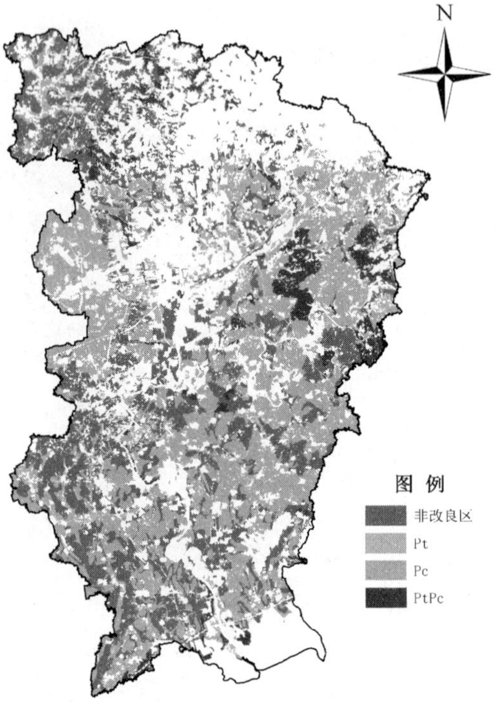

图 8-3 莱阳市耕地土体整治改良利用专题图

第四节 耕地改良利用分区结果分析

一、耕地土壤培肥改良利用分区面积统计及问题分析

莱阳市耕地土壤培肥改良利用区各改良利用类型面积及其比例如表 8-2 所示。

表 8-2 莱阳市耕地土壤培肥改良利用分区面积统计表

改良利用分区	No	Nb	NoNb	NoNk	NkNb	NoNpNk
面积(hm^2)	2738.08	1498.81	14516.36	4796.74	1247.7	939.13
百分比(%)	3.75	2.05	19.88	6.57	1.71	1.29
改良利用分区	NoNkNzn	NoNkNb	NoNznNb	NoNpNkNb	NoNkNznNb	非改良区
面积(hm^2)	514.61	35387.2	993.26	4361.17	4916.91	1119.75
百分比(%)	0.7	48.46	1.36	5.97	6.73	1.53

由图 8-1 和表 8-2 可以看出，莱阳市土壤主要养分状况总体较差，非改良耕地面积为 1119.75hm²，占耕地总面积的 1.53%。其中缺乏有机质的耕地面积为 69163.46hm²，占耕地总面积的 94.71%；缺乏钾素的耕地面积为 52163.4hm²，占耕地总面积的 73.18%；缺乏磷素的耕地面积为 5300.3hm²，占耕地总面积的 7.26%；缺乏锌素的耕地面积为 6424.78hm²，占耕地总面积的 8.79%；缺乏硼素的耕地面积为 62921.41hm²，占耕地总面积的 86.16%。缺乏单一养分的耕地面积为 4236.89hm²，占耕地总面积的 5.80%；同时缺乏两种养分的耕地面积为 20560.8hm²，占耕地总面积的 28.16%；同时缺乏三种养分的耕地面积为 37834.2hm²，占耕地总面积的 51.81%；同时缺乏四种养分的耕地面积为 9278.08hm²，占耕地总面积的 12.7%。可以看出，莱阳市土壤养分的特点是耕地中多种养分同时缺乏的现象较普遍，主要是有机质、速效钾及有效硼在不同地区有不同程度的缺乏，需要培肥改良的耕地分布比较广泛。

从各类型面积比例看，莱阳市耕地土壤培肥改良的主要方向为全市土壤普遍增施有机肥，实施秸秆还田，提高土壤有机质含量；西北部谭格庄等区域重点增施钾肥，改善土壤氮、磷、钾比例；中部、北部和东部的古柳、照旺庄、龙旺庄、沐浴店、山前店等地要重视微量元素的施用，突破养分发展瓶颈，提高耕地生产能力。

二、耕地自然环境条件改良利用分区面积统计及问题分析

莱阳市耕地自然环境条件改良利用区各改良利用类型面积及其比例如表 8-3 所示。

表 8-3 莱阳市耕地自然环境条件改良利用分区面积统计表

改良利用分区	Ei	Es	Ed	EiEs	EiEd	EsEd	EiEsEd	非改良区
面积(hm²)	19263.86	2.91	18489.41	20.93	22537.32	132.25	101.47	12481.58
百分比(%)	26.38	0.004	25.32	0.03	30.86	0.18	0.14	17.09

由图 8-2 和表 8-3 可以看出，莱阳市耕地自然环境条件相对较差，自然环境条件受地势影响较大。在对莱阳市耕地自然环境条件分析的基础上，得出只有 17.09%的耕地面积不需改良，需要改良的耕地广泛地分布在莱阳市各地区。其中灌溉保证水平需要提高的耕地面积为 41923.58hm²，占耕地总面积的 57.41%；有效土层厚度需要改善的耕地面积为 41260.45hm²，占耕地总面积的 56.5%；坡度条件需要改善的耕地面积为 257.56hm²，占耕地总面积的 0.354%。单一自然条件需要改善的耕地面积为 37756.18hm²，占耕地总面积的 51.704%；多种自然条件需要改善的耕地面积为 22791.97hm²，占耕地总面积的 31.21%。

莱阳市耕地自然环境条件改良利用的主要方向为改善耕地灌溉条件，尤其是西部、北部和东南部冯格庄、谭格庄、柏林庄、沐浴店、大夼、羊郡等地的灌溉条件，加大财政投入力度，因地制宜地发展塘坝蓄水池等水利设施，提高灌溉保证率；北部、南部和东部的沐浴店、山前店、万第、羊郡等地实施平整土地，整修梯田，大犁深耕，有效增加土层厚度，防止水土流失，保护耕层土壤。

三、耕地土体整治改良利用分区面积统计及问题分析

莱阳市耕地土体整治改良利用区各改良利用类型面积及其比例如表8-4所示。

表8-4 莱阳市耕地土体整治改良利用分区面积统计表

改良利用分区	Pt	Pc	PtPc	非改良区
面积(hm^2)	1812.24	37568.26	6715.5	26933.73
百分比(%)	2.48	51.44	9.2	36.88

由图8-3和表8-4可以看出，莱阳市耕地土体结构整体较差，不需改良的耕地面积为26933.73hm^2，占耕地总面积的36.88%。需要改良的面积主要分布在莱阳市北部及东部地区。耕层为沙壤、沙土或者耕层中含有砾石、浅黏、砂姜等障碍性层次。其中耕层质地较差的耕地面积为8527.74hm^2，占总耕地面积的11.68%；土体构型较差的耕地面积为44283.76hm^2，占总耕地面积的60.64%。单一条件较差的耕地面积为39380.5hm^2，占耕地总面积的53.92%；两种条件都较差的耕地面积为6715.5hm^2，占耕地总面积的9.2%。

总之，对于北部及东部的谭格庄、山前店等地宜采取秸秆还田、果园生草、增施有机肥料等措施，来改善偏沙的土壤表层质地，对于东北部沐浴店等区域除采取上述措施，还应加强中低产田改造，建设路田林网，采取深耕、深翻、压麦糠等措施来改善不良的土体结构。

第五节　耕地改良利用对策及措施

一、加强水利建设，改善灌溉条件

水是作物生长的必要条件，灌排条件与耕地的基础地力有着密切的关系。因而可以通过采取以下措施，实现自然降水的空间聚集，改善区域农田的土壤水分状况，推广节水灌溉技术，改善和扩大灌溉面积。

健全灌溉工程，改善灌区输水、配水设备，加强灌溉作业管理，改进地面灌溉技术，采用增产、增值的节水灌溉方法和灌溉技术。加强水利建设，修筑田埂，防止水土冲刷；安排好水利规划，修好水渠，制止渗漏，加强管理，提高引灌水的利用率。

人工富集天然降水，建造大、中、小型蓄水池、塘等蓄水体系，将集纳雨水、拦截径流和蓄水有效结合起来，在作物需水的关键时期进行灌溉，解决作物的需求和降水错位的矛盾，以充分发挥水分的增产效果。

改善土壤结构，增加土壤的蓄水能力，通过对土壤增施有机物料（如施用有机肥、秸秆还田等）和应用土壤改良剂，改良土壤结构，增强土壤结构的稳定性，提高土壤对降水的入渗速率和持水量。

二、用养结合，培肥地力

长期以来，莱阳市在耕地开发利用上重利用，轻培肥，重化肥，轻有机肥，虽然全区化

肥的施用量逐年增加，但有机肥投入量却逐年减少，且投入的化肥以氮、磷肥为主，引起土壤养分特别是速效钾和微量元素含量的下降与矿质养分的失衡，导致耕地肥力下降。全市普遍存在速效钾含量偏低和微量元素特别是有效硼含量偏低等限制性因素。因此，莱阳市要持续提高中低产耕地的基础地力，为农作物生长创造高产基础，必须将用土与养土妥善结合起来，广辟有机肥源，重视有机肥的施用，提倡种植绿肥和施用有机、无机复混肥。同时应利用中低产耕地调查评价成果，科学指导化肥的调配，采用科学优化平衡施肥，重视合理增施钾肥和微肥，不断培肥地力，实现中低产耕地资源的永续利用。

三、改良土壤质地，改善土体结构

莱阳市南部山区耕地土壤限制性因素主要为土层薄，水土流失严重，要从调整土地利用结构和建设基本农田起步，改广种薄收为集约经营，改单一经营为农、林、牧、副全面发展，因地制宜，全面规划，综合治理，连续治理，实行生物措施与工程措施相结合、坡地治理与沟道治理相结合、田间工程和蓄水保土耕作相结合。在不宜种粮的粗骨土和棕壤性土、褐土性土上，因地制宜地大力发展果药土特产，在土层较厚的地方，可以发展果粮间作，以尽快提高经济效益，在交通不便的山区选种板栗、银杏等。在土层薄、水土流失严重的地方，应先种草、养畜，发展牧业生产。

四、发展生态型农业，改善生态环境

耕地生态环境质量的高低是保证农作物持续稳产、高产、优产、高效的重要前提。根据莱阳市资源优势以及生态环境的特点，因地制宜地利用耕地资源，通过合理轮作、科学间套种等措施，增加复种指数，努力提高耕地资源的利用率，注重多物种、多层次、多时序、多级质能、多种产业的有机结合，农、林、牧、副、渔并举，建立生态型可持续农业系统，达到经济、生态和社会效益的高度统一。此外，应重新审视耕地承包到户政策所致的耕地经营权分散在新形势下出现的不利于耕地资源规模集约经营的缺点，努力探讨建立“公司＋基地”“公司＋农户”或各种专业化合作组织等耕地规模集约经营模式，提高全市耕地资源的集约经营和经济效益。

五、中低产田改造，提高耕地质量

增加耕地投入，加强中低产田改造，不断提高耕地的质量，从而提高耕地利用的经济效益。建设管灌、拦水闸、扬水站、排水沟桥涵和田间涵洞；新建蓄水池、平塘等水利工程；实施配方施肥、大犁深耕、小麦高留茬等农业措施；按方田建设规划田间林网等。实现地连片，田成方，井渠配套，沟相通，路相连，林成网，增加土壤活土层厚度，提升土壤有机质含量。进一步提高粮食生产能力，增加农业产值，带动周边的粮食生产向规模化、标准化方向发展。

第九章　耕地资源合理利用与改良

第一节　利用与改良的耕地资源现状与特征

莱阳市地处胶东丘陵山系南部，地势北高南低，地形较为复杂。山地占总面积的21.5%，丘陵占47.06%，平原占31.43%。低山丘陵海拔为60～150m，山坡坡度一般为5°～15°。平原分为三类：一是准平原地，分布于沐浴店、柏林庄、照旺庄五龙村断层以南和大夼至团旺以南地区，多呈带状分布于丘陵前缘；二是山间河谷冲积平原，成带状分布于五龙河两侧；三是山间盆地冲积平原，亦称“洼地”，分布于莱阳市北断层与五龙村断层之间。

莱阳市土壤类型共分为8个土类、17个亚类、29个土属、119个土种。其中棕壤土类耕地面积为60080hm²，占总耕地面积的75.1%；褐土土类耕地面积为9664hm²，占总耕地面积的12.1%；潮土土类耕地面积为5400hm²，占总耕地面积的6.8%；盐土土类无耕地；砂姜黑土土类耕地面积为1488hm²，占总耕地面积的1.86%；风沙土土类耕地面积为80hm²，占总耕地面积的0.1%；石质土无耕地；粗骨土耕地面积为3152hm²，占总耕地面积的3.94%。

莱阳市耕地面积为80000hm²，常年农作物播种面积为118423hm²，其中粮食播种面积为72046hm²，总产量为420019吨，油料播种面积为22382hm²，总产量为90451吨，蔬菜（含菜用瓜）及特种作物播种面积为22098hm²，总产量为950453吨，瓜类播种面积为1780hm²，总产量为60412吨，果品播种面积为10605hm²，总产量为332291吨。

2007～2010年，全市取土样7800个。经化验分析监测，土壤耕层有机质变化范围为4～13.8g/kg，平均为9.2g/kg，属缺乏水平，土壤耕层碱解氮变化范围为20～160mg/kg，平均为60mg/kg，属缺乏水平，土壤耕层有效磷变化范围为1.5～150mg/kg，平均为33mg/kg，属不缺水平，土壤耕层速效钾变化范围为30～820mg/kg，平均为128mg/kg，属不缺水平，土壤pH为5.1～8.5，82%的土壤为中性，不存在土壤酸化问题。

莱阳市耕地存在的主要障碍因素：旱，主要是水资源不足。莱阳市年降水量平均为729.6mm，而年蒸发量平均为1540.4mm，蒸发量是降水量的2倍，加之降水时间分布不均，常出现季节性干旱。低产土壤类型多数为棕壤性土、褐土性土和粗骨土，这些土壤由于土层薄、沙性大，容易出现干旱。涝，年降水不均是造成莱阳市季节性涝灾的重要原因。全市年降水量多集中在夏季（6～8月），降水量为494.4mm，占全年平均降水量的63.6%，常形成涝灾。低平地的砂姜黑土由于质地黏重，水分下渗困难，地下水位浅，一遇大雨，常造成地表积水，影响作物正常生长，降低产量。薄，一是指土层薄，二是指肥力薄。从土体厚度看，莱阳市大部分地区为丘陵地，土体较薄，土层薄则保肥水性能差，养分储量低，不利于作物生长，难以形成高产田。土壤中典型棕壤亚类、褐土亚类、潮褐土亚类心土层容重偏大，结构紧密，影响作物根系下扎，应加以改良。

第二节 耕地改良的实践与效果

土壤是农业生产的基础，肥力是生产率的基础。改良和培肥土壤，建设高产、稳产田，是发展农业生产的基本建设。土壤的改良与培肥应做到三个结合，即农林牧结合、工程措施与生物措施结合、改良利用与培肥地力结合。按照我国走有机农业道路的方针政策，培肥土壤要因地制宜，搞好间、套、轮作，发展畜牧业，广积农家肥，秸秆还田，不断增加土壤有机质含量，促进土壤养分积累。最近几年，在测土配方施肥的同时，进行了以下关于耕地改良的实践与探索工作：一是中低产田改造模式，二是平原农区可持续高效农业模式，三是旱作小麦高产、高效模式，四是中等肥力水浇地发展标准化生产，培育加工出口蔬菜基地模式。

一、中低产田改造模式

莱阳市结合农业综合开发项目，陆续在部分乡镇实施了中低产田改造。2007 年，对穴坊镇永安村、谭家村、鸭儿沟村、芦山村、卧虎庄村、吕仙庄村的 666hm^2 农田和高格庄镇大薛村、东薛村、南高格庄村的 333hm^2 农田进行了中低产田改造；2008 年，对团旺镇南留村、中西村、前中荆村、后中荆村的 333hm^2 农田和大夼镇宋村、西汪格庄村的 533hm^2 农田进行了中低产田改造；2009 年，对冯格庄街道办事处马岚村、石桥泊村、青埠屯村、大青埠村、陈家疃村、东官庄村、曹家屯村、小黑石埠村的 666hm^2 农田和沐浴店镇的上蒲格庄村、中蒲格庄村、西蒲格庄村、北王家庄村、钟家院的 333hm^2 农田进行了中低产田改造；2010 年，对团旺镇西中荆前村、西中荆后村、东石格庄村、东南岩、西南岩、方里、东吉林夼村 733hm^2 农田进行了中低产田改造。

采取的主要措施（以 2010 年团旺镇 733hm^2 中低产田改造为例）：

水利工程：新上管灌 733hm^2，管道总长 65km，新建拦水闸 1 处，新建扬水站 6 座、泵站 5 座，新建主排水沟桥涵和田间涵洞 310 座，新建蓄水池 11 个，新挖扩建平塘 5 个。

农业措施：整修道路 36km，路面宽 5m，压沙石厚度 10cm，测土配方施肥面积 733hm^2，大犁深耕面积 333hm^2，小麦高留茬 333hm^2。

农业科技：利用农闲季节组织农民进行培训，年科技培训 6000 人次，发放明白纸 30000 份。

林业措施：按方田建设规划出田间林网，生产主路两侧各植一行树，株距 2m，共植速生杨 30000 株。

效果：实现了地连片，田成方，井渠配套，沟相通，路相连，林成网。土壤活土层增加 3cm，土壤有机质增加 0.5g/kg。新增粮食生产能力 825kg/hm^2，年新增农业产值 2895 元/hm^2，农民人均纯收入增加 200 元。带动周边的粮食生产向规模化、标准化方向发展，经济、社会效益显著。

二、平原农区可持续高效农业模式

近几年，莱阳市农业局在照旺庄、古柳等平原农区进行大量试验示范，探讨有效的作物间作、轮作方式，以高效合理地利用耕地资源、水资源、光资源、热资源。

（一）四茬菠菜——季玉米间大豆高产、高效栽培模式

8 月中旬春玉米间大豆收后，抢种第一茬菠菜，播种量为 30～37.5kg/hm²，生长期为 40 天，产量为 30000kg/hm²。第二茬菠菜在 10 月 1 日前后播种，播种量为 7.5～15kg/hm²，生长期为 50～60 天，产量为 60000kg/hm²。第三茬越冬菠菜在 11 月下旬播种，播种量为 15kg/hm²，次年 2 月中下旬覆膜，3 月中下旬收获并抢种春菠菜，4 月下旬至 5 月上旬收获第四茬菠菜，5 月 1 日前后播种玉米，大行间种大豆。菠菜品种以日本急先锋为主，其他品种有适合春播的托莱、北海道，适合越冬的秋绿，适合秋播的美佳顿。

此耕作模式下，菠菜的产量高低取决于有机肥的投入和 N、P、K 的投入量及投入比例。一是加大有机肥投入。每公顷投入鸡粪 37500kg、高浓度三元复合肥 750kg 作基肥，用旋耕犁均匀地将肥料旋入耕层内。二是科学地配方施肥。菠菜四片真叶至团棵期，结合浇水分 2～3 次，追施尿素 450～750kg/hm²。如果追施尿素超过 750kg/hm²，则植株氮营养超过 5.2%，有氮过量现象；如果追施尿素少于 450kg/hm²，植株氮营养少于 4.7%，多出现总体脱肥、黄瘦现象，产量低，不适于加工出口。全生育期适宜的氮、磷、钾比例为 5∶1∶2。

（二）洋葱—玉米间大豆—菠菜高产、高效栽培模式

9 月上旬洋葱育苗，11 月中旬大田栽种。4 月下旬玉米套种于洋葱沟，洋葱收获后间作大豆。菠菜于 9 月 5 日播种，10 月 20 日收获。洋葱品种选用日本红叶 3 号。

此耕作模式：一是要施足基肥。施用优质鸡粪 45000kg/hm²，高浓度复合肥 1500 kg/hm²，耕深耙透。二是实行起垄高畦覆膜栽培。三是增施磷、钾肥。洋葱全生育期施纯 N 150kg/hm²，P_2O_5 277.5～375kg/hm²，K_2O 150～225kg/hm²，N∶P_2O_5∶K_2O 以 1∶(1.85～2.5)∶(1～1.5)为宜。施氮量过大，易引起徒长倒伏。提高磷、钾肥施用量，茎叶生长壮而不旺，鳞茎膨大快，产量高，质量好。

（三）效　果

大量的有机肥投入，使土壤有机质含量得到有效提升。

改良效果可观。四茬菠菜产量分别为 30000kg/hm²、60000kg/hm²、30000kg/hm²、30000kg/hm²，总产为 150000kg/hm²，玉米产量为 12000kg/hm²，大豆为 1500kg/hm²，总产值为 243000 元/hm²。洋葱—玉米间大豆—菠菜模式产量为 12000kg/hm²，玉米产量为 12000kg/hm²，大豆产量为 1200kg/hm²，菠菜产量为 45000kg/hm²，总产值为 195000 元/hm²。

三、旱作小麦高产、高效栽培模式

旱作小麦高产、高效栽培模式的代表是莱阳市冯格庄街道办事处，实现了整建制旱地小麦千斤乡镇，2533hm² 旱地小麦平均产量为 7575kg/hm²。

主要技术措施：

(1)改善土壤条件，培育发达的根系是旱地小麦高产栽培的基础。

①深耕加厚活土层，增强旱地蓄水保墒能力，改善土壤物理性状，促进根系活力。采取深耕与浅耕相结合，深耕1年，浅耕1～3年。在秋旱年份，优质旱地变深耕为浅耕，旱薄地或一般薄地可用旋耕犁、圆盘耙灭茬，松而不翻，做到上松下实，保持底墒充足。随收、随耕、随耙，播后镇压，以及冬前、早春划锄等，都有良好的蓄水保墒增产作用。

②多渠道秸秆还田，增施有机肥，培肥地力，是培育根系、增强根系活力的又一项有效措施。小麦收获时高留茬20～25cm；用联合收割机收获，小麦麦糠还田；播种前每公顷投入有机肥1000～1500kg，有效促进土壤肥力的提高。

(2)科学合理施肥，以肥调水。多渠道增施有机肥，培肥地力，有机肥和无机肥配合施用；根据目标产量，配方施肥，高产地块在播种时每公顷投入纯N 18kg，P_2O_5 10kg，K_2O 18kg，同时加施硼肥；采用一炮轰的施肥技术，将全部肥料作底肥一次施足。

(3)建造合理的群体结构，选用适宜的抗旱优良品种。

(4)实施以保水为中心的田间管理技术。

效果：一是实现了冯格庄街道办事处2533hm^{2}旱地小麦整建制产量7575kg/hm^2。二是1.4hm^{2}高产攻关田经省专家组实打验收，平均单产为10403.6kg/hm^2，创山东省旱地小麦生产最高记录。

四、中等肥力水浇地发展标准化生产，积极培育蔬菜出口基地模式

莱阳市近年来发展食品加工企业近300家，培育了龙大、鲁花等4家国家级农业产业化企业集团，以及天府、吉龙、春雪、恒润、新冷大等10家省级农业产业化企业集团，全市蔬菜年加工能力为40万吨，果品加工、储藏能力为30万吨。

以龙头企业为依托，以蔬菜、果品为重点，大力调整农业内部结构，积极组织专业化生产、规模化种植，发展高标准、紧密型原料生产基地。一是企业根据自己的加工需要，与农户、合作社等中介组织签订产销合同，建立生产协作关系，农户按协议生产，企业按协议购进。二是建设企业自己的种植基地，基地作为企业的车间，由企业租赁土地，根据出口需要，直接组织生产。

目前，莱阳市共发展蔬菜基地面积5333hm^2，果品基地面积6666hm^2，先后引进大叶菠菜、牛蒡、青刀豆、甜豌豆、黄秋葵等国内外优良蔬菜新品种100多个。所有基地全面推行统一供应种子、统一田间管理、统一使用农药、统一施用肥料、统一采收等为主要内容的“五统一”操作规程。基地选择在生产条件较好的基本农田保护区内，远离公路100m以上，生态环境良好，不受工业“三废”及生活垃圾污染，农田灌溉用水、大气、土壤均符合《无公害农产品产地环境质量标准》，并有省级以上检验检测机构的大气、水、重金属等项目的检测报告。

效果：蔬菜出口基地的建立提升了农产品质量安全水平，提高了农业生产效益，增加了农民收入。以龙旺庄周格庄基地为例，周格庄基地面积为13.9hm^2，为公司自控基地。基地灌溉水源采用地下深水井，每年对水源和土壤进行1～2次检测，农药根据进口国农残限量要求，确定基地使用的农药品种和剂量。在基地内悬挂昆虫诱捕器、频振式杀虫

灯，推行防虫网技术，尽量减少农药的使用频率，采收前3～5天对原料进行农残抽样检测。基地采用“五统一”模式进行标准化管理，建立严格的质量追溯制度，严格生产全过程记录，由基地种植员负责对每天的农事操作进行详细记录、汇总，报总公司基地部备案。基地成立以来，先后推广种植森格纳草莓、早生五角黄秋葵、胜先锋菠菜、极乐天小菘菜等国外蔬菜新品种10多个，每年为公司提供各类出口加工原料1300余吨，实现年销售收入120万元。

第三节　耕地资源合理利用的对策

近几年，莱阳市立足自身实际，大力推进农业的产业化、国际化和标准化“三化”进程，以产业化、国际化带动标准化，以标准化促进产业化和国际化，不断推进其向纵深发展，促进农业经济的快速发展。莱阳市耕地资源的合理利用也要遵循产业化、国际化、标准化的原则，结合土壤类型、地力水平、水利条件、种植资源，因地制宜，合理有序，可持续发展。

一、山丘、岭地水土保持区及对策

山丘、岭地水土保持区主要分布在旌旗山、老寨山、磊山、孟山、娘娘山的荒坡岭上。土壤类型是极薄层和薄层棕壤性土。可利用面积为3701hm^2，占总可利用面积的2.47%；耕地面积为86hm^2，占总耕地面积的0.11%。该区因坡度大，水土流失严重，土层浅薄，质地粗，不抗干旱，养分含量贫乏，不宜农作。应搞好山区规划，实行封山育林，搞好水土保持。

二、中低产田改造区及对策

中低产田改造区主要分布在岭地沟谷梯田及部分岭坡梯田微地貌单元上，可利用面积为108198hm^2，占总可利用面积的72.21%，耕地面积为58312hm^2，占总耕地面积为72.89%。

该区面积大，地形复杂，是粮、油、果重点产区。根据生产中存在的问题和改良措施的不同，下分三个改良片。

(一)治黏旱作片

治黏旱作片主要分布在丘陵中下部水平梯田、沟谷梯田及部分泊地上。土壤类型为浅位夹黏型棕壤、褐土、潮棕壤、潮褐土，占总耕地面积的13.41%。

其土体深厚，适种性广，增产潜力大。但在20～60cm土体出现黏质夹层，通透性不良，易受季节性旱涝威胁；其次是地面不平整，中度侵蚀，作物产量较高但不稳定。应狠抓深耕、深翻，或掺沙改良，以加厚活土层，增强土壤通透性能和蓄水保肥库容，减少旱涝威胁，促进高产、稳产。

(二)薄中层棕壤深耕改土培肥片

薄中层棕壤深耕改土培肥片主要分布在水平梯田上，土壤类型为薄中层棕壤和薄中层棕壤性土，占总耕地面积的47.08%。

该片土体厚度多在30cm左右，土层以下多为半风化酥石底，质地粗，保水、保肥性能差，耐涝不抗旱。应因地制宜，积极提倡大犁深耕、深刨，加厚活土层，以增大土壤蓄水保肥性能，要整修好梯田地堰，整平地面，挖好堰下沟，防止水土流失。

(三)薄中层褐土综合利用改良片

薄中层褐土综合利用改良片主要分布在沐浴店、山前店南半部，万第西北部，照旺庄东半部水平梯田上。主要土壤类型是中层褐土和褐土性土，占总耕地面积的12.49%。

该片土体厚度多在30cm左右，且多为铺石板硬石基底，不抗旱、不耐涝，养分贫乏，农作物产量极低。应积极发展柿树、苹果、板栗等干鲜果品生产。

三、砂姜黑土旱作节水区及对策

砂姜黑土旱作节水区分布在冯格庄洼、吕格庄西北洼和柏林庄西南洼。土壤类型为砂姜黑土，可利用面积为2267hm²，占总可利用面积的1.51%，占总耕地面积的1.86%。

该区质地黏重，通透性差，适耕性差；因地势低洼，排水不畅，雨季易积涝成灾；又因无地下水源，易受干旱威胁，造成减产。要修好拦水闸、蓄水池，拦蓄径流水，增大土壤蓄水能力，积极发展农田林网，改善田间小气候。实施旱作节水栽培技术，建设小麦、玉米一年两作高产、高效栽培区。

四、河滩地防风固沙区及对策

该区主要包括清水河、富水河、蚬河、五龙河及潴河两岸的河滩地。土壤类型是均沙、均沙壤、夹沙、夹沙壤型河潮土及半固定风沙土。可利用面积为11128hm²，占总可利用面积的7.43%，占总耕地面积的5.33%。

该区地处沿河低洼地或风积沙丘上，沙性大，漏水、漏肥，易受干旱风沙威胁，肥力极低。应积极扩大莱阳茌梨、板栗、沙参面积，增加经济收入。

五、平原洼地精播高产区及对策

该区包括古柳、照旺庄、龙旺庄洼、沐浴店洼、羊郡埠前洼，土壤类型为潮棕壤、潮褐土、均壤质河潮土，可利用面积为22814hm²，占总可利用面积的15.23%，占总耕地面积的18.62%。

本区地势平坦，土体深厚，质地优良，地下水丰富。土壤肥沃度高，适种性广，增产潜力大，是水利精种高产区。应积极扩大粮菜间套作面积，大力发展标准化生产，培育加工出口蔬菜基地，进一步完善排灌设施，增施有机肥，配合施用微肥，努力培肥地力。

第三篇　耕地可持续利用

第十章　土壤微量元素养分状况与可持续利用

随着农业复种指数的不断提高和氮、磷、钾化肥的大量应用，土壤微量元素已成为作物产量提高的主要限制因子，是农业可持续发展的主要障碍因素之一。土壤微量元素虽然含量低、作物需求量少，但对作物的生长发育相当重要，如许多植物缺锌时表现出小叶病，缺硼时表现出叶片厚薄不均，易黄化脱落。微量营养元素主要从土壤矿物质中获得，其有效性常受土壤 pH、有机质、氧化还原条件及吸附固定作用等因素影响而发生变化。为了了解土壤微量元素的含量及分布状况，莱阳市农业局从 2007 年开始，对全市蔬菜、果树和大田作物进行取样检测，共化验土壤微量元素样品 1000 多个，发现全市土壤中有效硼、有效钼、有效锌含量为缺乏水平，有效铁、有效铜、有效锰含量为丰富水平。为了有效布局，指导广大农户科学施肥，对 624 个典型土样的有效硼、有效钼、有效锌、有效铁、有效铜和有效锰 6 种微量元素的含量和分布情况进行了详细分析，提出了合理利用与改良建议。

第一节　耕层土壤微量元素含量与分布

全市耕层土壤有效铁含量平均为 29.19mg/kg，属于 1 级水平，变化范围为 1.93～87.59mg/kg，变异系数为 74.44%。耕层土壤有效锰含量平均为 42.22mg/kg，属于 1 级水平，变化范围为 7.26～128.05mg/kg，变异系数为 30.24%。耕层土壤有效铜含量平均为 2.07mg/kg，属于 1 级水平，变化范围为 0.38～10.32mg/kg，变异系数为 97.57%。耕层土壤有效硼含量平均为 0.4mg/kg，属于 4 级水平，变化范围为 0.01～1.87mg/kg，变异系数为 48.73%。耕层土壤有效锌含量平均为 0.98mg/kg，属于 3 级水平，变化范围为 0.19～8.1mg/kg，变异系数为 9.42%。耕层土壤有效钼含量平均为 0.15mg/kg，属于 3 级水平，变化范围为 0.01～0.49mg/kg，变异系数为 52.62%（见表 10-1）。

表 10-1　　　　耕层土壤微量元素含量情况表

项　目	全市平均含量 (mg/kg)	分级水平	变化范围 (mg/kg)	变异系数 (mg/kg)
有效铁	29.19	1	1.93～87.59	74.44
有效锰	42.22	1	7.26～128.05	30.24
有效锌	0.98	3	0.19～8.1	94.2
有效硼	0.4	4	0.01～1.87	48.73
有效钼	0.15	3	0.01～0.49	52.62
有效铜	2.07	1	0.38～10.32	97.57

第二节　不同作物类型耕层土壤微量元素养分含量状况

莱阳市不同作物类型耕层土壤微量元素含量评价标准及分析结果如表 10-2 和表 10-3 所示。

表 10-2　　　　土壤微量元素丰缺等级表

项　目	很高	很低	低	中等	高
有效硼(mg/kg)	<0.25	0.25～0.5	0.51～1	1.01～2	>2
有效钼(mg/kg)	<0.1	0.1～0.15	0.16～0.2	0.21～0.3	>0.3
有效锰(mg/kg)	<3	3～5	5～10	10～15	>15
有效铁(mg/kg)		<2.5	2.5～4.5	>4.5	
有效锌(mg/kg)	<0.5	0.5～1	1～1.5	1.5～2	>2
有效铜(mg/kg)	<0.1	0.1～0.2	0.2～1	1～1.8	>1.8

表 10-3　　　　不同作物类型土壤微量元素有效态含量统计特征

项　目		pH	有机质(g/kg)	有效锌(mg/kg)	有效硼(mg/kg)
蔬菜	均值	6.52	11.31	1.92	0.35
	范围	6～7.1	4.93～25.6	0.41～5.09	0.04～0.75
	样品数	42	54	21	21
粮田	均值	6.7	9.12	0.82	0.4
	范围	5.6～8.1	0.85～23	0.19～8.1	0.01～1.87
	样品数	1232	1580	476	476
果园	均值	6.6	8.49	1.42	0.4
	范围	5.6～7.8	3.5～17.8	0.25～7.82	0.07～1.07
	样品数	284	366	127	127

续表

项目		有效钼(mg/kg)	有效铜(mg/kg)	有效锰(mg/kg)	有效铁(mg/kg)
蔬菜	均值	0.15	1.59	37.53	27.43
	范围	0.03～0.38	0.6～2.82	7.82～48.11	2.48～66.46
	样品数	21	21	21	21
粮田	均值	0.15	1.56	43.05	29.48
	范围	0.01～0.4	0.38～10.11	7.26～128.05	1.93～87.59
	样品数	476	476	476	476
果园	均值	0.15	4.06	40.12	28.58
	范围	0.03～0.49	0.63～10.32	11.94～48.22	2.12～78.85
	样品数	127	127	127	127

一、粮田作物土壤微量元素养分含量

全市不同作物类型土壤样品化验结果表明，粮田土壤有效铁含量平均为29.48 mg/kg，变化范围为1.93～87.59mg/kg，变异系数为73.71%；粮田土壤有效锰含量平均为43.05mg/kg，变化范围为7.26～128.05mg/kg，变异系数为31.53%；粮田土壤有效铜含量平均为1.56mg/kg，变化范围为0.38～10.11mg/kg，变异系数为85.55%；粮田土壤有效硼含量平均为0.4mg/kg，变化范围为0.01～1.87mg/kg，变异系数为48.7%；粮田土壤有效锌含量平均0.82mg/kg，变化范围为0.19～8.1mg/kg，变异系数为80.93%；粮田土壤有效钼含量平均0.15mg/kg，变化范围为0.01～0.4mg/kg，变异系数为52.26%。

二、蔬菜地作物土壤微量元素养分含量

全市不同作物类型土壤样品化验结果表明，蔬菜土壤有效铁含量平均为27.43mg/kg，变化范围为1.93～87.59mg/kg，变异系数为68.35%；蔬菜土壤有效锰含量平均为37.53mg/kg，变化范围为7.82～48.11mg/kg，变异系数为28.1%；蔬菜土壤有效铜含量平均为1.59mg/kg，变化范围为0.60～2.82mg/kg，变异系数为28.97%；蔬菜土壤有效硼含量平均为0.35mg/kg，变化范围为0.04～0.75mg/kg，变异系数为56.89%；蔬菜土壤有效锌含量平均1.92mg/kg，变化范围为0.41～5.09mg/kg，变异系数为73.4%；蔬菜土壤有效钼含量平均0.15mg/kg，变化范围为0.03～0.38mg/kg，变异系数为49.01%。

三、果园作物土壤微量元素养分含量

全市不同作物类型土壤样品化验结果表明，果园土壤有效铁含量平均为28.58mg/kg，变化范围为2.12～78.85mg/kg，变异系数为78.06%；果园土壤有效锰含量平均为40.12mg/kg，变化范围为11.94～48.22mg/kg，变异系数为22.02%；果园耕层土壤有效铜含量平均为4.06mg/kg，变化范围为0.63～10.32mg/kg，变异系数为

71.2%；果园土壤有效硼含量平均为0.4mg/kg，变化范围为0.07～1.07mg/kg，变异系数为48.08%；果园土壤有效锌含量平均为1.42mg/kg，变化范围为0.25～7.82mg/kg，变异系数为94.35%；果园土壤有效钼含量平均为0.15mg/kg，变化范围为0.03～0.49mg/kg，变异系数为55.65%。

第三节 不同土壤类型耕层土壤微量元素养分含量状况

莱阳市土壤分为棕壤、褐土、潮土、盐土、砂姜黑土、风沙土、石质土、粗骨土八大土类，其中盐土土类和石质土土类无耕地。不同土壤类型耕层土壤微量元素养分含量如表10-4所示。

表10-4 不同土壤类型类型土壤微量元素有效态含量统计特征

土类		pH	有机质(g/kg)	有效锌(mg/kg)	水溶态硼(mg/kg)	有效钼(mg/kg)	有效铜(mg/kg)	有效锰(mg/kg)	有效铁(mg/kg)
潮土	样品数	40	53	53	53	53	53	53	53
	平均值	6.66	8.97	1.34	0.42	0.16	2.27	43.31	31.93
	标准差	0.06	0.29	0.15	0.04	0.01	0.27	1.39	2.84
粗骨土	样品数	12	14	14	14	14	14	14	14
	平均值	6.78	9.12	1.05	0.4	0.16	2.75	43.19	27.13
	标准差	0.14	0.91	0.23	0.03	0.02	0.71	4.06	6.77
风沙土	样品数	1	3	3	3	3	3	3	3
	平均值	6.9	7.87	2.2	0.18	0.27	3.26	37.25	49.4
	标准差		0.69	1.49	0.06	0.07	2.33	7.61	6.64
褐土	样品数	70	85	85	85	85	85	85	85
	平均值	6.71	8.79	0.93	0.39	0.14	2.52	36.74	20.78
	标准差	0.06	0.3	0.12	0.02	0.01	0.27	1.51	2.38
砂姜黑土	样品数	23	26	26	26	26	26	26	26
	平均值	7.11	14.71	0.95	0.52	0.13	1.23	42.37	22.34
	标准差	0.1	0.64	0.3	0.03	0.01	0.18	1.36	4.12
棕壤	样品数	341	441	441	441	441	441	441	441
	平均值	6.67	9.22	0.93	0.39	0.15	1.97	43.19	30.72
	标准差	0.41	2.74	0.78	0.19	0.08	1.91	12.75	21.32

一、棕壤土类耕层土壤微量元素养分含量

有效锌平均值为0.93mg/kg，变化范围为0.2～8.1mg/kg；水溶态硼平均值为0.39mg/kg，变化范围为0～1.7mg/kg；有效钼平均值为0.15mg/kg，变化范围为0～0.5mg/kg；有效铜平均值为1.97mg/kg，变化范围为0.4～10.3mg/kg；有效锰平均值

为 43.19mg/kg,变化范围为 7.3～128mg/kg;有效铁平均值为 30.72mg/kg,变化范围为 1.9～87.6mg/kg。

二、褐土土类耕层土壤微量元素养分含量

有效锌平均值为 0.93mg/kg,变化范围为 0.2～7.8mg/kg;水溶态硼平均值为 0.39mg/kg,变化范围为 0.1～0.9mg/kg;有效钼平均值为 0.14mg/kg,变化范围为 0～0.3mg/kg;有效铜平均值为 2.52mg/kg,变化范围为 0.5～10.2mg/kg;有效锰平均值为 36.74mg/kg,变化范围为 7.9～60.5mg/kg;有效铁平均值为 20.78mg/kg,变化范围为 2.4～80.2mg/kg。

三、潮土土类耕层土壤微量元素养分含量

有效锌平均值为 1.34mg/kg,变化范围为 0.2～5.1mg/kg;水溶态硼平均值为 0.42mg/kg,变化范围为 0.1～1.9mg/kg;有效钼平均值为 0.16mg/kg,变化范围为 0～0.4mg/kg;有效铜平均值为 2.27mg/kg,变化范围为 0.6～9.4mg/kg;有效锰平均值为 43.31mg/kg,变化范围为 7.8～67.4mg/kg;有效铁平均值为 31.93mg/kg,变化范围为 3～80.2mg/kg。

四、砂姜黑土土类耕层土壤微量元素养分含量

有效锌平均值为 0.95mg/kg,变化范围为 0.3～7.5mg/kg;水溶态硼平均值为 0.52mg/kg,变化范围为 0.3～0.9mg/kg;有效钼平均值为 0.13mg/kg,变化范围为 0～0.3mg/kg;有效铜平均值为 1.23mg/kg,变化范围为 0.6～5.4mg/kg;有效锰平均值为 42.37mg/kg,变化范围为 23.1～48.1mg/kg;有效铁平均值为 22.34mg/kg,变化范围为 2.5～68.6mg/kg。

五、粗骨土土类耕层土壤微量元素养分含量

有效锌平均值为 1.05mg/kg,变化范围为 0.3～3.1mg/kg;水溶态硼平均值为 0.4mg/kg,变化范围为 0.2～0.6mg/kg;有效钼平均值为 0.16mg/kg,变化范围为 0～0.4mg/kg;有效铜平均值为 2.75mg/kg,变化范围为 0.6～8.8mg/kg;有效锰平均值为 43.19mg/kg,变化范围为 11.9～59.6mg/kg;有效铁平均值为 27.13mg/kg,变化范围为 4～71.9mg/kg。

六、风沙土土类耕层土壤微量元素养分含量

有效锌平均值为 2.2mg/kg,变化范围为 0.2～5.1mg/kg;水溶态硼平均值为 0.18mg/kg,变化范围为 0.1～0.3mg/kg;有效钼平均值为 0.27mg/kg,变化范围为 0.1～0.4mg/kg;有效铜平均值为 3.26mg/kg,变化范围为 0.5～7.9mg/kg;有效锰平均值为 37.25mg/kg,变化范围为 22.1～45.6mg/kg;有效铁平均值为 49.4mg/kg,变化范围为 38.4～61.3mg/kg。

七、各土壤类型微量元素由高到低排序

有效锌排序：风沙土、潮土、骨土、砂姜黑土、棕壤、褐土；水溶态硼排序：砂姜黑土、潮土、粗骨土、棕壤、褐土、风沙土；有效钼排序：风沙土、潮土、粗骨土、棕壤、褐土、砂姜黑土；有效铜排序：风沙土、粗骨土、褐土、潮土、棕壤、砂姜黑土；有效锰排序：潮土、棕壤、粗骨土、砂姜黑土、风沙土、褐土；有效铁排序：风沙土、潮土、棕壤、粗骨土、砂姜黑土、褐土(注：风沙土种植作物多为多年生梨树)。

第四节　土壤微量元素含量相关性分析

表 10-5 是莱阳市土壤微量元素有效态含量相关关系的矩阵。在相关关系矩阵中，有效铁、有效锌、有效硼三者表现出极显著的相关关系；有效钼只和有效硼、有效铜有显著相关关系，其他的都不相关。有效锰只和有效铁有显著相关关系，其他的都不相关。有效铜只和有效锌、有效钼有显著相关关系，其他的都不相关。

有效铁与有效锌、有效锰有正相关关系，相关系数分别为 0.14、0.56，与有效硼有负相关关系，相关系数是－0.17。有效钼和有效硼、有效铜有显著相关关系，相关系数分别是 0.1、－0.1。有效锰和有效铁有显著相关关系，相关系数分别是 0.56。有效铜只和有效锌、有效钼有显著相关关系，相关系数分别是 0.37、－0.1。

表 10-5　　耕层土壤微量元素有效态含量相关性分析

项　目	pH	有机质	有效锌	水溶态硼	有效钼	有效铜	有效锰	有效铁
有效锌	－0.02	0.12**	1	0.14**	0.03	0.37**	0.04	0.14**
水溶态硼	－0.02	0.12**	0.14**	1	0.10*	0.07	－0.04	－0.17**
有效钼	－0.01	－0.01	0.03	0.10*	1	－0.10*	0.07	0.01
有效铜	0.01	－0.06	0.37**	0.07	－0.10*	1	0.01	0.04
有效锰	0.08	0.01	0.04	－0.04	0.07	0.01	1	0.56**
有效铁	0.02	－0.04	0.14**	－0.17**	0.01	0.04	0.56**	1

注：* 表示 0.01 水平显著；* * 表示 0.05 水平显著。

第五节　耕层土壤微量元素含量总体评价

耕层土壤各种微量元素有效态含量状况如图 10-1 所示。

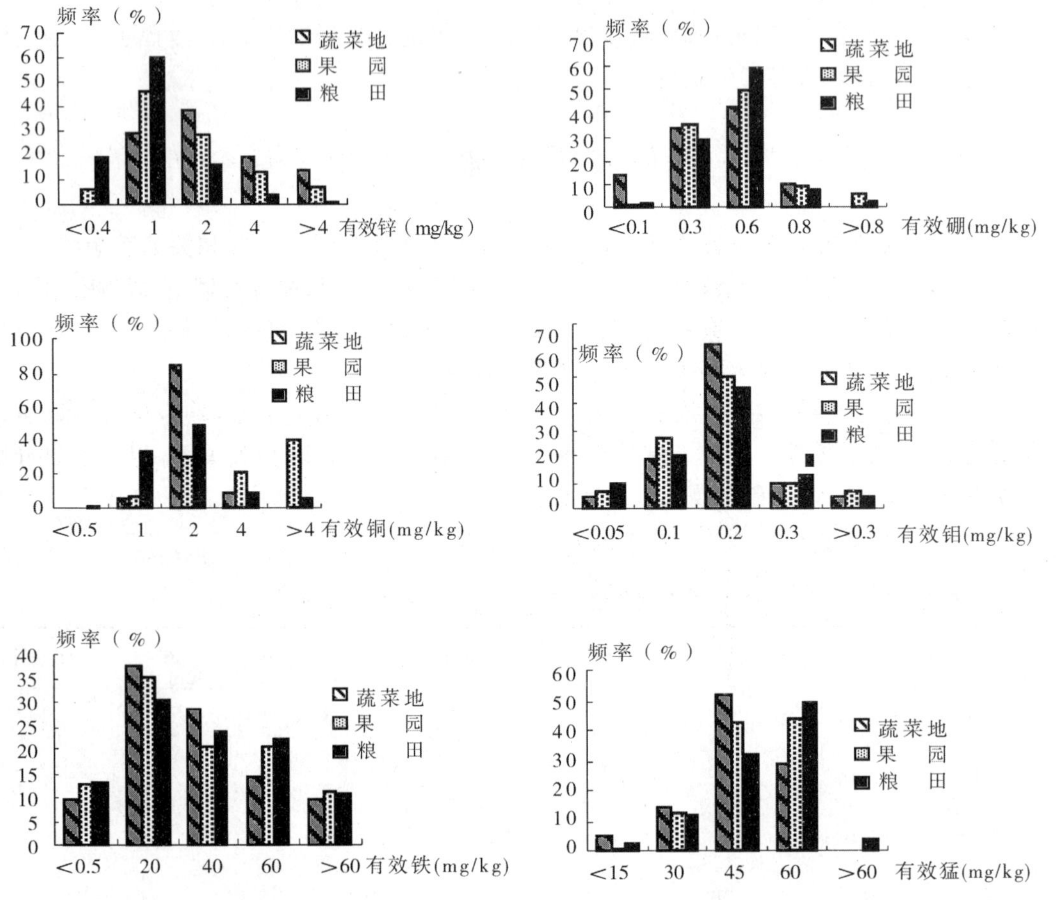

图 10-1　耕层土壤各种微量元素有效态含量状况分布图

当土壤中有效锌含量低于 1mg/kg 时，说明土壤十分缺乏锌。总体来看，莱阳市所有耕地缺锌严重，蔬菜地、粮田、果园土壤有效锌含量平均为 1.92mg/kg、0.82mg/kg 和 1.42mg/kg。其中蔬菜地土壤缺锌比例约占 66%；粮田为极缺乏，约占 95%；果园为缺，约占 80%。

当土壤中有效硼含量低于 0.5mg/kg 时，说明土壤十分缺乏硼肥，应该施用硼肥。一旦施用硼肥，对作物产量与品质就会明显提高与改善。总体来看，全市所有耕地缺硼严重，蔬菜地、果园、粮田土壤有效硼含量平均为 0.35mg/kg、0.4mg/kg 和 0.4mg/kg。其中蔬菜地处于中等偏下水平，约占 90%；粮田极缺，约占 89%；果园极缺，占 85%。

当土壤有效钼含量低于 0.2mg/kg 时，说明土壤缺乏钼。总体来看，全市所有耕地缺钼严重，蔬菜地、粮田、果园土壤有效钼含量平均为 0.15mg/kg。其中蔬菜地缺钼比例约占 86%，粮田约占 75%，果园约占 83%。

当土壤有效铜含量低于 0.2mg/kg 时，说明土壤缺乏铜。总体来看，全市所有耕地铜含量丰富，蔬菜地、粮田、果园土壤有效铜含量平均为 1.59mg/kg、1.56mg/kg 和 4.06mg/kg。其中蔬菜地有效铜丰富比例约占 95%，粮田约占 65%，果园约占 93%。

当土壤有效锰含量低于 15mg/kg 时，说明土壤缺乏锰。总体来看，全市所有耕地锰含量丰富，蔬菜地、粮田、果园土壤有效锰含量平均为 37.53mg/kg、43.05mg/kg 和 40.12mg/kg。其中蔬菜地锰丰富比例约占 95%，粮田约占 98%，果园约占 99%。

当土壤有效铁含量低于 4.5mg/kg 时，说明土壤缺乏铁。总体来看，全市所有耕地铁含量丰富，蔬菜地、粮田、果园土壤有效铁含量平均为 27.43mg/kg、29.48 和 28.58mg/kg。其中蔬菜地有效铁丰富比例约占 90%，粮田约占 87%，果园约占 88%。

第六节 土壤微量元素有效性变化原因分析

莱阳市土壤中有效态微量元素的变化较大，有效铜、有效锰、有效铁极其丰富，有效锌、有效钼和有效硼则表现极为匮乏，其原因主要有三条。

一、单纯重视化学肥料的施用

改革开放后，由于实行家庭联产承包责任制，土地的经营权分散到了各个农户，极大地提高了农民种植的积极性。为了提高土地收益，单纯重视氮、磷、钾肥料的投入而忽视了微量元素的施用，致使果园、蔬菜地缺锌、缺硼情况频繁发生。

二、土壤性质的变化

土壤性质的变化是土壤中有效态微量元素变化的一个不可忽视的原因。土壤中酸碱度的改变、有机质含量的增加和有效磷含量的大幅度提高，还有土壤物理性质的变化都给土壤微量元素的有效性带来不同程度的影响。

三、作物产量的提高与农药的大量应用

近年来，作物单产提高幅度很大，增速较快，土壤微量元素通过作物秸秆与籽粒大量带出农田，同时有机肥施用量与秸秆还田量严重不足，施肥补充的仅是氮、磷、钾元素，造成部分微量元素得不到及时补充，表现为缺乏甚至极缺。此外，大量的假冒硼砂、假冒锌肥等充斥农资市场，形成“虚补”现象。

果园、菜园中，代森锰锌、波尔多液等农药的大量应用，对土壤中有效铜、有效锰的养分变化起到了极大地推进作用。

第七节 可持续利用措施

一、因地制宜，合理布局农作物

针对作物对微量元素的敏感程度，选择作物的种植区域，如对某种微量元素特别敏感的作物，尽量不种植在特别缺乏这种微量元素的土壤上。玉米不种植在缺锌的土壤上，蔬菜可选择种植在含硼较高的田地里，缺锰的土地上不种植禾本科作物，此外还有豆科作物对钼、硼敏感等，都应予以考虑。要因地制宜，在适合的土壤上合理种植农作物。

二、加大测土配方施肥技术推广力度，缺素补素，科学施肥

化肥工业尚未问世以前，植物营养体系是一种低水平的物质循环，莱阳市传统的有机农业延续了几千年，有较好的地力基础。18 世纪以后，在施用有机肥的基础上发展了化学肥料的施用，特别是近 20 多年来，氮、磷、钾化肥的施用量急剧增加，农业生产维持在高位运行，而随作物带走的中微量元素养分并没有能够得到系统的补给，严重影响了地区间、作物间的产量平衡，成为制约农业持续增产的主要因素之一。虽然近年来莱阳市部分区域土壤微量元素含量出现了上升的势头，但缺乏的类型多、面积大，尤其是有效硼、有效锌缺乏面积达 80%以上，因此，必须加大测土配方施肥技术推广力度，将重视微量元素肥料的施用提高到一个新的高度。在制定测土配方施肥专用肥配方时，针对作物、土种、区域的不同，要考虑微量元素的添加，以保证养分的平衡。

常用的锌肥主要是硫酸锌，硼肥主要是硼砂、硼酸，钼肥主要是钼酸铵，此外还有一些氨基酸态、络合态叶面肥。硫酸锌、硼砂、硼酸和钼酸铵可用来基施、追肥、浸种、蘸根和叶面喷施，以叶面喷施效果最佳，作物吸收利用率高，简便易行。硫酸锌基施用量为 22～45kg/hm^2，硼砂基施用量为 15～30kg/hm^2，钼酸铵基施用量为 2kg/hm^2。上述肥料叶面喷施浓度为 0.2%～0.5%。

三、开展微量元素监测与研究

各种微量元素从缺乏到过量的临界范围很窄，缺乏或过量都可能对农作物产生严重危害，甚至会对人畜产生毒害，因此，探索测土配方施肥的长效机制，掌握土壤有效微量元素的动态变化，不断更新对土壤的认识评价，对于农业生产，特别是作物的种植就显得尤为重要。同时，对耕地土壤微量元素的养分状况进行调查及养分动态情况进行监控，对历年土壤资料收集汇总，逐步建立较为全面的土壤养分档案，也将为微量元素的施用提供有效数据。因此，根据不同土壤类型、不同作物、不同区域，选取具有代表性的田地进行定期植株营养诊断、对比分析，找出影响作物生长的限制因素，并进行微肥肥效试验示范，逐步校正施肥方案，是获得高产的主要措施之一。

四、增施有机肥，培肥地力

有机肥料作为维持土壤微量元素肥力的一个重要养分补给源，不可忽视。有机肥中

含有多种微量元素，不仅直接供给土壤微量元素养分，促进农业的可持续发展，同时还可以改变土壤环境，增加微量元素的有效性。因此，要继续增施有机肥，大力推广秸秆还田，大力推广应用有机、无机复混肥。

五、注意改善土壤环境

土壤微量元素供应不足，往往是由于土壤环境条件的影响。土壤的酸碱性是影响微量元素有效性的首要因素，其他还有土壤质地、土壤水分、土壤氧化还原状况等因素。为彻底解决微量元素缺乏问题，在补充微量元素养分的同时，注意改善土壤环境条件，消除缺乏微量元素的土壤因素，为根部吸收养分创造一个良好的环境。

第十一章　测土配方施肥指标体系建设

第一节　土壤定位监测点养分动态分析

2007 年，莱阳市农业局在全市 9 个镇（街道办事处）的 20 个村庄建立定位监测点 20 处，经过 5 年的连续定位取样化验分析，发现土壤养分情况发生了不同程度的改变。

一、2007 年定位检测点土壤养分监测情况

共设果树定位监测点 2 处，分别位于柏林庄镇北小平村和古柳街道办事处西赵疃村，土壤化验情况如表 11-1 所示。

表 11-1　　2007 年莱阳市果树定位监测点土壤养分结果表

作物	编号	有机质(g/kg)	碱解氮(mg/kg)	有效磷(mg/kg)
果树	1	7.15	53	38
果树	2	8.25	58	36
平均	7.7	55.5	37	

共设大田作物定位监测点 18 处，土壤化验情况如表 11-2 所示。

表 11-2　　2007 年莱阳市大田作物定位监测点土壤养分结果表

编号	有机质(g/kg)	碱解氮(mg/kg)	有效磷(mg/kg)	速效钾(mg/kg)	pH
3	12.35	68	38	115	7.4
4	9.15	60	28	112	6.8
5	9.62	63	31	125	6.8
6	8.95	52	20	94	6.7
7	6.38	46	16	78	6.9
8	7.65	56	21	89	6.7
9	8.21	52	23	86	6.8

续表

编号	有机质(g/kg)	碱解氮(mg/kg)	有效磷(mg/kg)	速效钾(mg/kg)	pH
10	8.95	54	25	81	6.9
11	7.35	49	21	76	6.7
12	10.1	61	26	105	6.6
13	10.3	56	31	98	6.7
14	7.1	42	29	95	6.8
15	9.86	62	35	109	6.7
16	6.38	41	16	76	6.6
17	8.23	52	23	96	6.7
18	7.65	57	32	105	6.9
19	7.79	52	20	93	6.8
20	9.56	62	28	106	6.8
平均	8.64	55	26	97	6.8

二、2011 年定位检测点土壤养分监测情况

2011 年莱阳市果树定位监测点土壤养分监测情况如表 11-3 所示。

表 11-3 2011 年莱阳市果树定位监测点土壤养分结果表

编号	有机质(g/kg)	碱解氮(mg/kg)	有效磷(mg/kg)	速效钾(mg/kg)	pH
1	7.35	58	45	158	6.7
2	8.6	60	42	138	6.6
平均	7.98	59	43.5	148	6.65

2011 年，对 18 处大田作物定位监测点进行取样化验，土壤化验情况如表 11-4 所示。

表 11-4 2011 年莱阳市大田作物定位监测点土壤养分结果表

编号	有机质(g/kg)	碱解氮(mg/kg)	有效磷(mg/kg)	速效钾(mg/kg)	pH
3	12.5	71	39	118	7.4
4	9.21	62	30	118	6.8
5	9.65	64	35	131	6.8

续表

编号	有机质(g/kg)	碱解氮(mg/kg)	有效磷(mg/kg)	速效钾(mg/kg)	pH
6	8.9	54	24	97	6.7
7	6.37	47	19	79	6.9
8	7.7	55	25	90	6.7
9	8.4	54	28	88	6.8
10	9.06	58	27	83	6.9
11	7.37	50	26	78	6.7
12	10.2	62	29	103	6.6
13	10.3	57	35	97	6.7
14	7.3	44	34	98	6.8
15	10.2	66	41	112	6.7
16	6.4	40	19	79	6.6
17	8.3	51	27	95	6.7
18	7.6	58	35	106	6.9
19	7.8	52	23	90	6.8
20	9.6	63	32	108	6.8
平均	8.7	56	29.3	98.3	6.8

三、定位监测点土壤养分动态变化分析

2007～2011 年果树定位监测点土壤养分动态变化如表 11-5 所示。

表 11-5 果树定位监测点土壤养分动态变化分析表

时　间	有机质(g/kg)	碱解氮(mg/kg)	有效磷(mg/kg)	速效钾(mg/kg)	pH
2007 年平均	7.7	55.5	37	130.5	6.7
2011 年平均	8	59	43.5	148	6.65
变化	0.3	3.5	6.5	17.5	－0.05
变化幅度(%)	3.9	6.3	17.6	13.4	－0.7
平均年变化幅度(%)	1.3	2.1	5.9	4.5	－0.2

可以看出，果园土壤养分各指标中，有效磷的增长幅度是最快的，平均年增加 3.17mg/kg，平均年增幅 5.9%；其次是速效钾的增长幅度较快，平均年增加 5.8mg/kg，

年增幅 4.5%；有机质和碱解氮增长缓慢，分别年增加 0.1g/kg 和 1.2mg/kg，分别年增幅 1.3%和 2.1%；土壤 pH 有微小的波动，平均年减少 0.02，平均年减幅 0.2%

2007～2011 年大田作物定位监测点土壤养分动态变化如表 11-6 所示。

表 11-6　　大田作物定位监测点土壤养分动态变化分析表

时　间	有机质(g/kg)	碱解氮(mg/kg)	有效磷(mg/kg)	速效钾(mg/kg)	pH
2007 年平均	8.64	55	26	97	6.8
2011 年平均	8.7	56	29.3	98.3	6.8
变化	0.06	1	3.3	1.3	0
变化幅度(%)	0.7	1.8	12.7	1.3	0
平均年变化幅度(%)	0.2	0.6	4.2	0.4	0

可以看出，大田粮油作物土壤养分各指标中，有效磷的增长幅度最快，平均年增加 1.1mg/kg，平均年增幅 4.2%；其次是碱解氮的增长幅度较快，平均年增加 0.3mg/kg，年增幅 0.6%；有机质和速效钾增长缓慢，分别年增加 0.02g/kg 和 0.4mg/kg，分别年增幅 0.2%和 0.4%；土壤 pH 基本保持稳定。

果园各项土壤养分增长速度明显快于大田作物，其中增长较快的依次为有效磷、速效钾、碱解氮和有机质；大田作物土壤养分增长速度较为缓慢，其中增长较快的依次为有效磷、碱解氮、速效钾和有机质；从土壤 pH 情况来看，果园土壤有微弱的逐年酸化倾向，大田作物土壤 pH 基本保持稳定。

第二节　主要作物配方施肥指标体系

2007 年，莱阳市被确定为国家级测土配方施肥项目县，2008 年为续建县，2009～2011 年为巩固县。按照农业部对项目的要求，结合全市实际情况，坚持“政府主导，企业参与，农民受益，大胆创新，稳步推进”的原则，以小麦、玉米、花生等粮油作物为重点，兼顾果树、蔬菜等经济作物，围绕“采土、测土、配方、配肥、供肥、施肥指导”六个环节，组织实施了测土配方施肥项目。

五年来共采集土壤、植株样品 7600 个，完成农户基本情况调查表 7600 份，农户施肥情况调查表 7600 份。在全市安排“3414”试验 47 处，技术人员对试验安排和田间考察精益求精，力求试验数据精确齐全。完成校正试验示范 45 处，各类大田示范 60 余处。示范面积为 $3500hm^2$，推广面积为 $8000hm^2$。

技术人员根据土壤化验和试验示范结果，完成了各处试验的整理、分析，修正了各项施肥参数。初步建立了小麦、玉米、花生、苹果、茌梨的施肥指标体系，分析总结了适合当地作物的各项营养元素施肥量，以指导农民进行科学施肥。

一、小麦丰缺指标及最佳施肥量

小麦丰缺指标如表 11-7 所示。

表 11-7　　莱阳市麦田耕层土壤养分丰缺指标

检测指标	高	中	低
有机质(g/kg)	≥10	7～10	<7
碱解氮(mg/kg)	≥60	50～60	<50
速效磷(mg/kg)	≥30	20～30	<20
速效钾(mg/kg)	≥100	75～100	<75

小麦不同生产条件下的最佳施肥量如表 11-8 所示。

表 11-8　　小麦不同生产条件下的最佳施肥量

目标产量（$kg/667m^2$）	推荐施肥量($kg/667m^2$)						
	N	P_2O_5			K_2O		
		土壤有效磷(mg/kg)			土壤速效钾(mg/kg)		
		<20	20～30	>30	<75	75～100	>100
350	8～10	8	7	3	5	3	0
450	10～12	9	8	5	7.5	5.5	3
550	12～14	10	9	7	10	8	6

二、玉米丰缺指标及最佳施肥量

玉米丰缺指标如表 11-9 所示。

表 11-9　　莱阳市玉米耕层土壤养分丰缺指标

检测指标	高	中	低
有机质(g/kg)	≥10	7～10	<7
碱解氮(mg/kg)	≥60	50～60	<50
速效磷(mg/kg)	≥30	20～30	<20
速效钾(mg/kg)	≥100	75～100	<75

玉米不同生产条件下的最佳施肥量如表 11-10 所示。

表 11-10　　玉米不同生产条件下的最佳施肥量

目标产量（kg/667m²）	推荐施肥量(kg/667m²)						
	N	P_2O_5			K_2O		
		土壤有效磷(mg/kg)			土壤速效钾(mg/kg)		
		<20	20～30	>30	<75	75～100	>100
400	11～12	3	0	0	3	0	0
550	13～15	4	3	0	7	5	4
700	16～17	6	5	4	10	8	7

三、花生丰缺指标及最佳施肥量

花生丰缺指标如表 11-11 所示。

表 11-11　　莱阳市花生田耕层土壤养分丰缺指标

检测指标	高	中	低
有机质(g/kg)	≥11	8～11	<8
碱解氮(mg/kg)	≥60	50～60	<50
速效磷(mg/kg)	≥35	25～35	<25
速效钾(mg/kg)	≥120	80～120	<80

花生不同生产条件下的最佳施肥量如表 11-12 所示。

表 11-12　　花生不同生产条件下的最佳施肥量

目标产量（kg/667m²）	推荐施肥量(kg/667m²)						
	N	P_2O_5			K_2O		
		土壤有效磷(mg/kg)			土壤速效钾(mg/kg)		
		<20	20～30	>30	<75	75～100	>100
200	7～8	5	4	2	6	5	2
300	9～10	7	5.5	3	9	7.5	6
400	10～13	9	7	5	12	10	9

四、苹果丰缺指标及最佳施肥量

苹果丰缺指标如表 11-13 所示。

表 11-13 莱阳市苹果园耕层土壤养分丰缺指标

检测指标	高	中	低
有机质(mg/kg)	≥13	10～13	<10
碱解氮(mg/kg)	≥80	60～80	<60
速效磷(mg/kg)	≥80	40～80	<40
速效钾(mg/kg)	≥200	100～200	<100

苹果不同生产条件下的最佳施肥量如表 11-14 所示。

表 11-14 苹果不同生产条件下的最佳施肥量

目标产量（kg/667m²）	推荐施肥量(kg/667m²)						
	N	P_2O_5			K_2O		
		土壤有效磷(mg/kg)			土壤速效钾(mg/kg)		
		<40	40～80	≥80	<100	100～200	≥200
1500	27～30	15	10	5	21	16	11
2500	40～45	25	15	7	36	28	20
3500	60～65	35	25	15	45	36	28

第三节 测土配方施肥技术应用

莱阳市自 2007 年测土配方施肥项目实施以来，累计推广测土配方施肥 $1.67\times10^5hm^2$。其中，小麦配方施肥 $8.33\times10^4hm^2$，亩均增产 41.25kg，增幅 11.8%，亩减不合理施肥 1.28kg，亩均增产节支 74.1 元；玉米配方施肥 $6.53\times10^4hm^2$，亩均增产 22.4kg，增幅 5.5%，亩减不合理施肥 3.12kg，亩均增产节支 55.82 元；花生配方施肥 $2.13\times10^4hm^2$，亩均增产 19.98kg，增幅 6.55%，亩减不合理施肥 1kg，亩均增产节支 62.93 元。总增产作物 7.99 万吨，总减少不合理施肥 4977 吨，总增产节支 16747 万元。

一、玉米测土配方施肥节本增效情况分析

对 2007～2011 年玉米示范结果整理分析表明：

2007 年，测土配方施肥区比习惯施肥区亩增产 18kg，增产幅度 4%，亩增产增收 28.8 元，配方施肥区比习惯施肥区亩减少不合理施肥 3.3kg，亩节支 16.5 元，平均亩节本增收 45.3 元。

2008 年，测土配方施肥区比习惯施肥区亩增产 28.5kg，增产幅度 6.4%，亩增产增收 45.6 元，配方施肥区比习惯施肥区亩减少不合理施肥 4kg，亩节支增收 15.7 元，平均亩节本增收 61.3 元。

2009 年，测土配方施肥区比习惯施肥区亩增产 27kg，增产幅度 6.2%，亩增产增收 43.2 元，配方施肥区比习惯施肥区亩减少不合理施肥 3.1kg，亩节支增收 23.6 元，平均亩节本增收 66.8 元。

2010 年，测土配方施肥区比习惯施肥区亩增产 22kg，增产幅度 5.8%，亩增产增收 35.2 元，配方施肥区比习惯施肥区亩减少不合理施肥 3.4kg，亩节支增收 25.5 元，平均亩节本增收 60.7 元。

2011 年，测土配方施肥区比习惯施肥区亩增产 16.5kg，增产幅度 5.1%，亩增产增收 39.6 元，配方施肥区比习惯施肥区亩减少不合理施肥 1.8kg，亩节支增收 5.4 元，平均亩节本增收 45 元。

五年来，玉米测土配方施肥区比习惯施肥区平均亩增产 22.4kg，平均增产幅度 5.5%，平均亩增产增收 38.48 元，配方施肥区比习惯施肥区平均亩减少不合理施肥 3.12kg，亩节支 17.3 元，平均亩节本增收 55.82 元。

二、小麦测土配方施肥节本增效情况分析

对 2008～2011 年小麦示范结果整理分析表明：

2008 年，测土配方施肥区比习惯施肥区亩增产 47kg，增产幅度 13.8%，亩增产增收 70.5 元，配方施肥区比习惯施肥区亩减少不合理施肥 1kg，亩节支增收 3.4 元，平均亩节本增收 73.9 元。

2009 年，测土配方施肥区比习惯施肥区亩增产 45kg，增产幅度 12.7%，亩增产增收 67.5 元，配方施肥区比习惯施肥区亩减少不合理施肥 1.3kg，亩节支增收 3.2 元，平均亩节本增收 70.7 元。

2010 年，测土配方施肥区比习惯施肥区亩增产 41kg，增产幅度 11.5%，亩增产增收 73.8 元，配方施肥区比习惯施肥区亩减少不合理施肥 1.2kg，亩节支增收 2.8 元，平均亩节本增收 76.6 元。

2011 年，测土配方施肥区比习惯施肥区亩增产 32kg，增产幅度 9.2%，亩增产增收 70.4 元，配方施肥区比习惯施肥区亩减少不合理施肥 1.6kg，亩节支增收 4.8 元，平均亩节本增收 75.2 元。

四年来，小麦测土配方施肥区比习惯施肥区平均亩增产 41.25kg，平均增产幅度 11.8%，平均亩增产增收 70.55 元，配方施肥区比习惯施肥区平均亩减少不合理施肥 1.28kg，亩节支 3.55 元，平均亩节本增收 74.1 元。

三、花生测土配方施肥节本增效情况分析

对 2008～2011 年花生示范结果整理分析表明：

2008 年，测土配方施肥区比习惯施肥区亩增产 19.3kg，增产幅度 6.2%，亩增产增收 57.9 元，配方施肥区比习惯施肥区亩减少不合理施肥 0.5kg，亩节支增收 1.5 元，平均亩

节本增收 59.4 元。

2009 年,测土配方施肥区比习惯施肥区亩增产 20.8kg,增产幅度 6.5%,亩增产增收 62.4 元,配方施肥区比习惯施肥区亩减少不合理施肥 1kg,亩节支增收 3 元,平均亩节本增收 65.4 元。

2010 年,测土配方施肥区比习惯施肥区亩增产 18.2kg,增产幅度 6.7%,亩增产增收 54.6 元,配方施肥区比习惯施肥区亩减少不合理施肥 1kg,亩节支增收 3 元,平均亩节本增收 57.6 元。

2011 年,测土配方施肥区比习惯施肥区亩增产 21.6kg,增产幅度 6.8%,亩增产增收 64.8 元,配方施肥区比习惯施肥区亩减少不合理施肥 1.5kg,亩节支增收 4.5 元,平均亩节本增收 69.3 元。

四年来,花生测土配方施肥区比习惯施肥区平均亩增产 19.98kg,平均增产幅度 6.55%,平均亩增产增收 59.93 元,配方施肥区比习惯施肥区平均亩减少不合理施肥 1kg,亩节支 3 元,平均亩节本增收 62.93 元。

测土配方施肥是农民用肥观念的一场重大变革,农民科学施肥意识显著者高,增加了作物产量,降低了氮、磷投入和氮素养分流失到环境中的程度,极大地改善了农业面源污染问题。通过广泛深入地开展"测、配、产、供、施"一条龙的服务,面对面的培训与指导,农民切实得到了实惠。农民对测土配方施肥技术有了深入认识,形成了社会性的科学施肥共识,国家的惠农政策更加深入人心。

第四节　主要作物肥料配方

确定科学合理的肥料配方是测土配方施肥工作的重要环节,也是测土配方施肥技术的具体体现。将田间土壤样品测定的大量数据进行优化,按照不同地区养分分布的特点和作物对养分的吸收规律,设计出适宜区域作物的肥料配方,并结合测土配方施肥技术指标体系进行区域配肥,将配方肥应用到农田是测土配方施肥的最终目的。近年来,随着计算机技术和信息技术的快速发展与广泛应用,施肥配方趋向系列化、多样化,灵活性、适应性、可操作性更强,区域配肥和推荐施肥技术发挥的作用将更大。

肥料配方设计是在运用全球卫星定位系统进行土壤采样与测试的基础上,综合考虑行政区划、土壤类型、土壤质地、气象条件、种植结构、作物需肥规律等因素,借助信息技术生成区域性土壤养分空间变异图和县域施肥分区,优化设计不同分区的肥料配方。

一、肥料配方设计的基本环节

(一)GPS 定位指导下的土壤样品采集

土壤样品采集要使用 GPS 定位,采样点的空间分布应相对均匀,大约每百亩采集一个土壤样品,先在土壤图上大致确定采样位置,然后在标记位置附近采集多点混合土样。

1. 区域土壤采样点的确定

根据研究区域的地形,设计区域采样点的布置方法,根据研究区域面积和拟采样点数目设置取样间距。莱阳市地貌类型复杂,点位的代表性差,合理布点尤为重要。根据土壤类型、土壤母质类型、作物种类、种植方式等,在全市1∶50000的土壤图上按照土种分布、点位空间距离进行了详细、认真地布点。区域土壤采样点的布置和采样点数目决定了GIS分析的精确度,是整项工作的基础。

2.田间采样

采样点位置确定后,采样是否具有代表性也是决定分析结果的关键因素之一。利用GPS记录采样点的地理坐标,每个样点以坐标点为圆心,在周边10m范围内,采集不少于15个点位,混合为1个基础农化。土样采样深度:粮田为0～20cm,蔬菜地为0～25cm,果园为0～40cm。

(二)土壤测试与土壤养分空间数据库的建立

将土样带回化验室中风干测定土壤养分。土壤养分含量的测定应该按规范的标准步骤进行,一个点的土壤养分含量的差异可能会导致整个区域土壤养分图出现偏差。土壤样品及时处理化验后,将土壤测试数据和空间位置建立对应关系,形成空间数据库,以便于能在GIS中进行分析。

(三)土壤养分分区图的制作

基于区域土壤养分分级指标,以地理信息系统为操作平台,使用Krigging等方法进行土壤养分空间插值,制作土壤养分分区图。

1.地理信息系统

地理信息系统是20世纪60年代开始迅速发展起来的地理学研究新技术。地理信息系统的定义由两个部分组成:一方面,地理信息系统是一门科学,是描述、存储、分析和输出空间信息的理论和方法的一门新兴交叉学科;另一方面,地理信息系统是一个技术系统,是以地理空间数据库为基础,采用地理模型分析方法,适时提供多种空间的动态地理信息,为地理研究和地理决策服务的计算机技术系统。其基本特点是以图层的形式储存各类空间数据,不同的图层相互叠加形成完整的地理地图。

2.土壤养分图的制作

对于土壤有机质、氮、磷、钾、锌、硼、钼等养分数据,首先按照野外实际调查点进行整理,建立了以各养分为字段、以调查点为记录的数据库,之后进行了土壤采样点图与分析数据库的连接,在此基础上对各养分数据进行自动的插值处理。

在测土配方施肥工作中,土壤养分图的用途主要是为了直接服务于区域配肥,因此,土壤养分的分级应以土壤养分丰缺指标为依据,不需要为了突出空间变异而划分过多等级。

(四)分区配方制定与施肥推荐

根据土壤养分的空间分布特点,结合作物养分需求规律以及施肥决策系统,生成县域施肥分区图和分区域的肥料配方。设计配方时,应掌握三项技术原则。

1.区域氮素总量控制与分期调控

土壤氮素具有总体稳定和局部变异的双重特点。依据前者,可将一定区域范围内作物全生育期氮肥施用总量控制在一个合理的范围内;依据后者,可以在这个范围的基础上,根据作物氮素吸收规律,对不同生育期的氮肥用量进行分配。结合已有的研究结果,可以从三个方面实现区域氮素的总量控制、分期调控:一是通过长期定位试验和多年多点的分散肥料试验的汇总，确定一定区域范围内作物平均施氮量。二是通过一定区域农田生态系统氮素平衡来确定作物氮肥供应总量。对于农田生态系统来说，氮素的输入项主要包括化肥、有机肥（包括秸秆还田）、环境氮素（包括大气沉降、灌溉水、生物固氮等）、种子及秧苗带入的氮素；氮素的输出主要包括收获作物带走的氮素和氮素损失量两个部分，其中氮素损失又包括氮素淋洗、铵挥发和硝化反硝化损失等。三是通过作物目标产量和氮素吸收总量确定一定区域内氮素施用总量。

2. 区域磷、钾恒量监控

与土壤氮素变异特征不同，土壤磷、钾具有连续变异的特点，这一变异的大小和方向由磷肥、钾肥施用量和作物需求量之间的动态平衡决定。因此，可以根据一定区域范围内土壤有效磷、速效钾的测试值和作物多年施肥的反应，确定较长时段（一般为3～5年）磷、钾的相对恒定用量，将作物根层土壤有效磷、速效钾水平构建或保持在一个适宜的水平上，该水平既可以满足高产优质作物对磷、钾供应的需求，又避免过量投入造成的资源浪费。具体来讲，当土壤有效磷、速效钾处于较低水平时，区域磷、钾管理的目标除增加作物产量，还应稳步提高土壤有效磷、速效钾的水平，故磷、钾肥用量要投入大于产出；当土壤有效磷、速效钾处于适宜水平时，区域磷、钾管理的目标应为增加作物产量以及维持土壤有效磷、速效钾水平，故磷、钾肥用量投入等于产出；当作物根层土壤有效磷、速效钾处于较高水平时，区域磷、钾管理的目标应为控制磷、钾肥用量，逐年降低土壤有效磷、速效钾含量，直至适宜水平，故磷、钾肥用量投入小于产出。

在农业生产中，磷、钾肥一般作为基肥一次性施入，磷、钾分期调控主要考虑轮作周期内磷、钾分配比例。在区域磷、钾分期调控中，不能仅仅考虑小麦或玉米当季作物，而应将小麦—玉米轮作周期的磷、钾全面考虑，统一运筹。小麦对磷敏感，可66%左右的磷肥用在小麦上，34%左右的磷肥用在玉米上；钾则相反，可将40%左右的钾肥用在小麦上，60%左右的钾肥用在玉米上。

3. 区域中微量元素的因缺补施

土壤大都存在某种或几种微量元素缺乏的问题。微量元素施肥原则与大量元素不同，在确定了土壤丰缺临界值的基础上，一般微肥用量相对固定。因此，可以通过土壤测试或田间缺素试验确定区域土壤的微量元素缺乏程度。

二、莱阳市主要作物配方肥配方（见表11-15）

表11-15　主要作物配方肥配方

适用作物	配方 ($N-P_2O_5-K_2O$)	总含量(%)	推荐施用范围
小麦	18—10—18	45	高产小麦区
	16—16—13	45	中产小麦区
	15—20—5	40	低产小麦区

续表

适用作物	配方 ($N-P_2O_5-K_2O$)	总含量(%)	推荐施用范围
玉米	25—8—12 25—6—9	45 40	高产玉米区 一般类型区
花生	13—11—21 14—12—16	45 42	中磷低钾区 一般类型区 幼龄果园
丰产果园	18—20—10 15—10—20 12—8—10 有机质 20	48 45 30 有机质 20	一般类型区 高磷低钾区 高磷高钾区 大田叶菜类蔬菜
大田茄果类蔬菜	25—10—10 15—10—17 14—6—10 有机质 20	45 42 30 有机质 20	一般类型区 一般类型区 高磷高钾区

三、主要作物栽培技术月历

莱阳市冬小麦栽培技术月历如表 11-16 所示。

表 11-16 莱阳市冬小麦栽培技术月历

时 间	管理技术	操 作 要 点
9 月 中下旬	准备良种	烟农 19(强筋)、21、23、24,济麦 20(强筋)、21,良星 99、66,青丰 1 号等
	整地施基肥	注意多投入有机肥,培肥地力。有条件的地方在玉米收获时实施秸秆机械粉碎还田。一般每亩应施优质有机肥 1500kg 以上。每亩施尿素 13.5～17kg,二铵 10～12kg,氯化钾 15kg。或施 17－11－17 配方肥 40～50kg,硫酸锌 1～1.5kg。秸秆还田的地块多施尿素 5～7.5kg。或根据产量水平选用相应配方肥。有机肥和化肥均匀撒于地表,及时深耕 30cm。精耙平整
10 月 上旬	播种	适宜播期为 10 月 1 日～10 日。建议采用精量半精量播种技术。精播地块每亩播 4～8kg,半精播地块每亩播 6～7.5kg,晚播地块(10 月 20 日后播)或分蘖力差的品种每亩播 7.5～10kg。有条件的地方可首选机械肥种同播技术。为防止蝼蛄、蛴螬等地下害虫,播前可选用 40%甲基异柳磷或 35%甲基硫环磷按种子量的 0.1%～0.2%拌种。为防苗期病害,可用 2%立克秀,或 20%粉锈宁拌种,用药量为种子的 0.15%

续表

时 间	管理技术	操 作 要 点
11月 中下旬	田间管理	对越冬前墒情不足、土壤基础肥力低、群体小的地块，可在气温降至2℃～5℃时，灌越冬水
3月 中上旬	田间管理	一般在起身—拔节期追肥浇水。旺苗徒长田块适当晚追。每亩可追尿素10～15kg。返青期及时划锄镇压，增温保墒。旺长麦田或植株偏高的品种，可于起身期亩施壮丰安30～40mL，兑水30kg喷雾
4月到5月	田间管理	一喷三防技术：在小麦生长的中后期，即孕穗至灌浆期，将杀虫剂、杀菌剂、预防干热风的植物生长调节剂、微肥、抗旱剂等混配，叶面喷施，一次施药可达到防虫、防病、防干热风、抗倒伏等目的。小麦生育后期常发生的病虫害有白粉病、锈病、蚜虫，一喷三防的药剂可为亩用15%三唑酮可湿性粉剂80～100g，10%吡虫啉可湿性粉剂10～15g，0.2%～0.3%磷酸二氢钾100～150g兑水50kg，叶面喷施。在开花至灌浆初期，墒情不足时及时浇水，浇水量$40m^3/667m^2$
6月中旬	收获	进入蜡熟期及时收获。建议留高茬，推广秸秆还田

莱阳市夏玉米栽培技术月历如表11-17所示。

表11-17　莱阳市夏玉米栽培技术月历

时 间	管理技术	操 作 要 点
5月	准备良种	按市场需求、生产目标和气候条件选择如农大108、郑单958、鲁单981、浚单22、登海9号、农大3138、高油115、豫玉22等适合本区域大范围种植的优质高产国审、省审品种
6月 上中旬	整地施肥	夏播玉米一般不施有机肥，可利用冬小麦有机肥的后效。夏玉米化肥用量每亩施纯N 8～12kg，P_2O_5 6～9kg，K_2O 8～10kg。在缺锌土壤每亩施$ZnSO_4$ 1～1.5kg。磷肥、钾肥全部基施，氮肥40%基施。使用玉米专用长效控释肥时，在播种时一次底施。可根据产量水平选用相应配方肥
6月 中下旬	播种	一般条播3～3.5kg/667m²，点播2.5～3kg/667m²，机械化精量点播1～1.5kg/667m²。播种深度：根据土壤墒情而定，一般3～5cm为宜，土壤干旱而又没水浇条件时，可以采用深播浅盖加镇压的方法，使种子处在湿润的土层，确保种子萌发出苗 玉米播种后出苗前每亩用75mL 40%阿特拉津和75mL 50%乙草胺，兑水50kg进行封闭式喷雾，可在地面形成一层药膜，有效防止杂草生长，药效在1个月以上

续表

时间	管理技术	操作要点
7月	苗期管理	间苗在3～4叶期进行，定苗在5～6叶展开时完成，拔除小株、弱株、病株、混杂株，留下健壮植株。定苗时不要求等株距留苗，个别缺苗地方可在定苗时就近留双株进行补偿，保证留下的玉米植株均匀一致 夏玉米田中耕2次，定苗时锄1次，10叶展时锄1次。苗期发现点片杂草时，结合中耕进行除草，也可用4%玉农乐（烟嘧磺隆）100kg/667m^{2}防除单双子叶杂草，2,4-D、百草敌、宝收（阔叶散）等防除阔叶草 及时防治病虫害，除了播种时施用毒土、毒谷和种子处理防治地下害虫外，出苗后发现害虫要及早防治
8月到9月	穗期管理	追肥，总氮量的60%在10叶展开到大喇叭口期在根际施入 结合中耕利用人工或机械培土，防止倒伏。或喷施人工生长调节剂壮秆防倒，化控药剂如生根粉、达尔丰等一般用作种子处理或在拔节前喷施。中耕松土，防治玉米螟
9月下旬到10月	收获	玉米完熟期收获产量最高。生产中可根据小麦的播种期，可以适当早收或晚收

莱阳市花生栽培技术月历如表11-18所示。

表11-18　莱阳市花生栽培技术月历

时间	管理技术	操作要点
4月上旬	准备良种	油用大花生选用花育19号、25号，潍花8号，丰花5号等。出口大花生选用鲁花10号、花育17号、22号等；出口小花生选用鲁花12号、花育20号、23号等
4月中旬	整地施基肥	有机肥与无机肥配合施用。亩施优质圈肥3000～4000kg，尿素10～11kg，或碳酸氢铵30kg或硫酸铵25kg；过磷酸钙50～60kg；硫酸钾或氯化钾12～14kg。有机肥和2/3的化肥结合深耕施入，其余1/3的肥料结合起垄施入垄面中间10cm的结实土层以下。肥料不足时，有机肥结合深耕施入，化肥在起垄前铺施。或根据产量水平选用相应配方肥
4月下旬到5月	播种	覆膜栽培可采用机械化作业，将起垄、播种、施肥、喷洒除草剂、覆膜，压土等多道工序一次完成。密度为9000～10000墩/667m^2。对蛴螬等地下害虫和枯萎病重的地块，播前可选用40%甲基异柳磷或40%多菌灵按种子量的0.2%拌种。对根结线虫病和枯萎病重的地块可用15%铁灭克或40%甲基异柳磷拌细土30kg施于播种沟，并用40%的多菌灵拌种
6月	病虫害防治	防治蚜虫：40%氧化乐果20mL兑水50kg喷雾

续表

时 间	管理技术	操 作 要 点
7月到8月	灌溉及排涝	花生开花下针期和结荚期需要水分多,如遇到干旱应浇水补墒。花生是怕涝的作物,播种前要搞好“三沟”配套,多雨季节要及时排水防涝,特别是8月进入结荚成熟期
	化控	覆膜花生中期生长过旺,易造成群体郁闭,发生倒伏。当株高和侧枝长达到40cm时,亩用壮饱安粉剂20g,兑水30～40kg喷雾
	病虫害防治	叶斑病:40%多菌灵50mL或70%代森锰锌100g兑水75kg喷雾,每周1次,交替喷药2～3遍。 棉铃虫:BT乳油200mL,兑水50kg喷雾,5天后再喷1次 蛴螬:乐垦3号灌根或拌毒土,或50%辛硫磷300～400mL,兑水750～1000kg灌墩
	叶面肥	结荚期叶面喷施1%～2%尿素溶液或0.2%～0.4%磷酸二氢钾溶液50kg,防止早衰
9月上中旬	收获	适期收获,是确保花生产量和质量的重要措施。收获时注意清除残留地膜,减少污染,利于后作

莱阳市苹果栽培技术月历如表11-19所示。

表11-19 莱阳市苹果栽培技术月历

时 间	管理技术	操 作 要 点
10月下旬到1月	基肥施用	秋季果实采收后施入,以农家肥为主,混加少量氮素化肥。施肥量按1kg果施1.5kg优质农家肥计算。施用方法以沟施为主。施肥部位在树冠投影范围内。沟施为挖放射状沟或在树冠外围挖环状沟,沟深30～40cm 秋季落叶后,将果园内枯枝、落叶、杂草等清理干净,集中烧毁,以消灭越冬虫源和菌源。灌封冻水,时间宜在11月中下旬,水量要足,确保树体安全越冬,同时可杀死部分在土壤中越冬的害虫
1月到3月	整形修剪 病害防治	做好越冬病虫的铲除和果树枝干病害的防治。要刮除树干上的轮纹病斑及老翘皮,清扫果园内及果园外10m内杂草、落叶、枯枝等易藏病虫害的杂物,降低越冬病虫的基数 3月底在树体芽萌动露白期,选择晴好天气(气温在4℃以上),全树均匀喷洒一次波美3～5度石硫合剂

续表

时间	管理技术	操作要点
3月到4月	春季追肥及病害防治	结果树一般每生产100kg苹果需要追施纯氮1kg、纯磷(P_2O_5)1kg、纯钾(K_2O)1kg。此次追肥施用氮肥的60%,磷肥的100%,钾肥的30%。施肥方法是树冠下开沟,沟深15～30cm,肥后及时灌水 主要防治腐烂病、干腐病、枝干轮纹病、白粉病、蚜虫类、卷叶虫
5月到6月	花果管理	6月中旬结合降雨或浇水进行追肥,可施入氮肥的20%,钾肥的30%。 主要防治轮纹病、炭疽病、早期落叶病、山楂叶螨、苹果全爪螨、蚜虫类、卷叶虫类、金纹细蛾等。喷药的关键时间:花后7～10天(5月上旬)、花后20天左右(5月中旬)、套袋前2～3天(5月底到6月初)。喷药时注意内吸性杀菌剂和保护性杀菌剂交替使用
7月到9月上旬	追肥病害防治	追肥施用氮肥的20%,钾肥的40%。肥后及时浇水。 主要防治轮纹病、炭疽病、斑点落叶病、桃蛀果蛾、二斑叶螨。夏季高温多雨,是病虫多发期,同时又是苹果第二年花芽分化的临界期和当年幼果迅速膨大的时期,是果园周年管理中的关键时期。疏果套袋,病虫害防治,夏季修剪,做好果园覆草和生草工作
9月中旬到10月中旬	防治病虫害	主要防治轮纹病、炭疽病、桃蛀果蛾、大青叶蝉、叶螨等。秋季果树采果后喷1～2次杀菌剂和杀虫剂,同时结合叶面喷施0.3%～0.5%的磷酸二氢钾延迟落叶,促进叶片光合作用

莱阳市茌梨栽培技术月历如表11-20所示。

表11-20　　莱阳市茌梨栽培技术月历

时间	管理技术	操作要点
10月	基肥施用梨木虱防治	秋季果实采收后施入,以农家肥为主,混加少量氮素化肥。施肥量按1kg莱阳梨施1.5～2kg优质农家肥计算。一般盛果期莱阳梨园每公顷施腐熟有机肥不少于30吨。施用方法以沟施或撒施为主。施肥部位在树冠投影范围内。沟施为挖放射状沟或在树冠外围挖环状沟,沟深60～80cm;撒施为将肥料均匀地撒于树冠下,并深翻20cm。采果后,选择天暖天气,用菊酯类喷雾消灭梨木虱,压低越冬基数。树干绑草把诱集捕杀

续表

时间	管理技术	操作要点
1月到2月	整形修剪与病害防治	莱阳梨树势中庸，结果好，因此修剪不可过轻、过重，修剪时要疏除、回缩背上大枝组，前端大枝组要疏除，延长枝要保持健壮，弱枝组要注意更新。此时期主要防治对象为腐烂病、轮纹病、黑星病、梨大食心虫、梨小食心虫、梨木虱、黄粉蚜、二斑叶螨、山楂叶螨、梨网蝽、介壳虫等，防治方法为清除枯枝落叶，将其深埋或烧毁。结合冬剪，剪除病虫枝梢、病僵果，翻树盘及刮除老翘皮
3月到4月	春季追肥及病害防治	结果树一般每生产100kg莱阳梨需要追施纯氮1kg、纯磷(P_2O_5)0.75kg、纯钾(K_2O)1.5kg。此次追肥施用60%的氮肥，100%的磷肥，30%的钾肥。施肥方法是树冠下开沟，沟深15～20cm，肥后及时灌水 此时期主要防治对象为黑星病、轮纹病、梨木虱、瘿螨、梨二叉蚜、梨黄粉蚜等，此时对梨木虱采取“紧三遍”措施，石硫合剂3～5波美度萌芽前喷枝干，花序分离期喷布甲托或仙生加吡虫啉或阿维菌素一次，此中间可喷布一次氯氰菊酯。谢花基本结束正值梨木虱1代成虫羽化期，喷布吡虫啉或阿维菌素1次
5月到6月	花果管理	采用人工授粉、蜜蜂或壁蜂授粉措施。谢花后20天要掐去花萼，七天内掐完。疏果要留下位果，间距20～25cm留一个果，枝果比(5～6)：1。 此时期主要防治对象为梨黑星病、梨锈病、桃小食心虫、梨木虱、梨黄粉蚜，主要措施喷布大生M-45、多菌灵、甲托、福星、特谱唑等，每10天左右一次，交替使用。喷布吡虫啉、阿维菌素等
7月	追肥 病害防治	追肥施用30%的氮肥，40%的钾肥。肥后及时浇水 此时期主要防治对象为黑星病、轮纹病、桃小食心虫、梨木虱、梨黄粉蚜，主要措施以内吸性强的药剂为主，可与保护性杀菌剂交替使用。树上喷布阿维菌素或桃小灵，随时摘除虫果深埋
8月到9月	追肥 病害防治	追肥施用10%的氮肥，30%的钾肥。结合降雨或肥后及时浇水。此时期主要防治对象为黑星病、轮纹病、茶翅蝽等。喷布福星或者28%多菌灵

附 录

表 1 莱阳市粮田土壤有机质及大量元素养分分级统计表

<table>
<tr><td rowspan="2">全市</td><td>分级</td><td>低</td><td>中</td><td>高</td><td>极高</td><td rowspan="2">合计</td></tr>
<tr><td>含量范围(g/kg)</td><td>≤10</td><td>10～12</td><td>12～15</td><td>＞15</td></tr>
<tr><td rowspan="3">有机质</td><td>样品量(个)</td><td>4939</td><td>1183</td><td>646</td><td>181</td><td>6949</td></tr>
<tr><td>百分比(%)</td><td>71.1</td><td>17</td><td>9.3</td><td>2.6</td><td>100</td></tr>
<tr><td>粮田面积 (hm^2)</td><td>41733</td><td>10000</td><td>5467</td><td>1533</td><td>58733</td></tr>
<tr><td rowspan="2">全市</td><td>分级</td><td>低</td><td>中</td><td>高</td><td>极高</td><td rowspan="2">合计</td></tr>
<tr><td>含量范围(mg/kg)</td><td>≤15</td><td>15～30</td><td>30～40</td><td>＞40</td></tr>
<tr><td rowspan="3">有效磷</td><td>样品量(个)</td><td>1408</td><td>3449</td><td>1221</td><td>871</td><td>6949</td></tr>
<tr><td>百分比(%)</td><td>20.3</td><td>49.6</td><td>17.6</td><td>12.5</td><td>100</td></tr>
<tr><td>粮田面积 (hm^2)</td><td>11933</td><td>29133</td><td>10333</td><td>7333</td><td>58733</td></tr>
<tr><td rowspan="2">全市</td><td>分级</td><td>低</td><td>中</td><td>高</td><td>极高</td><td rowspan="2">合计</td></tr>
<tr><td>含量范围(mg/kg)</td><td>≤60</td><td>60～90</td><td>90～120</td><td>＞120</td></tr>
<tr><td rowspan="3">碱解氮</td><td>样品量(个)</td><td>4887</td><td>1988</td><td>62</td><td>7</td><td>6944</td></tr>
<tr><td>百分比(%)</td><td>70.3</td><td>28.6</td><td>0.9</td><td>0.1</td><td>99.9</td></tr>
<tr><td>粮田面积 (hm^2)</td><td>41333</td><td>16800</td><td>533</td><td>67</td><td>58733</td></tr>
<tr><td rowspan="2">全市</td><td>分级</td><td>低</td><td>中</td><td>高</td><td>极高</td><td rowspan="2">合计</td></tr>
<tr><td>含量范围(mg/kg)</td><td>≤75</td><td>75～120</td><td>120～150</td><td>＞150</td></tr>
<tr><td rowspan="3">速效钾</td><td>样品量(个)</td><td>2322</td><td>3607</td><td>549</td><td>471</td><td>6949</td></tr>
<tr><td>百分比(%)</td><td>33.4</td><td>51.9</td><td>7.9</td><td>6.8</td><td>100</td></tr>
<tr><td>粮田面积 (hm^2)</td><td>19600</td><td>30467</td><td>4667</td><td>4000</td><td>58733</td></tr>
</table>

表 2 莱阳市粮田土壤中微量元素养分分级统计表

全市	分级	1(低)	2(较低)	3(中)	4(较高)	5(高)	合计
	含量范围(mg/kg)	≤500	500～1500	1500～2500	2500～4000	＞4000	
交换性钙	样品量(个)	12	38	72	139	207	468
	百分比(%)	2.6	8.1	15.4	29.7	44.2	100
	粮田面积（hm^2）	1533	4800	9067	17467	26000	58733
全市	分级	1(低)	2(较低)	3(中)	4(较高)	5(高)	合计
	含量范围(mg/kg)	≤150	150～200	200～300	300～600	＞600	
交换性镁	样品量(个)	5	16	67	300	80	468
	百分比(%)	1.1	3.4	14.3	64.1	17.1	100
	粮田面积（hm^2）	600	2000	8400	37667	10067	58733
全市	分级	1(低)	2(较低)	3(中)	4(较高)	5(高)	合计
	含量范围(mg/kg)	≤15	15～45	45～75	75～100	＞100	
有效硫	样品量(个)	109	213	82	42	22	468
	百分比(%)	23.3	45.5	17.5	9	4.7	100
	粮田面积（hm^2）	13667	26733	10267	5267	2733	58733
全市	分级	1(低)	2(较低)	3(中)	4(较高)	5(高)	合计
	含量范围(mg/kg)	＜0.2	0.2～0.5	0.5～1	1～2	＞2	
有效硼	样品量(个)	41	334	89	4	0	468
	百分比(%)	8.8	71.4	19	0.9	0	100
	粮田面积（hm^2）	5133	41933	11200	533	0	58733
全市	分级	1(低)	2(较低)	3(中)	4(较高)	5(高)	合计
	含量范围(mg/kg)	＜0.1	0.1～0.15	0.15～0.2	0.2～0.3	＞0.3	
有效钼	样品量(个)	130	127	104	83	24	468
	百分比(%)	27.8	27.1	22.2	17.7	5.1	100
	粮田面积（hm^2）	16333	15933	13067	10400	3000	58733
全市	分级	1(低)	2(较低)	3(中)	4(较高)	5(高)	合计
	含量范围(mg/kg)	＜0.3	0.3～0.5	0.5～1	1.0～3.0	＞3	
有效锌	样品量(个)	23	139	184	112	10	468
	百分比(%)	4.9	29.7	39.3	23.9	2.1	100
	粮田面积（hm^2）	2867	17467	23067	14067	1267	58733

续表

全市	分级	1(低)	2(较低)	3(中)	4(较高)	5(高)	合计
	含量范围(mg/kg)	<0.2	0.2～1	1～1.8	1.8～3	>3	
有效铜	样品量(个)	0	163	219	43	43	468
	百分比(%)	0	34.8	46.8	9.2	9.2	100
	粮田面积 (hm²)	0	30.7	41.2	8.1	8.1	88.1
全市	分级	1(低)	2(较低)	3(中)	4(较高)	5(高)	合计
	含量范围(mg/kg)	<5	5～10	10～20	20～40	>40	
有效铁	样品量(个)	56	48	89	112	164	470
	百分比(%)	11.9	10.2	18.9	23.8	34.9	100
	粮田面积 (hm²)	7000	6000	11133	14000	20467	58733
全市	分级	1(低)	2(较低)	3(中)	4(较高)	5(高)	合计
	含量范围(mg/kg)	<5	5～10	10～15	15～30	>30	
有效锰	样品量(个)	0	2	7	51	392	452
	百分比(%)	0	0.4	1.5	11.3	86.7	100
	粮田面积 (hm²)	0	267	933	6600	50933	58733

表 3　　山东省莱阳市果园土壤养分分级统计表

养分种类		分级统计				合 计
有机质(g/kg)	分级标准	≤13.5	13.5～20	20～25	>25	
	样品量(个)	766	131	6	0	903
	百分比(%)	84.83	14.51	0.66	0	100
	面积 (hm²)	12411	2128	97	0	14667
碱解氮(mg/kg)	分级标准	≤60	60～120	120～150	>150	
	样品量(个)	655	247	1	0	903
	百分比(%)	72.54	27.35	0.11	0	100
	面积 (hm²)	10639	4012	16	0	14667
有效磷(mg/kg)	分级标准	≤30	30～45	45～60	>60	
	样品量(个)	595	167	83	58	903
	百分比(%)	65.89	18.49	9.19	6.42	100
	面积 (hm²)	9664	2712	1348	942	14667
速效钾(mg/kg)	分级标准	≤120	120～150	150～200	>200	
	样品量(个)	588	137	102	76	903
	百分比(%)	65.12	15.17	11.30	8.42	100
	面积 (hm²)	9550	2225	1657	1234	14667

表 4　山东省莱阳市露天蔬菜土壤养分分级统计表

养分种类		分级统计				合计
土壤有机质(g/kg)	分级标准	≤13.5	13.5～20	20～25	>25	
	样品量(个)	88	13	1	1	103
	百分比(%)	85.44	12.62	0.97	0.97	100
	面积(hm²)	8487	1254	96	96	9933
土壤碱解氮(mg/kg)	分级标准	≤60	60～120	120～150	>150	
	样品量(个)	51	52	0	0	103
	百分比(%)	49.51	50.49	0	0	100
	面积(hm²)	4918	5015	0	0	9933
土壤有效磷(mg/kg)	分级标准	≤30	30～45	45～60	>60	
	样品量(个)	34	23	19	27	103
	百分比(%)	33.01	22.33	18.45	26.21	100
	面积(hm²)	3279	2218	1832	2604	9933
土壤速效钾(mg/kg)	分级标准	≤120	120～150	150～200	>200	
	样品量(个)	67	19	10	7	103
	百分比(%)	65.05	18.45	9.71	6.8	100
	面积(hm²)	6461	1832	964	675	9933

表 5　莱阳市土壤 pH 分级统计表

耕地类型	级别	极强酸性	强酸性	中弱酸性	中性	中等碱性	强碱性	极强碱性	合计
	pH	<4.5	4.5～5.5	5.5～6.5	6.5～7.5	7.5～8.5	8.5～9	>9	
粮田	样品量(个)	0	6	2236	3912	795	0	0	6949
	百分比(%)	0	0.1	32.2	56.3	11.4	0	0	100
	面积(hm²)	0	67	18867	33067	6733	0	0	58733
露天菜地	样品量(个)	0	0	30	40	9	0	0	79
	百分比(%)	0	0	38	50.6	11.4	0	0	100
	面积(hm²)	0	0	3800	5000	1133	0	0	9933
果园	样品量(个)	0	3	341	541	94	0	0	952
	百分比(%)	0	0.3	35.8	56.8	9.9	0	0	100
	面积(hm²)	0	67	5267	8333	1467	0	0	14667

表 6 莱阳市粮田土壤有机质养分分级统计表

镇(街道办事处)	分级	低	中	高	极高	合计
	含量范围(g/kg)	≤10	10～12	12～15	>15	
柏林庄	样品量(个)	42	30	20	13	105
	百分比(%)	40	28.6	19	12.4	100
	粮田面积(hm^2)	933	667	467	267	2333
城厢	样品量(个)	15	6	0	0	21
	百分比(%)	71.4	28.6	0	0	100
	粮田面积(hm^2)	267	133	0	0	333
大夼	样品量(个)	318	8	0	0	326
	百分比(%)	97.5	2.5	0	0	100
	粮田面积(hm^2)	2533	67	0	0	2600
冯格庄	样品量(个)	255	152	217	113	737
	百分比(%)	34.6	20.6	29.4	15.3	100
	粮田面积(hm^2)	1133	667	933	533	3267
高格庄	样品量(个)	212	80	43	1	336
	百分比(%)	63.1	23.8	12.8	0.3	100
	粮田面积(hm^2)	1400	533	267	0	2200
古柳	样品量(个)	67	14	3	2	86
	百分比(%)	77.9	16.3	3.5	2.3	100
	粮田面积(hm^2)	1067	200	67	0	1333
河洛	样品量(个)	317	63	20	0	400
	百分比(%)	79.3	15.8	5	0	100
	粮田面积(hm^2)	867	200	67	0	1133
姜疃	样品量(个)	418	119	62	11	610
	百分比(%)	68.5	19.5	10.2	1.8	100
	粮田面积(hm^2)	2800	800	400	67	4067
龙旺庄	样品量(个)	217	66	11	1	295
	百分比(%)	73.6	22.4	3.7	0.3	100
	粮田面积(hm^2)	1667	533	67	0	2267

续表

镇(街道办事处)	分级	低	中	高	极高	合计
	含量范围(g/kg)	≤10	10～12	12～15	＞15	
吕格庄	样品量(个)	196	24	6	1	227
	百分比(%)	86.3	10.6	2.6	0.4	100
	粮田面积(hm^2)	1933	267	67	0	2200
沐浴店	样品量(个)	279	54	19	3	355
	百分比(%)	78.6	15.2	5.4	0.8	100
	粮田面积(hm^2)	3067	600	200	0	3867
山前店	样品量(个)	74	17	3	2	96
	百分比(%)	77.1	17.7	3.1	2.1	100
	粮田面积(hm^2)	1867	400	67	67	2400
谭格庄	样品量(个)	561	138	82	8	789
	百分比(%)	71.1	17.5	10.4	1	100
	粮田面积(hm^2)	4667	1133	667	67	6533
团旺	样品量(个)	430	59	16	3	508
	百分比(%)	84.6	11.6	3.1	0.6	100
	粮田面积(hm^2)	6667	933	267	67	7867
万第	样品量(个)	588	100	25	7	720
	百分比(%)	81.7	13.9	3.5	1	100
	粮田面积(hm^2)	4533	800	200	67	5600
穴坊	样品量(个)	629	146	45	5	825
	百分比(%)	76.2	17.7	5.5	0.6	100
	粮田面积(hm^2)	4467	1067	333	67	5867
羊郡	样品量(个)	201	45	13	1	260
	百分比(%)	77.3	17.3	5	0.4	100
	粮田面积(hm^2)	1533	333	67	0	2000
照旺庄	样品量(个)	120	62	61	10	253
	百分比(%)	47.4	24.5	24.1	4	100
	粮田面积(hm^2)	1400	733	733	133	2933

表 7　　莱阳市粮田土壤有效磷养分分级统计表

镇(街道办事处)	分级	低	中	高	极高	合计
	含量范围(mg/kg)	≤15	15～30	30～40	>40	
柏林庄	样品量(个)	14	25	24	42	105
	百分比(%)	13.3	23.8	22.9	40	100
	粮田面积(hm^2)	333	533	533	933	2333
城厢	样品量(个)	0	13	3	5	21
	百分比(%)	0	61.9	14.3	23.8	100
	粮田面积(hm^2)	0	200	67	67	333
大夼	样品量(个)	146	172	5	3	326
	百分比(%)	44.8	52.8	1.5	0.9	100
	粮田面积(hm^2)	1133	1333	67	0	2600
冯格庄	样品量(个)	77	227	183	250	737
	百分比(%)	10.4	30.8	24.8	33.9	100
	粮田面积(hm^2)	333	1000	800	1133	3267
高格庄	样品量(个)	45	142	90	59	336
	百分比(%)	13.4	42.3	26.8	17.6	100
	粮田面积(hm^2)	267	933	600	400	2200
古柳	样品量(个)	32	38	12	4	86
	百分比(%)	37.2	44.2	14	4.7	100
	粮田面积(hm^2)	467	600	200	67	1333
河洛	样品量(个)	59	233	85	23	400
	百分比(%)	14.8	58.3	21.3	5.8	100
	粮田面积(hm^2)	133	667	267	67	1133
姜疃	样品量(个)	90	328	105	87	610
	百分比(%)	14.8	53.8	17.2	14.3	100
	粮田面积(hm^2)	600	2200	667	600	4067
龙旺庄	样品量(个)	43	164	83	5	295
	百分比(%)	14.6	55.6	28.1	1.7	100
	粮田面积(hm^2)	333	1267	667	67	2267

续表

镇(街道办事处)	分级	低	中	高	极高	合计
	含量范围(mg/kg)	≤15	15～30	30～40	>40	
吕格庄	样品量(个)	112	107	4	4	227
	百分比(%)	49.3	47.1	1.8	1.8	100
	粮田面积(hm²)	1133	1067	67	67	2200
沐浴店	样品量(个)	71	172	53	59	355
	百分比(%)	20	48.5	14.9	16.6	100
	粮田面积(hm²)	800	1867	600	667	3867
山前店	样品量(个)	33	40	9	14	96
	百分比(%)	34.4	41.7	9.4	14.6	100
	粮田面积(hm²)	800	1000	200	333	2400
谭格庄	样品量(个)	74	436	199	80	789
	百分比(%)	9.4	55.3	25.2	10.1	100
	粮田面积(hm²)	600	3600	1667	667	6533
团旺	样品量(个)	178	269	43	18	508
	百分比(%)	35	53	8.5	3.5	100
	粮田面积(hm²)	2733	4133	667	267	7867
万第	样品量(个)	254	354	54	58	720
	百分比(%)	35.3	49.2	7.5	8.1	100
	粮田面积(hm²)	2000	2733	400	467	5600
穴坊	样品量(个)	99	485	180	61	825
	百分比(%)	12	58.8	21.8	7.4	100
	粮田面积(hm²)	733	3467	1267	400	5867
羊郡	样品量(个)	39	173	38	10	260
	百分比(%)	15	66.5	14.6	3.8	100
	粮田面积(hm²)	267	1333	267	67	2000
照旺庄	样品量(个)	42	71	51	89	253
	百分比(%)	16.6	28.1	20.2	35.2	100
	粮田面积(hm²)	467	800	600	1067	2933

表 8 莱阳市粮田土壤碱解氮养分分级统计表

镇(街道办事处)	分级	低	中	高	极高	合计
	含量范围(mg/kg)	≤60	60～90	90～120	>120	
柏林庄	样品量(个)	39	56	10	0	105
	百分比(%)	37.1	53.3	9.5	0	100
	粮田面积(hm^2)	867	1267	200	0	2333
城厢	样品量(个)	6	14	1	0	21
	百分比(%)	28.6	66.7	4.8	0	100
	粮田面积 (hm^2)	133	267	0	0	333
大夼	样品量(个)	298	28	0	0	326
	百分比(%)	91.4	8.6	0	0	100
	粮田面积 (hm^2)	2333	200	0	0	2600
冯格庄	样品量(个)	359	372	5	1	737
	百分比(%)	48.7	50.5	0.7	0.1	100
	粮田面积(hm^2)	1600	1667	0	0	3267
高格庄	样品量(个)	216	118	2	0	336
	百分比(%)	64.3	35.1	0.6	0	100
	粮田面积 (hm^2)	1400	800	0	0	2200
古柳	样品量(个)	66	20	0	0	86
	百分比(%)	76.7	23.3	0	0	100
	粮田面积 (hm^2)	1000	333	0	0	1333
河洛	样品量(个)	328	72	0	0	400
	百分比(%)	82	18	0	0	100
	粮田面积(hm^2)	993	200	0	0	1133
姜疃	样品量(个)	417	184	9	0	610
	百分比(%)	68.4	30.2	1.5	0	100
	粮田面积 (hm^2)	2800	1200	67	0	4067
龙旺庄	样品量(个)	215	80	0	0	295
	百分比(%)	72.9	27.1	0	0	100
	粮田面积 (hm^2)	1667	600	0	0	2267

续表

镇(街道办事处)	分级	低	中	高	极高	合计
	含量范围(mg/kg)	≤60	60～90	90～120	>120	
吕格庄	样品量(个)	186	28	9	4	227
	百分比(%)	81.9	12.3	4	1.8	100
	粮田面积(hm^2)	1800	267	67	67	2200
沐浴店	样品量(个)	237	117	1	0	355
	百分比(%)	66.8	33	0.3	0	100
	粮田面积(hm^2)	2600	1267	0	0	3867
山前店	样品量(个)	67	27	2	0	96
	百分比(%)	69.8	28.1	2.1	0	100
	粮田面积(hm^2)	1667	667	67	0	2400
谭格庄	样品量(个)	551	234	2	0	787
	百分比(%)	69.8	29.7	0.3	0	99.7
	粮田面积(hm^2)	4600	1933	0	0	6533
团旺	样品量(个)	386	116	5	0	507
	百分比(%)	76	22.8	1	0	99.8
	粮田面积(hm^2)	5933	1800	67	0	7867
万第	样品量(个)	539	170	10	1	720
	百分比(%)	74.9	23.6	1.4	0.1	100
	粮田面积(hm^2)	4200	1333	67	0	5600
穴坊	样品量(个)	636	187	0	0	823
	百分比(%)	77.1	22.7	0	0	99.8
	粮田面积(hm^2)	4533	1333	0	0	5800
羊郡	样品量(个)	204	56	0	0	260
	百分比(%)	78.5	21.5	0	0	100
	粮田面积(hm^2)	1533	400	0	0	2000
照旺庄	样品量(个)	137	109	6	1	253
	百分比(%)	54.2	43.1	2.4	0.4	100
	粮田面积(hm^2)	1600	1267	67	0	2933

表 9　莱阳市粮田土壤有效钾养分分级统计表

镇(街道办事处)	分级	低	中	高	极高	合计
	含量范围(mg/kg)	≤75	75～120	120～150	>150	
柏林庄	样品量(个)	8	41	22	34	105
	百分比(%)	7.6	39	21	32.4	100
	粮田面积(hm^2)	200	933	467	733	2333
城厢	样品量(个)	1	10	7	3	21
	百分比(%)	4.8	47.6	33.3	14.3	100
	粮田面积 (hm^2)	0	200	133	67	333
大夼	样品量(个)	221	103	1	1	326
	百分比(%)	67.8	31.6	0.3	0.3	100
	粮田面积 (hm^2)	1733	800	0	0	2600
冯格庄	样品量(个)	123	363	119	132	737
	百分比(%)	16.7	49.3	16.1	17.9	100
	粮田面积(hm^2)	533	1600	533	600	3267
高格庄	样品量(个)	58	253	19	6	336
	百分比(%)	17.3	75.3	5.7	1.8	100
	粮田面积 (hm^2)	400	1667	133	67	2200
古柳	样品量(个)	37	40	5	4	86
	百分比(%)	43	46.5	5.8	4.7	100
	粮田面积 (hm^2)	600	600	67	67	1333
河洛	样品量(个)	187	173	21	19	400
	百分比(%)	46.8	43.3	5.3	4.8	100
	粮田面积(hm^2)	533	467	67	67	1133
姜疃	样品量(个)	137	405	36	32	610
	百分比(%)	22.5	66.4	5.9	5.2	100
	粮田面积 (hm^2)	933	2667	267	200	4067
龙旺庄	样品量(个)	42	237	11	5	295
	百分比(%)	14.2	80.3	3.7	1.7	100
	粮田面积 (hm^2)	333	1800	67	67	2267

续表

镇(街道办事处)	分级	低	中	高	极高	合计
	含量范围(mg/kg)	≤75	75～120	120～150	>150	
吕格庄	样品量(个)	157	61	5	4	227
	百分比(%)	69.2	26.9	2.2	1.8	100
	粮田面积(hm^2)	1533	600	67	67	2200
沐浴店	样品量(个)	105	185	28	37	355
	百分比(%)	29.6	52.1	7.9	10.4	100
	粮田面积 (hm^2)	1133	2000	333	400	3867
山前店	样品量(个)	30	38	15	13	96
	百分比(%)	31.3	39.6	15.6	13.5	100
	粮田面积 (hm^2)	733	933	400	333	2400
谭格庄	样品量(个)	285	379	79	46	789
	百分比(%)	36.1	48	10	5.8	100
	粮田面积(hm^2)	2333	3133	667	400	6533
团旺	样品量(个)	219	260	20	9	508
	百分比(%)	43.1	51.2	3.9	1.8	100
	粮田面积 (hm^2)	3400	4000	333	133	7867
万第	样品量(个)	343	276	56	45	720
	百分比(%)	47.6	38.3	7.8	6.3	100
	粮田面积 (hm^2)	2667	2133	467	333	5600
穴坊	样品量(个)	249	495	54	27	825
	百分比(%)	30.2	60	6.5	3.3	100
	粮田面积(hm^2)	1733	3533	400	200	5867
羊郡	样品量(个)	95	150	5	10	260
	百分比(%)	36.5	57.7	1.9	3.8	100
	粮田面积 (hm^2)	733	1133	67	67	2000
照旺庄	样品量(个)	25	138	46	44	253
	百分比(%)	9.9	54.5	18.2	17.4	100
	粮田面积 (hm^2)	267	1600	533	533	2933

表 10 莱阳市粮田土壤交换性钙养分分级统计表

镇(街道办事处)	分级	1(低)	2(较低)	3(中)	4(较高)	5(高)	合计
	含量范围(mg/kg)	≤500	500～1500	1500～2500	2500～4000	>4000	
柏林庄	样品量(个)	0	0	1	4	17	22
	百分比(%)	0	0	4.5	18.2	77.3	100
	粮田面积(hm^2)	0	0	133	400	1800	2333
城厢	样品量(个)	0	0	0	3	1	4
	百分比(%)	0	0	0	75	25	100
	粮田面积(hm^2)	0	0	0	267	67	333
大夼	样品量(个)	0	2	5	10	3	20
	百分比(%)	0	10	25	50	15	100
	粮田面积(hm^2)	0	267	667	1267	400	2600
冯格庄	样品量(个)	0	0	3	10	34	47
	百分比(%)	0	0	6.4	21.3	72.3	100
	粮田面积(hm^2)	0	0	200	667	2400	3267
高格庄	样品量(个)	0	3	1	4	9	17
	百分比(%)	0	17.6	5.9	23.5	52.9	100
	粮田面积(hm^2)	0	400	133	533	1133	2200
古柳	样品量(个)	0	0	1	4	11	16
	百分比(%)	0	0	6.3	25	68.8	100
	粮田面积(hm^2)	0	0	67	333	933	1333
河洛	样品量(个)	0	0	2	2	4	8
	百分比(%)	0	0	25	25	50	100
	粮田面积(hm^2)	0	0	267	267	533	1133
姜疃	样品量(个)	0	5	13	21	20	59
	百分比(%)	0	8.5	22	35.6	33.9	100
	粮田面积(hm^2)	0	333	867	1467	1400	4067
龙旺庄	样品量(个)	0	2	3	7	9	21
	百分比(%)	0	9.5	14.3	33.3	42.9	100
	粮田面积(hm^2)	0	200	333	733	1000	2267

续表

镇(街道办事处)	分级	1(低)	2(较低)	3(中)	4(较高)	5(高)	合计
	含量范围(mg/kg)	≤500	500～1500	1500～2500	2500～4000	>4000	
吕格庄	样品量(个)	0	1	1	2	13	17
	百分比(%)	0	5.9	5.9	11.8	76.5	100
	粮田面积(hm^2)	0	133	133	267	1733	2200
沐浴店	样品量(个)	0	3	1	6	5	15
	百分比(%)	0	20	6.7	40	33.3	100
	粮田面积(hm^2)	0	800	267	1533	1267	3867
山前店	样品量(个)	0	0	1	7	7	15
	百分比(%)	0	0	6.7	46.7	46.7	100
	粮田面积(hm^2)	0	0	133	1133	1133	2400
谭格庄	样品量(个)	0	14	11	12	13	50
	百分比(%)	0	28	22	24	26	100
	粮田面积(hm^2)	0	1800	1467	1600	1733	6533
团旺	样品量(个)	0	5	12	14	3	34
	百分比(%)	0	14.7	35.3	41.2	8.8	100
	粮田面积(hm^2)	0	1133	2800	3200	667	7867
万第	样品量(个)	0	0	7	10	18	35
	百分比(%)	0	0	20	28.6	51.4	100
	粮田面积(hm^2)	0	0	1133	1600	2867	5600
穴坊	样品量(个)	0	0	5	11	19	35
	百分比(%)	0	0	14.3	31.4	54.3	100
	粮田面积(hm^2)	0	0	867	1867	3200	5867
羊郡	样品量(个)	12	0	3	0	0	15
	百分比(%)	80	0	20	0	0	100
	粮田面积(hm^2)	1600	0	400	0	0	2000
照旺庄	样品量(个)	0	3	2	12	21	38
	百分比(%)	0	7.9	5.3	31.6	55.3	100
	粮田面积(hm^2)	0	200	133	933	1600	2933

表 11 莱阳市粮田土壤交换性镁养分分级统计表

镇(街道办事处)	分级	1(低)	2(较低)	3(中)	4(较高)	5(高)	合计
	含量范围(mg/kg)	≤150	150～200	200～300	300～600	>600	
柏林庄	样品量(个)	0	0	5	15	2	22
	百分比(%)	0	0	22.7	68.2	9.1	100
	粮田面积(hm^2)	0	0	533	1600	200	2333
城厢	样品量(个)	0	0	0	4	0	4
	百分比(%)	0	0	0	100	0	100
	粮田面积(hm^2)	0	0	0	333	0	333
大夼	样品量(个)	0	2	6	10	2	20
	百分比(%)	0	10	30	50	10	100
	粮田面积(hm^2)	0	267	800	1267	267	2600
冯格庄	样品量(个)	0	0	3	38	6	47
	百分比(%)	0	0	6.4	80.9	12.8	100
	粮田面积(hm^2)	0	0	200	2667	400	3267
高格庄	样品量(个)	0	0	2	9	6	17
	百分比(%)	0	0	11.8	52.9	35.3	100
	粮田面积(hm^2)	0	0	267	1133	800	2200
古柳	样品量(个)	0	0	2	12	2	16
	百分比(%)	0	0	12.5	75	12.5	100
	粮田面积(hm^2)	0	0	133	1000	133	1333
河洛	样品量(个)	0	0	0	4	4	8
	百分比(%)	0	0	0	50	50	100
	粮田面积(hm^2)	0	0	0	533	533	1133
姜疃	样品量(个)	0	1	9	38	11	59
	百分比(%)	0	1.7	15.3	64.4	18.6	100
	粮田面积(hm^2)	0	67	600	2600	733	4067
龙旺庄	样品量(个)	0	0	1	13	7	21
	百分比(%)	0	0	4.8	61.9	33.3	100
	粮田面积(hm^2)	0	0	133	1400	733	2267

续表

镇(街道办事处)	分级	1(低)	2(较低)	3(中)	4(较高)	5(高)	合计
	含量范围(mg/kg)	≤150	150～200	200～300	300～600	>600	
吕格庄	样品量(个)	0	0	1	13	3	17
	百分比(%)	0	0	5.9	76.5	17.6	100
	粮田面积(hm^2)	0	0	133	1733	400	2200
沐浴店	样品量(个)	1	4	1	9	0	15
	百分比(%)	6.7	26.7	6.7	60	0	100
	粮田面积(hm^2)	267	1067	267	2333	0	3867
山前店	样品量(个)	2	1	7	5	0	15
	百分比(%)	13.3	6.7	46.7	33.3	0	100
	粮田面积(hm^2)	333	133	1133	800	0	2400
谭格庄	样品量(个)	0	3	15	32	0	50
	百分比(%)	0	6	30	64	0	100
	粮田面积(hm^2)	0	400	1933	4200	0	6533
团旺	样品量(个)	0	1	8	24	1	34
	百分比(%)	0	2.9	23.5	70.6	2.9	100
	粮田面积(hm^2)	0	200	1867	5533	200	7867
万第	样品量(个)	2	1	4	23	5	35
	百分比(%)	5.7	2.9	11.4	65.7	14.3	100
	粮田面积(hm^2)	333	133	667	3667	800	5600
穴坊	样品量(个)	0	2	2	25	6	35
	百分比(%)	0	5.7	5.7	71.4	17.1	100
	粮田面积(hm^2)	0	333	333	4200	1000	5867
羊郡	样品量(个)	0	0	0	3	12	15
	百分比(%)	0	0	0	20	80	100
	粮田面积(hm^2)	0	0	0	400	1600	2000
照旺庄	样品量(个)	0	1	1	23	13	38
	百分比(%)	0	2.6	2.6	60.5	34.2	100
	粮田面积(hm^2)	0	67	67	1800	1000	2933

表 12　　莱阳市粮田土壤有效硫养分分级统计表

镇(街道办事处)	分级	1(低)	2(较低)	3(中)	4(较高)	5(高)	合计
	含量范围(mg/kg)	≤15	15～45	45～75	75～100	>100	
柏林庄	样品量(个)	4	16	2	0	0	22
	百分比(%)	18.2	72.7	9.1	0	0	100
	粮田面积(hm^2)	400	1667	200	0	0	2333
城厢	样品量(个)	0	0	4	0	0	4
	百分比(%)	0	0	100	0	0	100
	粮田面积(hm^2)	0	0	333	0	0	333
大夼	样品量(个)	11	8	1	0	0	20
	百分比(%)	55	40	5	0	0	100
	粮田面积(hm^2)	1400	1000	133	0	0	2600
冯格庄	样品量(个)	14	32	1	0	0	47
	百分比(%)	29.8	68.1	2.1	0	0	100
	粮田面积(hm^2)	1000	2200	67	0	0	3267
高格庄	样品量(个)	3	9	3	1	1	17
	百分比(%)	17.6	52.9	17.6	5.9	5.9	100
	粮田面积(hm^2)	400	1133	400	133	133	2200
古柳	样品量(个)	0	0	7	7	2	16
	百分比(%)	0	0	43.8	43.8	12.5	100
	粮田面积(hm^2)	0	0	600	600	133	1333
河洛	样品量(个)	5	2	1	0	0	8
	百分比(%)	62.5	25	12.5	0	0	100
	粮田面积(hm^2)	667	267	133	0	0	1133
姜疃	样品量(个)	26	24	5	3	1	59
	百分比(%)	44.1	40.7	8.5	5.1	1.7	100
	粮田面积(hm^2)	1800	1667	333	200	67	4067
龙旺庄	样品量(个)	5	15	0	0	1	21
	百分比(%)	23.8	71.4	0	0	4.8	100
	粮田面积(hm^2)	533	1600	0	0	133	2267

续表

镇(街道办事处)	分级	1(低)	2(较低)	3(中)	4(较高)	5(高)	合计
	含量范围(mg/kg)	≤15	15～45	45～75	75～100	＞100	
吕格庄	样品量(个)	0	5	2	5	5	17
	百分比(%)	0	29.4	11.8	29.4	29.4	100
	粮田面积(hm^2)	0	667	267	667	667	2200
沐浴店	样品量(个)	0	1	7	5	2	15
	百分比(%)	0	6.7	46.7	33.3	13.3	100
	粮田面积 (hm^2)	0	267	1800	1267	533	3867
山前店	样品量(个)	1	12	2	0	0	15
	百分比(%)	6.7	80	13.3	0	0	100
	粮田面积 (hm^2)	133	1933	333	0	0	2400
谭格庄	样品量(个)	7	34	7	1	1	50
	百分比(%)	14	68	14	2	2	100
	粮田面积(hm^2)	933	4467	933	133	133	6533
团旺	样品量(个)	0	4	16	9	5	34
	百分比(%)	0	11.8	47.1	26.5	14.7	100
	粮田面积 (hm^2)	0	933	3667	2067	1133	7867
万第	样品量(个)	6	21	5	1	2	35
	百分比(%)	17.1	60	14.3	2.9	5.7	100
	粮田面积 (hm^2)	933	3333	800	133	333	5600
穴坊	样品量(个)	7	12	9	7	0	35
	百分比(%)	20	34.3	25.7	20	0	100
	粮田面积(hm^2)	1200	2000	1533	1200	0	5867
羊郡	样品量(个)	4	4	3	3	1	15
	百分比(%)	26.7	26.7	20	20	6.7	100
	粮田面积 (hm^2)	533	533	400	400	133	2000
照旺庄	样品量(个)	16	14	7	0	1	38
	百分比(%)	42.1	36.8	18.4	0	2.6	100
	粮田面积 (hm^2)	12067	1067	533	0	67	2933

表 13　　莱阳市粮田土壤有效硼养分分级统计表

镇(街道办事处)	分级	1(低)	2(较低)	3(中)	4(较高)	5(高)	合计
	含量范围(mg/kg)	<0.2	0.2～0.5	0.5～1	1～2	>2	
柏林庄	样品量(个)	1	17	4	0	0	22
	百分比(%)	4.5	77.3	18.2	0	0	100
	粮田面积(hm^2)	133	1800	400	0	0	2333
城厢	样品量(个)	0	4	0	0	0	4
	百分比(%)	0	100	0	0	0	100
	粮田面积(hm^2)	0	333	0	0	0	333
大夼	样品量(个)	6	13	1	0	0	20
	百分比(%)	30	65	5	0	0	100
	粮田面积(hm^2)	800	1667	133	0	0	2600
冯格庄	样品量(个)	0	29	18	0	0	47
	百分比(%)	0	61.7	38.3	0	0	100
	粮田面积(hm^2)	0	2000	1267	0	0	3267
高格庄	样品量(个)	0	10	6	1	0	17
	百分比(%)	0	58.8	35.3	5.9	0	100
	粮田面积(hm^2)	0	1267	800	133	0	2200
古柳	样品量(个)	0	8	8	0	0	16
	百分比(%)	0	50	50	0	0	100
	粮田面积(hm^2)	0	667	667	0	0	1333
河洛	样品量(个)	2	5	1	0	0	8
	百分比(%)	25	62.5	12.5	0	0	100
	粮田面积(hm^2)	267	667	133	0	0	1133
姜疃	样品量(个)	6	50	3	0	0	59
	百分比(%)	10.2	84.7	5.1	0	0	100
	粮田面积(hm^2)	400	3467	200	0	0	4067
龙旺庄	样品量(个)	0	16	5	0	0	21
	百分比(%)	0	76.2	23.8	0	0	100
	粮田面积(hm^2)	0	1733	533	0	0	2267

续表

镇(街道办事处)	分级	1(低)	2(较低)	3(中)	4(较高)	5(高)	合计
	含量范围(mg/kg)	＜0.2	0.2～0.5	0.5～1	1～2	＞2	
吕格庄	样品量(个)	1	12	4	0	0	17
	百分比(%)	5.9	70.6	23.5	0	0	100
	粮田面积(hm^2)	133	1600	533	0	0	2200
沐浴店	样品量(个)	0	9	6	0	0	15
	百分比(%)	0	60	40	0	0	100
	粮田面积(hm^2)	0	2333	1533	0	0	3867
山前店	样品量(个)	1	12	2	0	0	15
	百分比(%)	6.7	80	13.3	0	0	100
	粮田面积(hm^2)	133	1933	333	0	0	2400
谭格庄	样品量(个)	8	39	3	0	0	50
	百分比(%)	16	78	6	0	0	100
	粮田面积(hm^2)	1067	5133	400	0	0	6533
团旺	样品量(个)	0	25	8	1	0	34
	百分比(%)	0	73.5	23.5	2.9	0	100
	粮田面积(hm^2)	0	5800	1867	200	0	7867
万第	样品量(个)	3	26	5	1	0	35
	百分比(%)	8.6	74.3	14.3	2.9	0	100
	粮田面积(hm^2)	467	4133	800	133	0	7867
穴坊	样品量(个)	0	26	8	1	0	35
	百分比(%)	0	74.3	22.9	2.9	0	100
	粮田面积(hm^2)	0	4333	1333	200	0	5867
羊郡	样品量(个)	1	13	1	0	0	15
	百分比(%)	6.7	86.7	6.7	0	0	100
	粮田面积(hm^2)	133	1733	133	0	0	2000
照旺庄	样品量(个)	12	20	6	0	0	38
	百分比(%)	31.6	52.6	15.8	0	0	100
	粮田面积(hm^2)	933	1533	467	0	0	2933

表 14　　莱阳市粮田土壤有效钼养分分级统计表

镇(街道办事处)	分级	1(低)	2(较低)	3(中)	4(较高)	5(高)	合计
	含量范围(mg/kg)	<0.1	0.1～0.15	0.15～0.2	0.2～0.3	>0.3	
柏林庄	样品量(个)	8	6	4	4	0	22
	百分比(%)	36.4	27.3	18.2	18.2	0	100
	粮田面积(hm^2)	867	600	400	400	0	2333
城厢	样品量(个)	0	0	2	2	0	4
	百分比(%)	0	0	50	50	0	100
	粮田面积 (hm^2)	0	0	200	200	0	333
大夼	样品量(个)	5	11	2	2	0	20
	百分比(%)	25	55	10	10	0	100
	粮田面积 (hm^2)	667	1400	267	267	0	2600
冯格庄	样品量(个)	19	11	9	7	1	47
	百分比(%)	40.4	23.4	19.1	14.9	2.1	100
	粮田面积(hm^2)	1333	800	600	467	67	3267
高格庄	样品量(个)	1	4	2	7	3	17
	百分比(%)	5.9	23.5	11.8	41.2	17.6	100
	粮田面积 (hm^2)	133	533	267	933	400	2200
古柳	样品量(个)	1	2	4	5	4	16
	百分比(%)	6.3	12.5	25	31.3	25	100
	粮田面积 (hm^2)	67	133	333	400	330	1333
河洛	样品量(个)	2	4	2	0	0	8
	百分比(%)	25	50	25	0	0	100
	粮田面积(hm^2)	267	533	267	0	0	1133
姜疃	样品量(个)	11	13	19	15	1	59
	百分比(%)	18.6	22	32.2	25.4	1.7	100
	粮田面积 (hm^2)	733	867	1333	1000	67	4067
龙旺庄	样品量(个)	3	4	4	8	2	21
	百分比(%)	14.3	19	19	38.1	9.5	100
	粮田面积 (hm^2)	333	400	400	867	200	2267

续表

镇(街道办事处)	分级	1(低)	2(较低)	3(中)	4(较高)	5(高)	合计
	含量范围(mg/kg)	<0.1	0.1～0.15	0.15～0.2	0.2～0.3	>0.3	
吕格庄	样品量(个)	2	6	7	2	0	17
	百分比(%)	11.8	35.3	41.2	11.8	0	100
	粮田面积(hm^2)	267	800	933	267	0	2200
沐浴店	样品量(个)	7	6	1	1	0	15
	百分比(%)	46.7	40	6.7	6.7	0	100
	粮田面积 (hm^2)	1800	1533	267	267	0	3867
山前店	样品量(个)	8	6	0	1	0	15
	百分比(%)	53.3	40	0	6.7	0	100
	粮田面积 (hm^2)	1267	933	0	133	0	2400
谭格庄	样品量(个)	19	11	12	6	2	50
	百分比(%)	38	22	24	12	4	100
	粮田面积(hm^2)	2467	1467	1600	800	267	6533
团旺	样品量(个)	8	9	7	4	6	34
	百分比(%)	23.5	26.5	20.6	11.8	17.6	100
	粮田面积 (hm^2)	1867	2067	1600	933	1400	7867
万第	样品量(个)	11	11	8	4	1	35
	百分比(%)	31.4	31.4	22.9	11.4	2.9	100
	粮田面积 (hm^2)	1733	1733	1267	667	133	5600
穴坊	样品量(个)	8	10	5	8	4	35
	百分比(%)	22.9	28.6	14.3	22.9	11.4	100
	粮田面积(hm^2)	1333	1667	867	1333	667	5867
羊郡	样品量(个)	0	6	8	1	0	15
	百分比(%)	0	40	53.3	6.7	0	100
	粮田面积 (hm^2)	0	800	1067	133	0	2000
照旺庄	样品量(个)	17	7	8	6	0	38
	百分比(%)	44.7	18.4	21.1	15.8	0	100
	粮田面积 (hm^2)	1333	533	600	467	0	2933

表 15　　莱阳市粮田土壤有效锌养分分级统计表

镇(街道办事处)	分级	1(低)	2(较低)	3(中)	4(较高)	5(高)	合计
	含量范围(mg/kg)	<0.3	0.3～0.5	0.5～1	1.0～3.0	>3	
柏林庄	样品量(个)	0	9	6	6	1	22
	百分比(%)	0	40.9	27.3	27.3	4.5	100
	粮田面积(hm^2)	0	933	600	600	133	2333
城厢	样品量(个)	0	0	1	3	0	4
	百分比(%)	0	0	25	75	0	100
	粮田面积(hm^2)	0	0	67	267	0	333
大夼	样品量(个)	1	6	12	1	0	20
	百分比(%)	5	30	60	5	0	100
	粮田面积(hm^2)	133	800	1533	133	0	2600
冯格庄	样品量(个)	2	22	18	5	0	47
	百分比(%)	4.3	46.8	38.3	10.6	0	100
	粮田面积(hm^2)	133	1533	1267	333	0	3267
高格庄	样品量(个)	1	0	11	5	0	17
	百分比(%)	5.9	0	64.7	29.4	0	100
	粮田面积(hm^2)	133	0	1400	667	0	2200
古柳	样品量(个)	0	4	7	5	0	16
	百分比(%)	0	25	43.8	31.3	0	100
	粮田面积(hm^2)	0	333	600	400	0	1333
河洛	样品量(个)	0	0	2	6	0	8
	百分比(%)	0	0	25	75	0	100
	粮田面积(hm^2)	0	0	267	867	0	1133
姜疃	样品量(个)	1	13	24	19	2	59
	百分比(%)	1.7	22	40.7	32.2	3.4	100
	粮田面积(hm^2)	67	867	1667	1333	133	4067
龙旺庄	样品量(个)	0	1	9	11	0	21
	百分比(%)	0	4.8	42.9	52.4	0	100
	粮田面积(hm^2)	0	133	1000	1200	0	2267

续表

镇(街道办事处)	分级	1(低)	2(较低)	3(中)	4(较高)	5(高)	合计
	含量范围(mg/kg)	<0.3	0.3～0.5	0.5～1	1.0～3.0	>3	
吕格庄	样品量(个)	2	3	10	1	1	17
	百分比(%)	11.8	17.6	58.8	5.9	5.9	100
	粮田面积(hm^2)	267	400	1333	133	133	2200
沐浴店	样品量(个)	1	5	4	4	1	15
	百分比(%)	6.7	33.3	26.7	26.7	6.7	100
	粮田面积(hm^2)	267	1267	1067	1067	267	2867
山前店	样品量(个)	2	6	2	4	1	15
	百分比(%)	13.3	40	13.3	26.7	6.7	100
	粮田面积(hm^2)	333	933	333	667	133	2400
谭格庄	样品量(个)	1	19	20	10	0	50
	百分比(%)	2	38	40	20	0	100
	粮田面积(hm^2)	133	2467	2600	1333	0	6533
团旺	样品量(个)	3	19	7	5	0	34
	百分比(%)	8.8	55.9	20.6	14.7	0	100
	粮田面积(hm^2)	667	4400	1600	1133	0	7867
万第	样品量(个)	4	14	12	5	0	35
	百分比(%)	11.4	40	34.3	14.3	0	100
	粮田面积(hm^2)	667	2267	1933	800	0	5600
穴坊	样品量(个)	0	5	20	10	0	35
	百分比(%)	0	14.3	57.1	28.6	0	100
	粮田面积(hm^2)	0	867	3333	1667	0	5867
羊郡	样品量(个)	1	3	7	2	2	15
	百分比(%)	6.7	20	46.7	13.3	13.3	100
	粮田面积(hm^2)	133	400	933	267	267	2000
照旺庄	样品量(个)	4	10	12	10	2	38
	百分比(%)	10.5	26.3	31.6	26.3	5.3	100
	粮田面积(hm^2)	333	800	933	800	133	2933

表 16　　莱阳市粮田土壤有效铜养分分级统计表

镇(街道办事处)	分级	1(低)	2(较低)	3(中)	4(较高)	5(高)	合计
	含量范围(mg/kg)	<0.2	0.2～1	1～1.8	1.8～3	>3	
柏林庄	样品量(个)	0	5	11	1	5	22
	百分比(%)	0	22.7	50	4.5	22.7	100
	粮田面积(hm^2)	0	533	1133	133	533	2333
城厢	样品量(个)	0	2	2	0	0	4
	百分比(%)	0	50	50	0	0	100
	粮田面积(hm^2)	0	220	200	0	0	333
大夼	样品量(个)	0	17	3	0	0	20
	百分比(%)	0	85	15	0	0	100
	粮田面积(hm^2)	0	2200	400	0	0	2600
冯格庄	样品量(个)	0	17	25	2	3	47
	百分比(%)	0	36.2	53.2	4.3	6.4	100
	粮田面积(hm^2)	0	1200	1733	133	200	3267
高格庄	样品量(个)	0	4	12	1	0	17
	百分比(%)	0	23.5	70.6	5.9	0	100
	粮田面积(hm^2)	0	533	1533	133	0	2200
古柳	样品量(个)	0	6	5	4	1	16
	百分比(%)	0	37.5	31.3	25	6.3	100
	粮田面积(hm^2)	0	467	400	333	67	1333
河洛	样品量(个)	0	0	2	3	3	8
	百分比(%)	0	0	25	37.5	37.5	100
	粮田面积(hm^2)	0	0	267	400	400	1133
姜疃	样品量(个)	0	26	25	6	2	59
	百分比(%)	0	44.1	42.4	10.2	3.4	100
	粮田面积(hm^2)	0	1800	1733	400	133	4067
龙旺庄	样品量(个)	0	1	15	4	1	21
	百分比(%)	0	4.8	71.4	19	4.8	100
	粮田面积(hm^2)	0	133	1600	400	133	2267

续表

镇(街道办事处)	分级	1(低)	2(较低)	3(中)	4(较高)	5(高)	合计
	含量范围(mg/kg)	<0.2	0.2～1	1～1.8	1.8～3	>3	
吕格庄	样品量(个)	0	2	13	2	0	17
	百分比(%)	0	11.8	76.5	11.8	0	100
	粮田面积(hm^2)	0	267	1733	267	0	2200
沐浴店	样品量(个)	0	3	2	3	7	15
	百分比(%)	0	20	13.3	20	46.7	100
	粮田面积(hm^2)	0	800	533	800	1800	3867
山前店	样品量(个)	0	3	7	2	3	15
	百分比(%)	0	20	46.7	13.3	20	100
	粮田面积(hm^2)	0	467	1133	333	467	2400
谭格庄	样品量(个)	0	16	28	3	3	50
	百分比(%)	0	32	56	6	6	100
	粮田面积(hm^2)	0	2067	3667	400	400	6533
团旺	样品量(个)	0	17	15	2	0	34
	百分比(%)	0	50	44.1	5.9	0	100
	粮田面积(hm^2)	0	3933	3467	467	0	7867
万第	样品量(个)	0	17	12	2	4	35
	百分比(%)	0	48.6	34.3	5.7	11.4	100
	粮田面积(hm^2)	0	2733	1933	333	667	5600
穴坊	样品量(个)	0	7	15	3	10	35
	百分比(%)	0	20	42.9	8.6	28.6	100
	粮田面积(hm^2)	0	1200	2523	533	1667	5867
羊郡	样品量(个)	0	9	3	3	0	15
	百分比(%)	0	60	20	20	0	100
	粮田面积(hm^2)	0	1200	400	400	0	2000
照旺庄	样品量(个)	0	11	24	2	1	38
	百分比(%)	0	28.9	63.2	5.3	2.6	100
	粮田面积(hm^2)	0	867	1867	133	67	2933

表 17 莱阳市粮田土壤有效铁养分分级统计表

镇(街道办事处)	分级	1(低)	2(较低)	3(中)	4(较高)	5(高)	合计
	含量范围(mg/kg)	<5	5～10	10～20	20～40	>40	
柏林庄	样品量(个)	3	1	6	5	7	22
	百分比(%)	13.6	4.5	27.3	22.7	31.8	100
	粮田面积(hm^2)	333	133	600	533	733	2333
城厢	样品量(个)	0	1	0	2	1	4
	百分比(%)	0	25	0	50	25	100
	粮田面积(hm^2)	0	67	0	200	67	333
大夼	样品量(个)	6	3	1	4	6	20
	百分比(%)	30	15	5	20	30	100
	粮田面积(hm^2)	800	400	133	533	800	2600
冯格庄	样品量(个)	0	1	1	1	1	5
	百分比(%)	0	2.1	2.1	2.1	2.1	10.6
	粮田面积(hm^2)	0	67	67	67	67	333
高格庄	样品量(个)	1	4	1	3	8	17
	百分比(%)	5.9	23.5	5.9	17.6	47.1	100
	粮田面积(hm^2)	133	533	133	400	1000	2200
古柳	样品量(个)	0	1	2	6	7	16
	百分比(%)	0	6.3	12.5	37.5	43.8	100
	粮田面积(hm^2)	0	67	133	467	600	1333
河洛	样品量(个)	10	5	11	11	15	52
	百分比(%)	125	62.5	137.5	137.5	187.5	650
	粮田面积(hm^2)	1400	667	1533	1533	2067	7267
姜疃	样品量(个)	10	4	6	11	28	59
	百分比(%)	16.9	6.8	10.2	18.6	47.5	100
	粮田面积(hm^2)	667	267	400	733	1933	4067
龙旺庄	样品量(个)	0	2	3	4	12	21
	百分比(%)	0	9.5	14.3	19	57.1	100
	粮田面积(hm^2)	0	200	333	400	1267	2267

续表

镇(街道办事处)	分级	1(低)	2(较低)	3(中)	4(较高)	5(高)	合计
	含量范围(mg/kg)	<5	5～10	10～20	20～40	>40	
吕格庄	样品量(个)	3	4	6	3	1	17
	百分比(%)	17.6	23.5	35.3	17.6	5.9	100
	粮田面积(hm^2)	400	533	800	400	133	2200
沐浴店	样品量(个)	4	0	2	5	4	15
	百分比(%)	26.7	0	13.3	33.3	26.7	100
	粮田面积 (hm^2)	1067	0	533	1267	1067	3867
山前店	样品量(个)	7	3	3	1	1	15
	百分比(%)	46.7	20	20	6.7	6.7	100
	粮田面积 (hm^2)	1133	467	467	133	133	2400
谭格庄	样品量(个)	1	1	13	9	26	50
	百分比(%)	2	2	26	18	52	100
	粮田面积(hm^2)	133	133	1733	1200	3400	6533
团旺	样品量(个)	0	4	11	13	6	34
	百分比(%)	0	11.8	32.4	38.2	17.6	100
	粮田面积 (hm^2)	0	923	2533	3000	1400	7867
万第	样品量(个)	7	3	5	10	10	35
	百分比(%)	20	8.6	14.3	28.6	28.6	100
	粮田面积 (hm^2)	1133	467	800	1600	1600	5600
穴坊	样品量(个)	1	4	5	6	19	35
	百分比(%)	2.9	11.4	14.3	17.1	54.3	100
	粮田面积(hm^2)	200	667	867	1000	3200	5867
羊郡	样品量(个)	0	2	5	5	3	15
	百分比(%)	0	13.3	33.3	33.3	20	100
	粮田面积 (hm^2)	0	267	667	667	400	2000
照旺庄	样品量(个)	3	5	8	13	9	38
	百分比(%)	7.9	13.2	21.1	34.2	23.7	100
	粮田面积 (hm^2)	200	400	600	1000	667	2933

表 18　　莱阳市粮田土壤有效锰养分分级统计表

镇(街道办事处)	分级	1(低)	2(较低)	3(中)	4(较高)	5(高)	合计
	含量范围(mg/kg)	＜5	5～10	10～15	15～30	＞30	
柏林庄	样品量(个)	0	0	0	1	21	22
	百分比(%)	0	0	0	4.5	95.5	100
	粮田面积(hm^2)	0	0	0	133	2200	2333
城厢	样品量(个)	0	0	0	0	4	4
	百分比(%)	0	0	0	0	100	100
	粮田面积(hm^2)	0	0	0	0	333	333
大夼	样品量(个)	0	0	1	6	13	20
	百分比(%)	0	0	5	30	65	100
	粮田面积(hm^2)	0	0	133	800	1667	2600
冯格庄	样品量(个)	0	0	0	5	42	47
	百分比(%)	0	0	0	10.6	89.4	100
	粮田面积(hm^2)	0	0	0	333	2933	3167
高格庄	样品量(个)	0	0	0	2	15	17
	百分比(%)	0	0	0	11.8	88.2	100
	粮田面积(hm^2)	0	0	0	267	1923	2200
古柳	样品量(个)	0	0	0	0	0	0
	百分比(%)	0	0	0	0	0	0
	粮田面积(hm^2)	0	0	0	0	0	0
河洛	样品量(个)	0	0	0	0	8	8
	百分比(%)	0	0	0	0	100	100
	粮田面积(hm^2)	0	0	0	0	1133	1133
姜疃	样品量(个)	0	0	2	8	49	59
	百分比(%)	0	0	3.4	13.6	83.1	100
	粮田面积(hm^2)	0	0	133	533	3400	4067
龙旺庄	样品量(个)	0	0	0	1	20	21
	百分比(%)	0	0	0	4.8	95.2	100
	粮田面积(hm^2)	0	0	0	133	2133	2267

续表

镇(街道办事处)	分级	1(低)	2(较低)	3(中)	4(较高)	5(高)	合计
	含量范围(mg/kg)	<5	5～10	10～15	15～30	>30	
吕格庄	样品量(个)	0	0	0	4	13	17
	百分比(%)	0	0	0	23.5	76.5	100
	粮田面积(hm^2)	0	0	0	533	1733	2200
沐浴店	样品量(个)	0	0	3	1	11	15
	百分比(%)	0	0	20	6.7	73.3	100
	粮田面积 (hm^2)	0	0	800	267	2867	3867
山前店	样品量(个)	0	0	0	7	8	15
	百分比(%)	0	0	0	46.7	53.3	100
	粮田面积 (hm^2)	0	0	0	1133	1267	2400
谭格庄	样品量(个)	0	0	1	0	49	50
	百分比(%)	0	0	2	0	98	100
	粮田面积(hm^2)	0	0	0.2	0	6400	6533
团旺	样品量(个)	0	0	0	2	32	34
	百分比(%)	0	0	0	5.9	94.1	100
	粮田面积 (hm^2)	0	0	0	467	7400	7867
万第	样品量(个)	0	2	0	5	28	35
	百分比(%)	0	5.7	0	14.3	80	100
	粮田面积 (hm^2)	0	0.5	0	800	4467	5600
穴坊	样品量(个)	0	0	0	2	33	35
	百分比(%)	0	0	0	5.7	94.3	100
	粮田面积(hm^2)	0	0	0	333	5533	5867
羊郡	样品量(个)	0	0	0	2	13	15
	百分比(%)	0	0	0	13.3	86.7	100
	粮田面积 (hm^2)	0	0	0	267	1733	2000
照旺庄	样品量(个)	0	0	0	5	33	38
	百分比(%)	0	0	0	13.2	86.8	100
	粮田面积 (hm^2)	0	0	0	400	2533	2933

附 图

莱阳市土地利用现状图

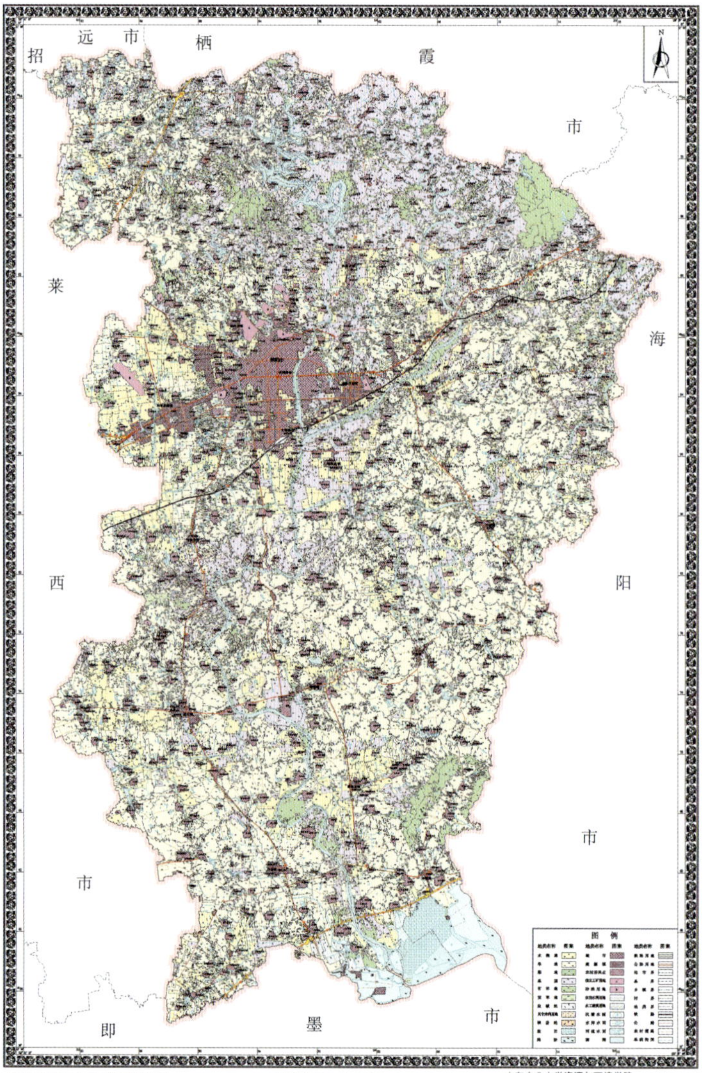

1954年北京坐标系 1956年黄海高程系

米1000 0 2 4km

山东农业大学资源与环境学院
山东天地亚太国土遥感有限公司 二○一○年十月

莱阳市土壤图

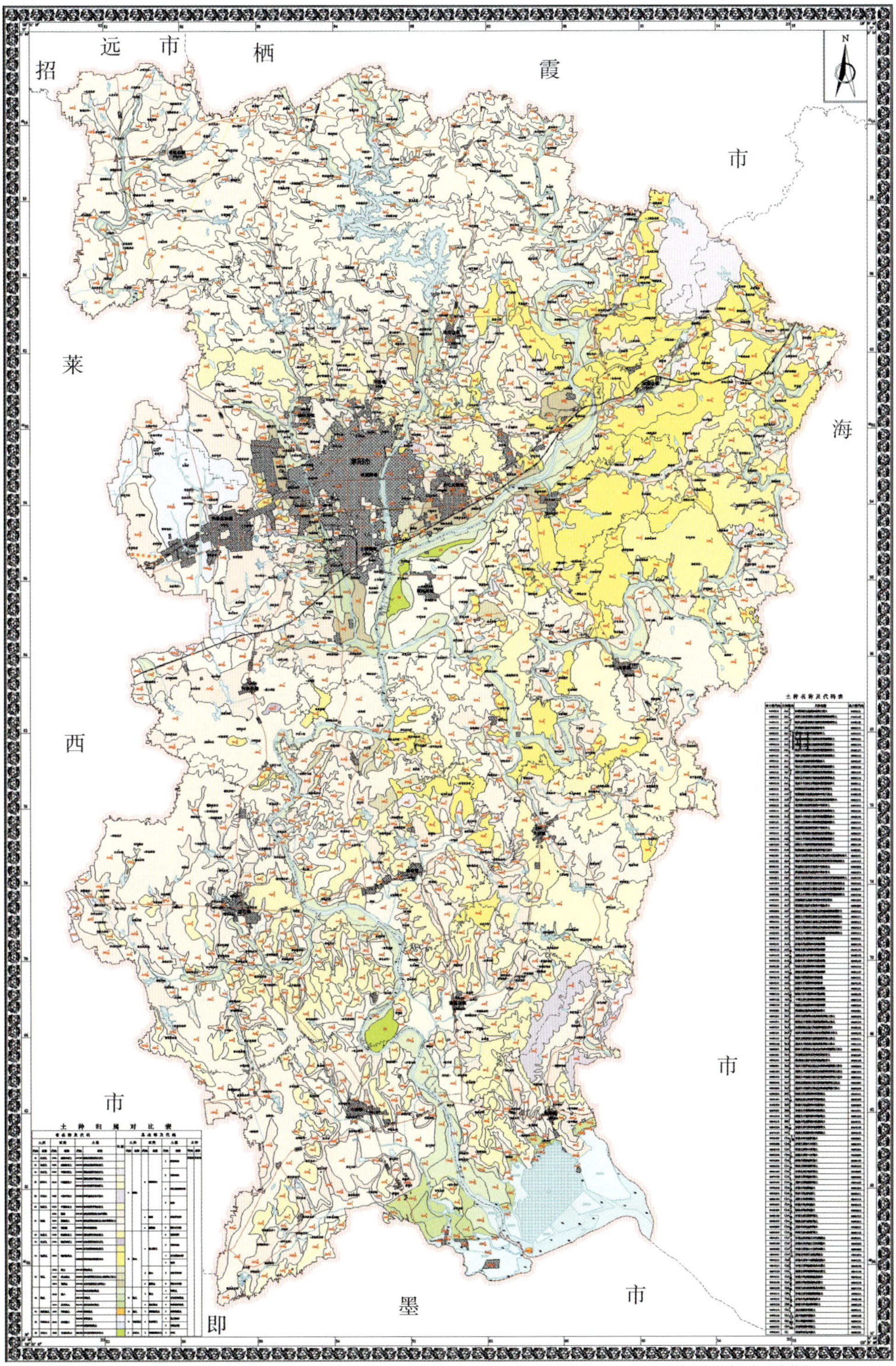

1954年北京坐标系 1956年黄海高程系

米1000 0 2 4km

山东农业大学资源与环境学院
山东天地亚太国土遥感有限公司
二〇一〇年十月

莱阳市耕地地力评价等级图

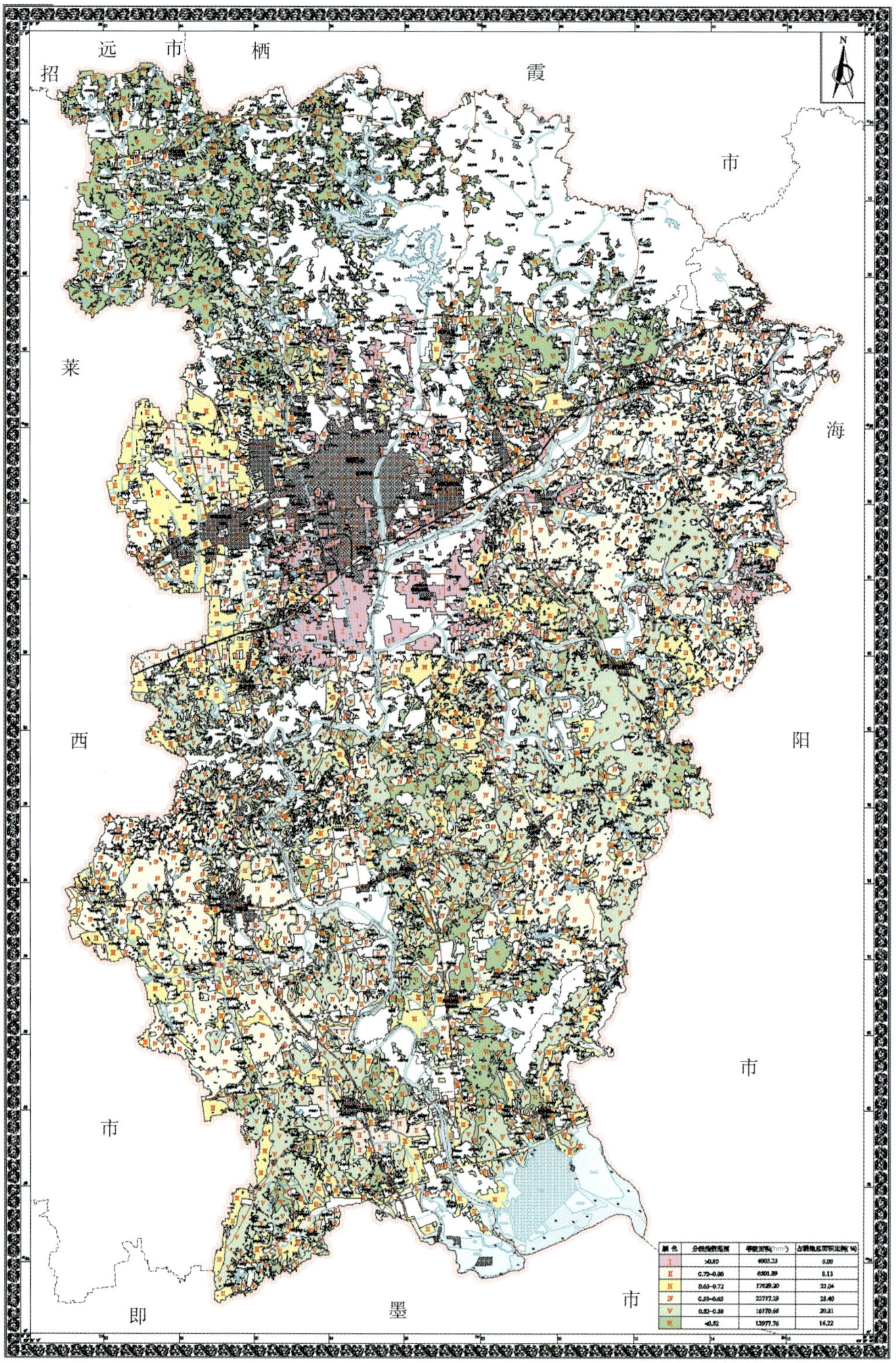

1954年北京坐标系　1956年黄海高程系　　米1000　0　2　4km　　山东农业大学资源与环境学院
山东天地亚太国土遥感有限公司　二〇一〇年十月

莱 阳 市 坡 度 图

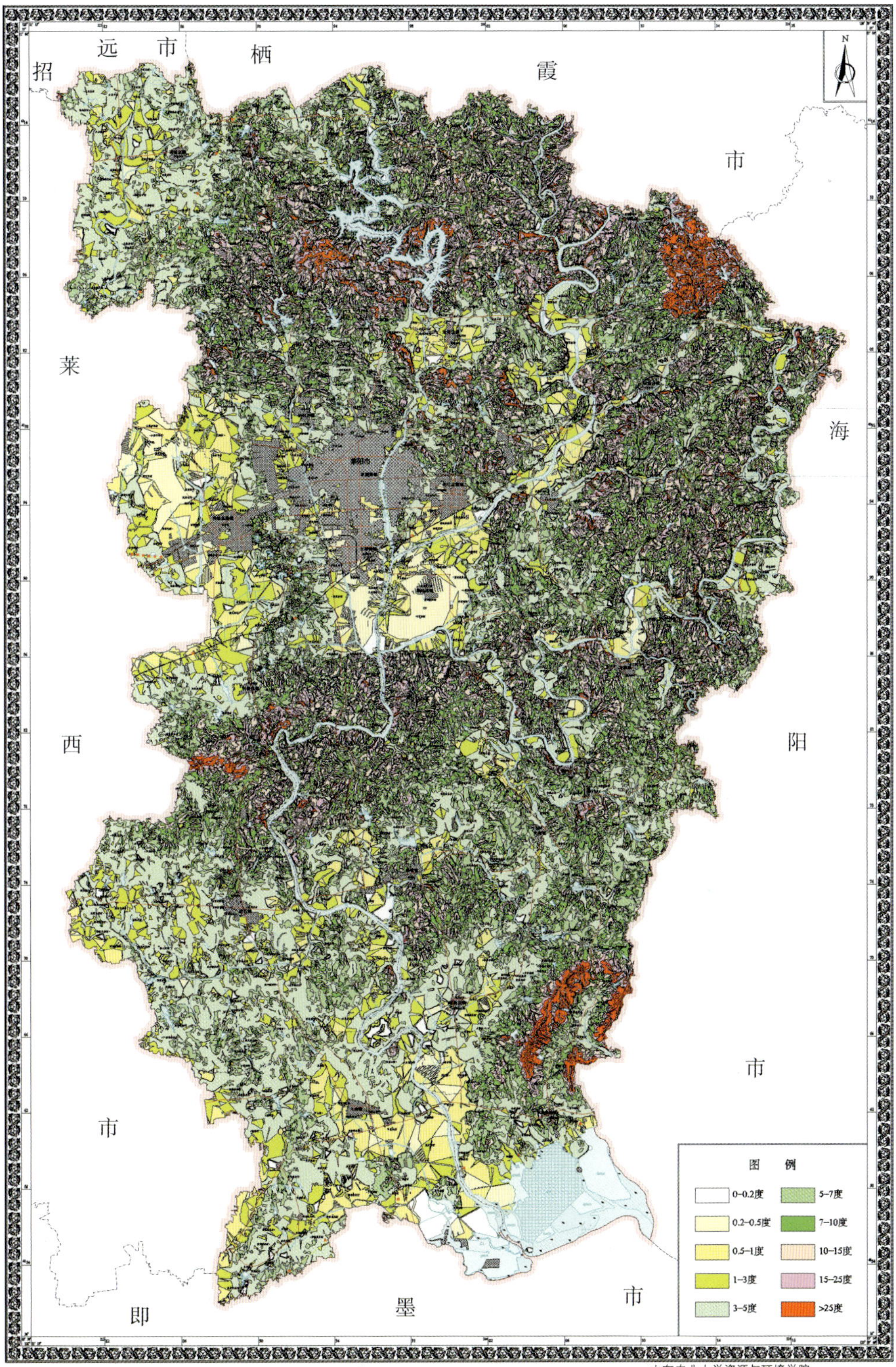

1954年北京坐标系 1956年黄海高程系

米1000 0 2 4km

山东农业大学资源与环境学院
山东天地亚太国土遥感有限公司 二〇一〇年十月

莱阳市耕地地力调查点点位图

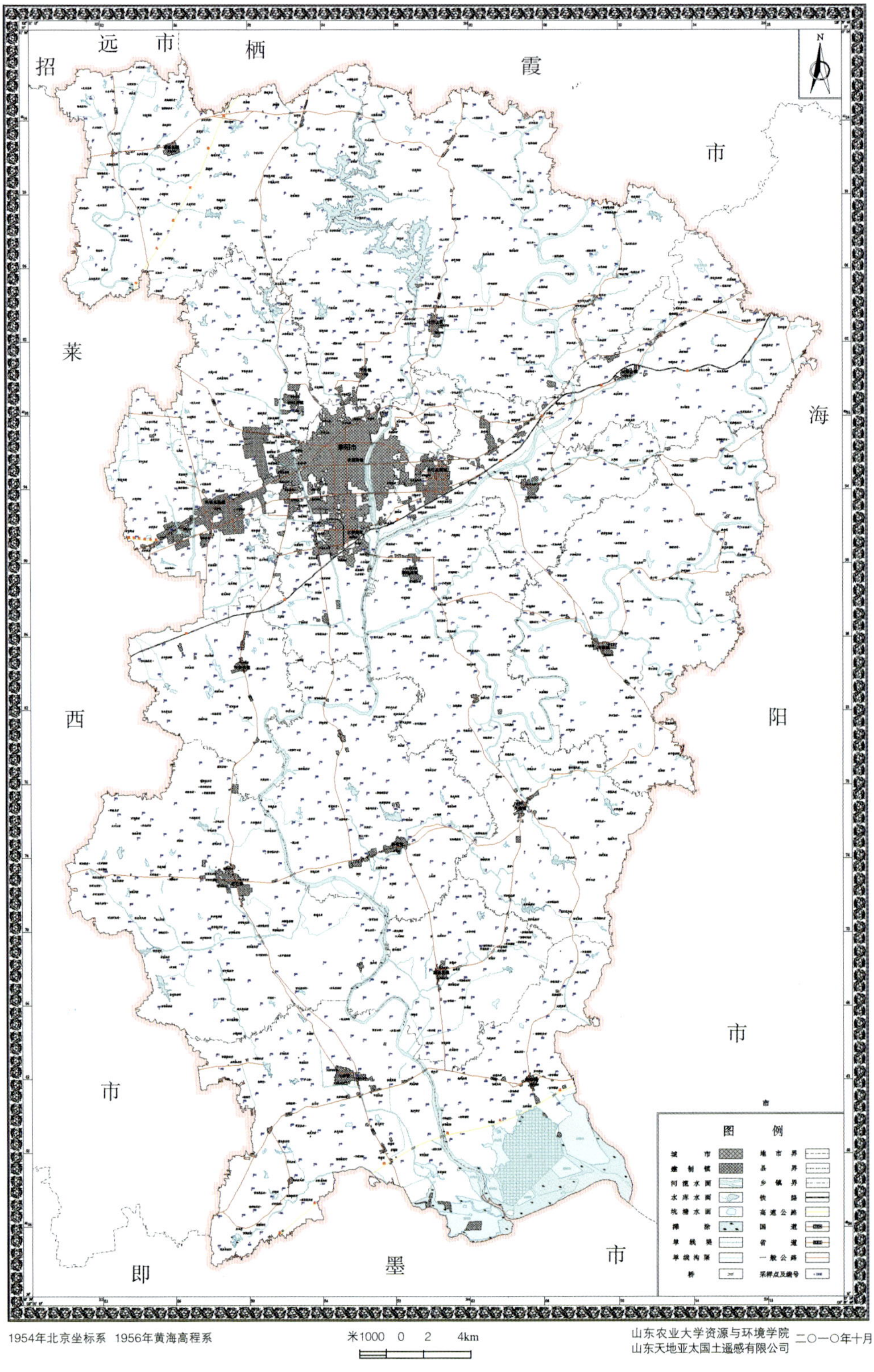

1954年北京坐标系 1956年黄海高程系

米1000 0 2 4km

山东农业大学资源与环境学院
山东天地亚太国土遥感有限公司
二〇一〇年十月

莱阳市灌溉分区图

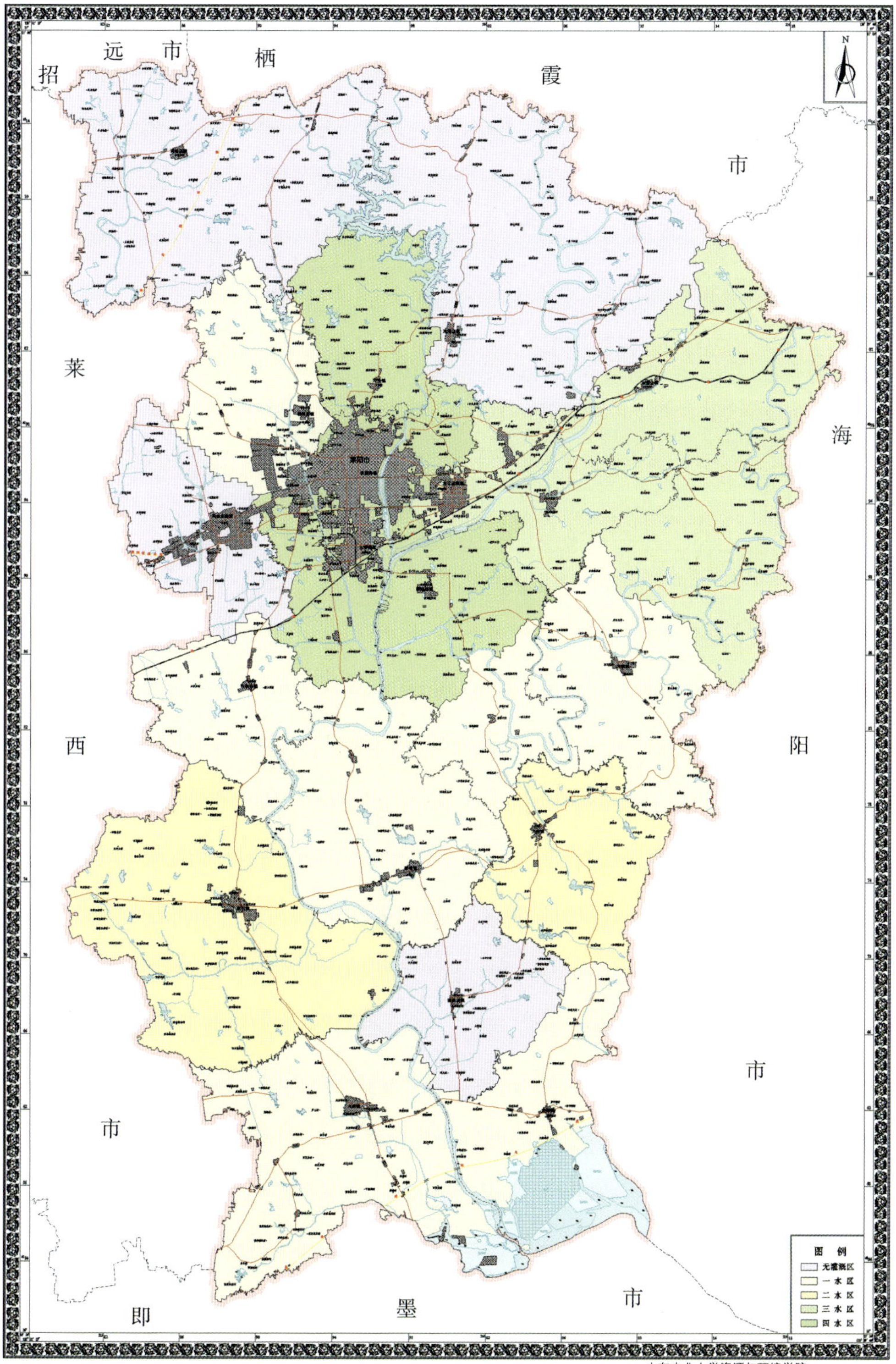

1954年北京坐标系 1956年黄海高程系

米1000 0 2 4km

山东农业大学资源与环境学院
山东天地亚太国土遥感有限公司 二〇一〇年十月

莱阳市地貌图

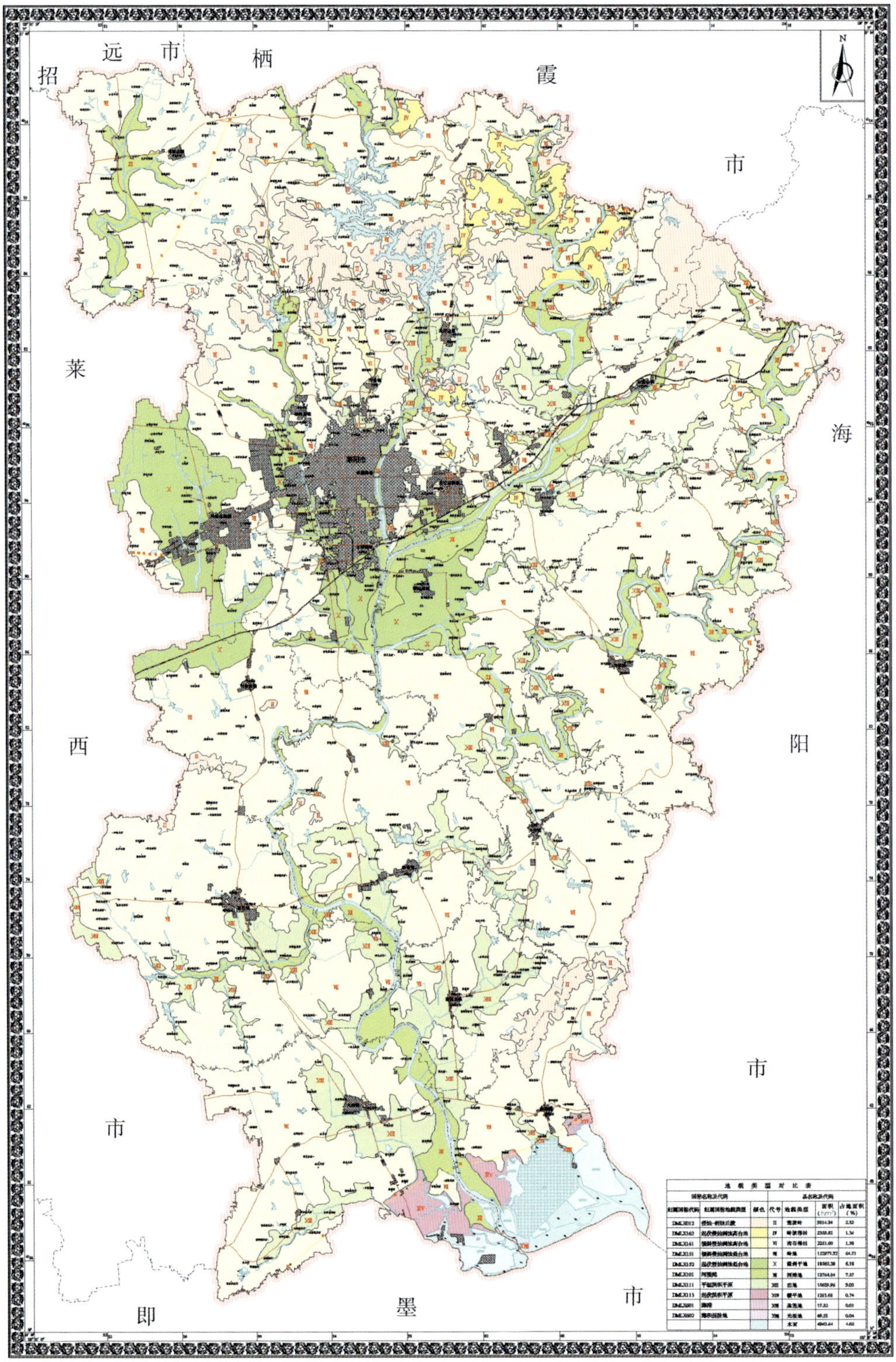

1954年北京坐标系　1956年黄海高程系

米1000　0　2　4km

山东农业大学资源与环境学院
山东天地亚太国土遥感有限公司
二〇一〇年十月

莱阳市土壤有机质含量分布图

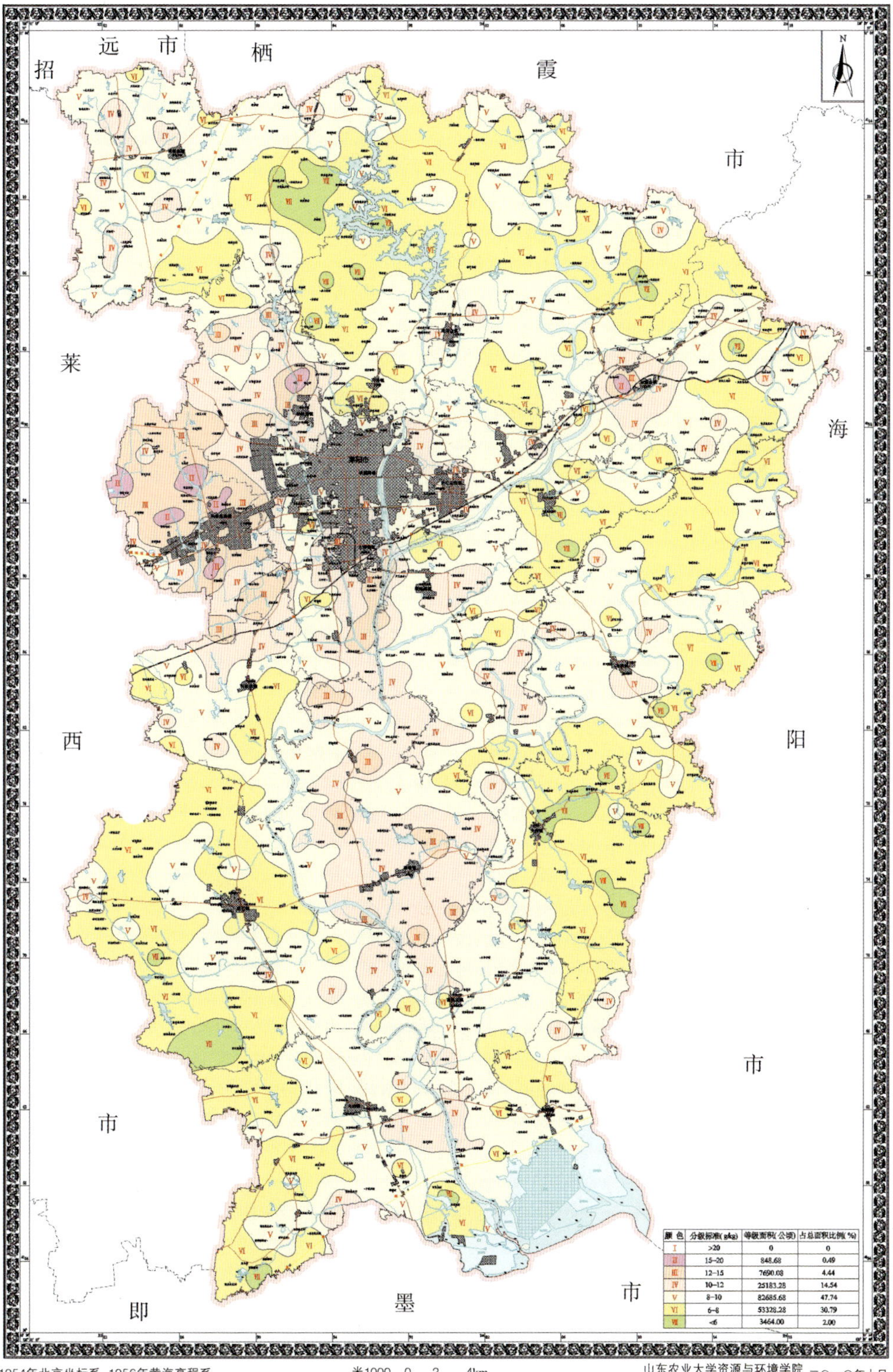

莱阳市土壤pH分布图

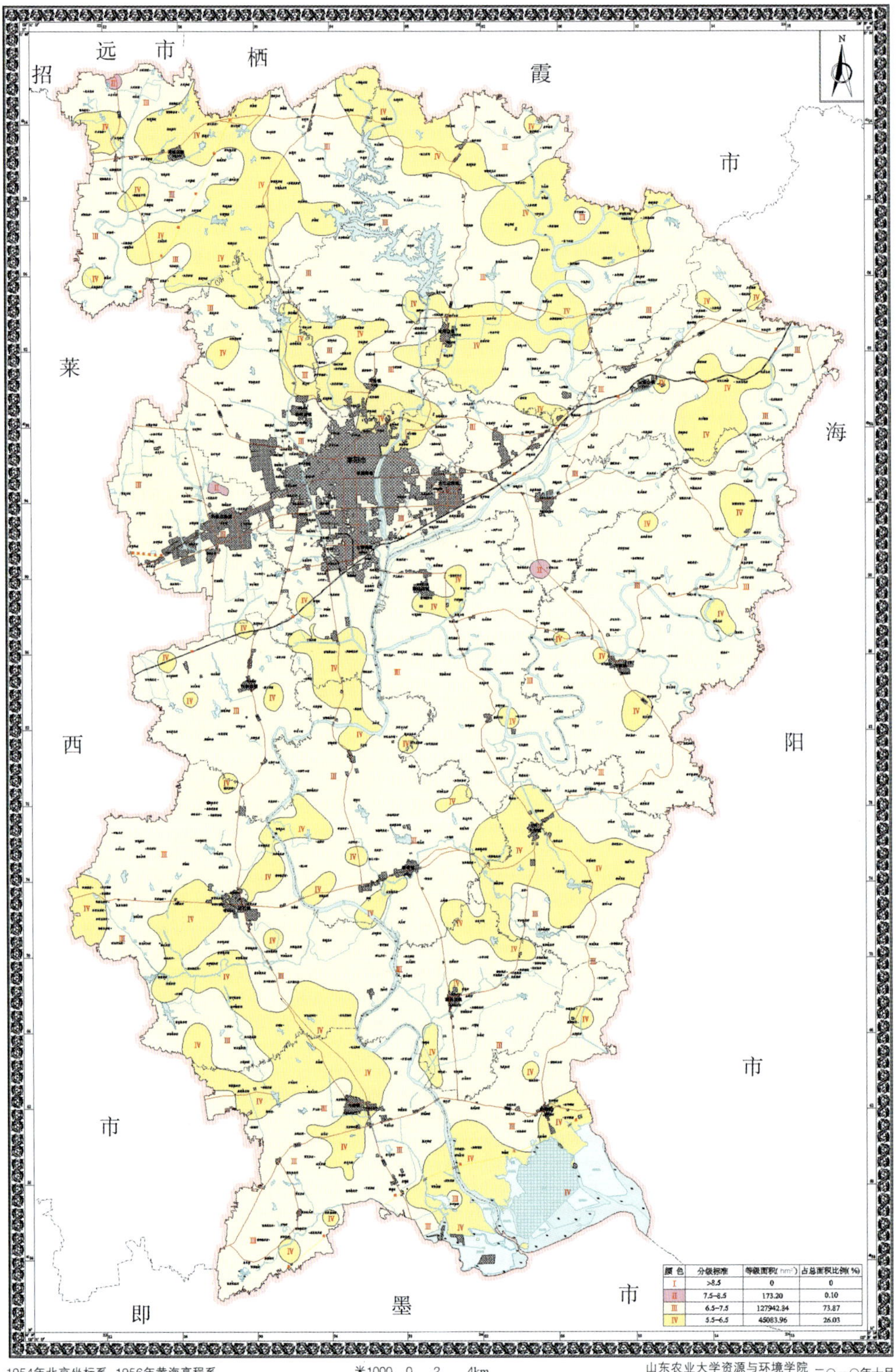

颜 色	分级标准	等级面积(hm^2)	占总面积比例(%)
Ⅰ	>8.5	0	0
Ⅱ	7.5–8.5	173.20	0.10
Ⅲ	6.5–7.5	127942.84	73.87
Ⅳ	5.5–6.5	45083.96	26.03

1954年北京坐标系 1956年黄海高程系

米1000 0 2 4km

山东农业大学资源与环境学院
山东天地亚太国土遥感有限公司 二〇一〇年十月

莱阳市土壤全氮含量分布图

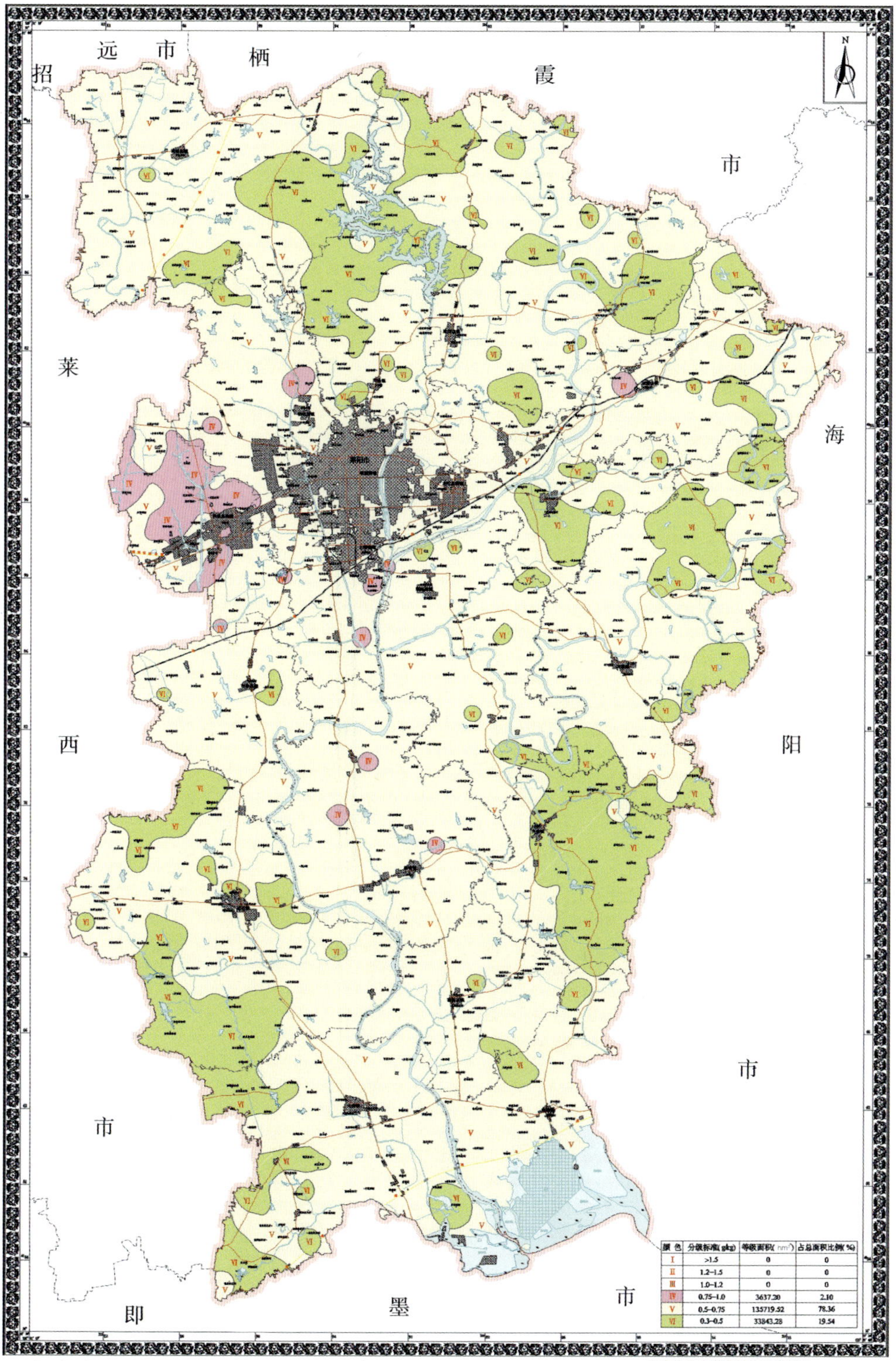

颜色	分级标准(g/kg)	等级面积(hm²)	占总面积比例(%)
I	>1.5	0	0
II	1.2~1.5	0	0
III	1.0~1.2	0	0
IV	0.75~1.0	3637.20	2.10
V	0.5~0.75	135719.52	78.36
VI	0.3~0.5	33843.28	19.54

1954年北京坐标系 1956年黄海高程系

米1000 0 2 4km

山东农业大学资源与环境学院
山东天地亚太国土遥感有限公司
二〇一〇年十月

莱阳市土壤碱解氮含量分布图

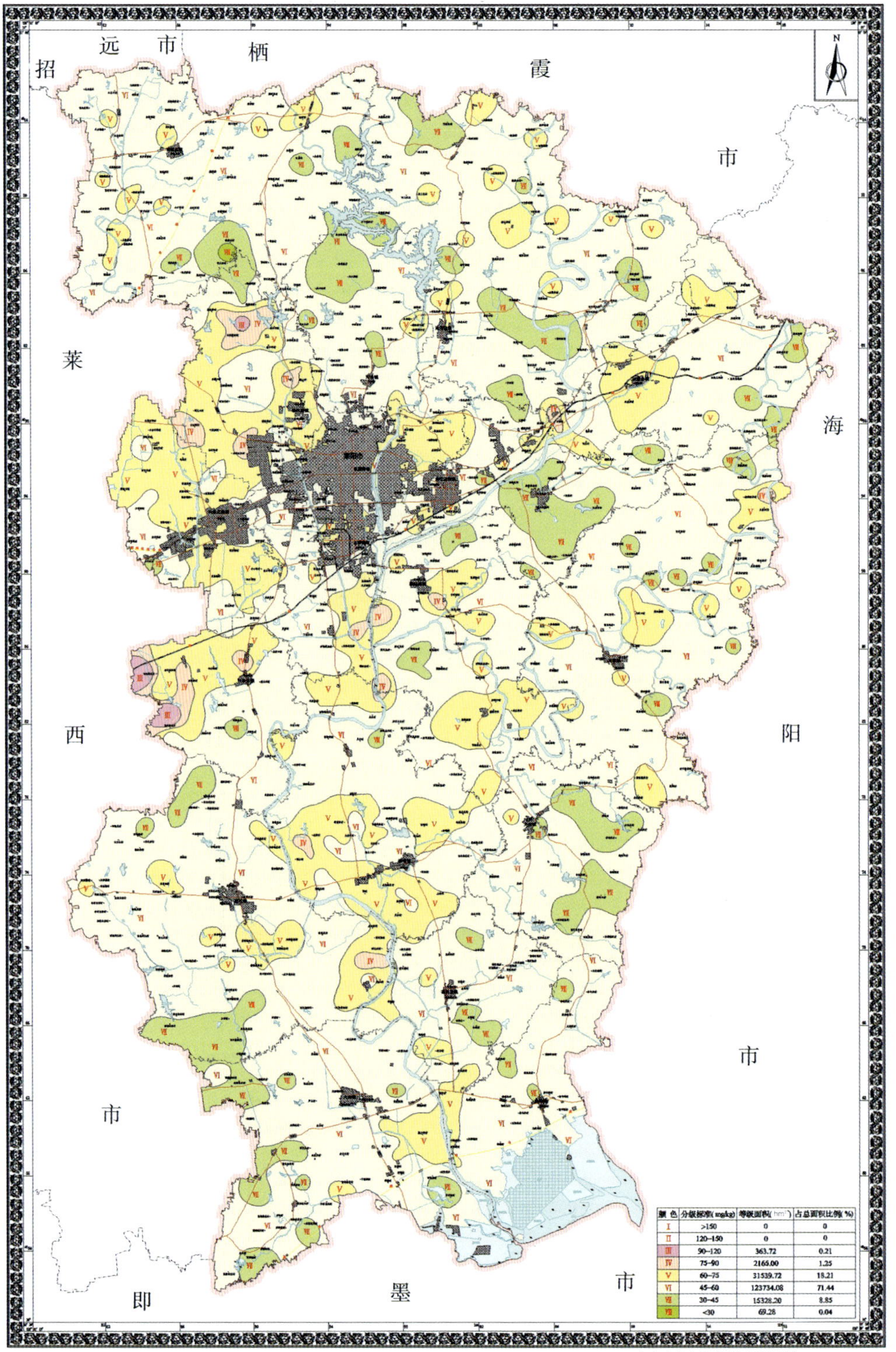

颜色	分级标准(mg/kg)	等级面积(hm²)	占总面积比例(%)
Ⅰ	>150	0	0
Ⅱ	120~150	0	0
Ⅲ	90~120	363.72	0.21
Ⅳ	75~90	2165.00	1.25
Ⅴ	60~75	31539.72	18.21
Ⅵ	45~60	123734.08	71.44
Ⅶ	30~45	15328.20	8.85
Ⅷ	<30	69.28	0.04

1954年北京坐标系 1956年黄海高程系

米1000 0 2 4km

山东农业大学资源与环境学院
山东天地亚太国土遥感有限公司
二〇一〇年十月

莱阳市土壤有效磷含量分布图

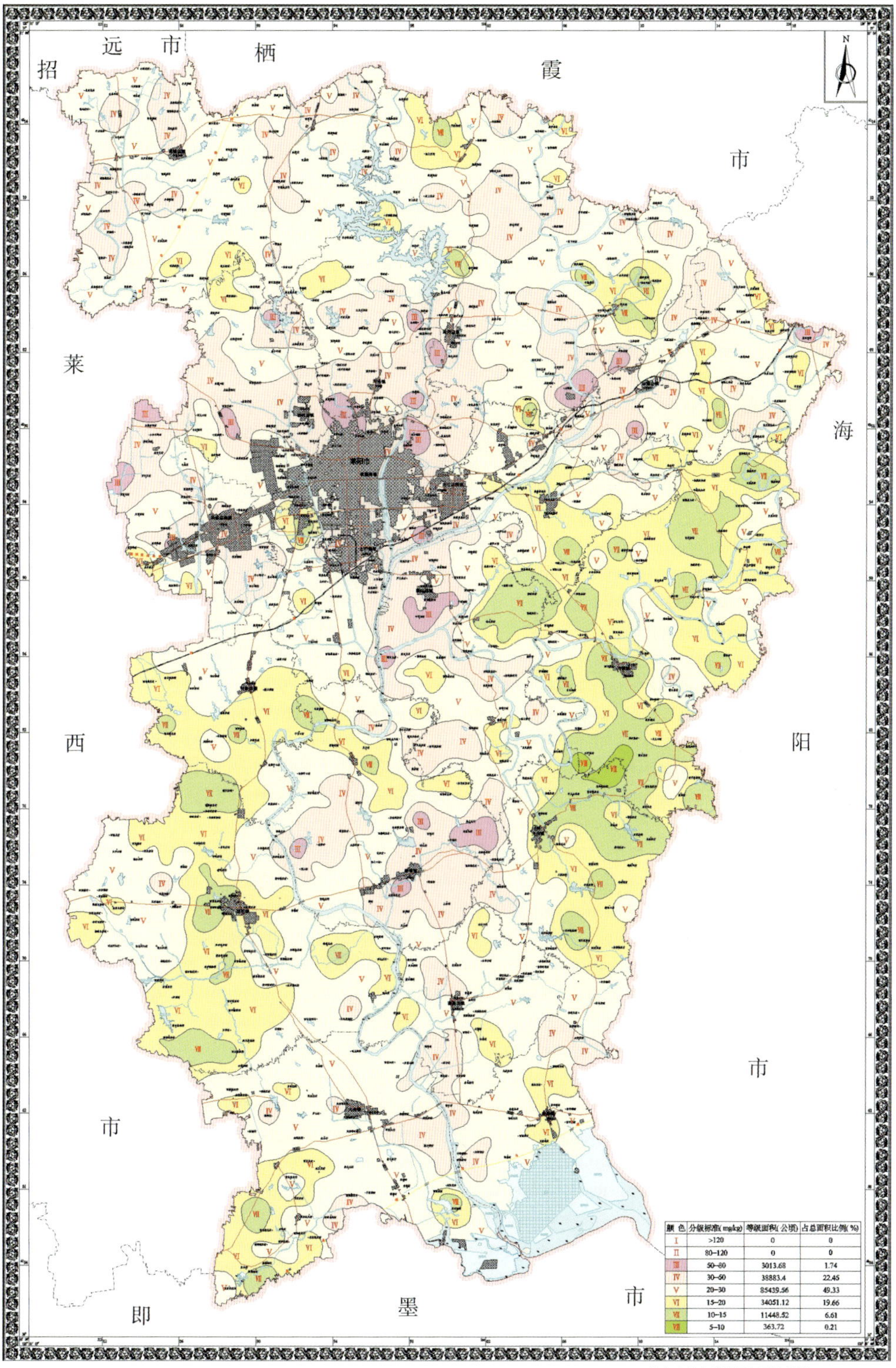

颜 色	分级标准(mg/kg)	等级面积(公顷)	占总面积比例(%)
Ⅰ	>120	0	0
Ⅱ	80–120	0	0
Ⅲ	50–80	3013.68	1.74
Ⅳ	30–50	38883.4	22.45
Ⅴ	20–30	85439.56	49.33
Ⅵ	15–20	34051.12	19.66
Ⅶ	10–15	11448.52	6.61
Ⅷ	5–10	363.72	0.21

1954年北京坐标系　1956年黄海高程系

米1000 0 2 4km

山东农业大学资源与环境学院
山东天地亚太国土遥感有限公司
二〇一〇年十月

莱阳市土壤速效钾含量分布图

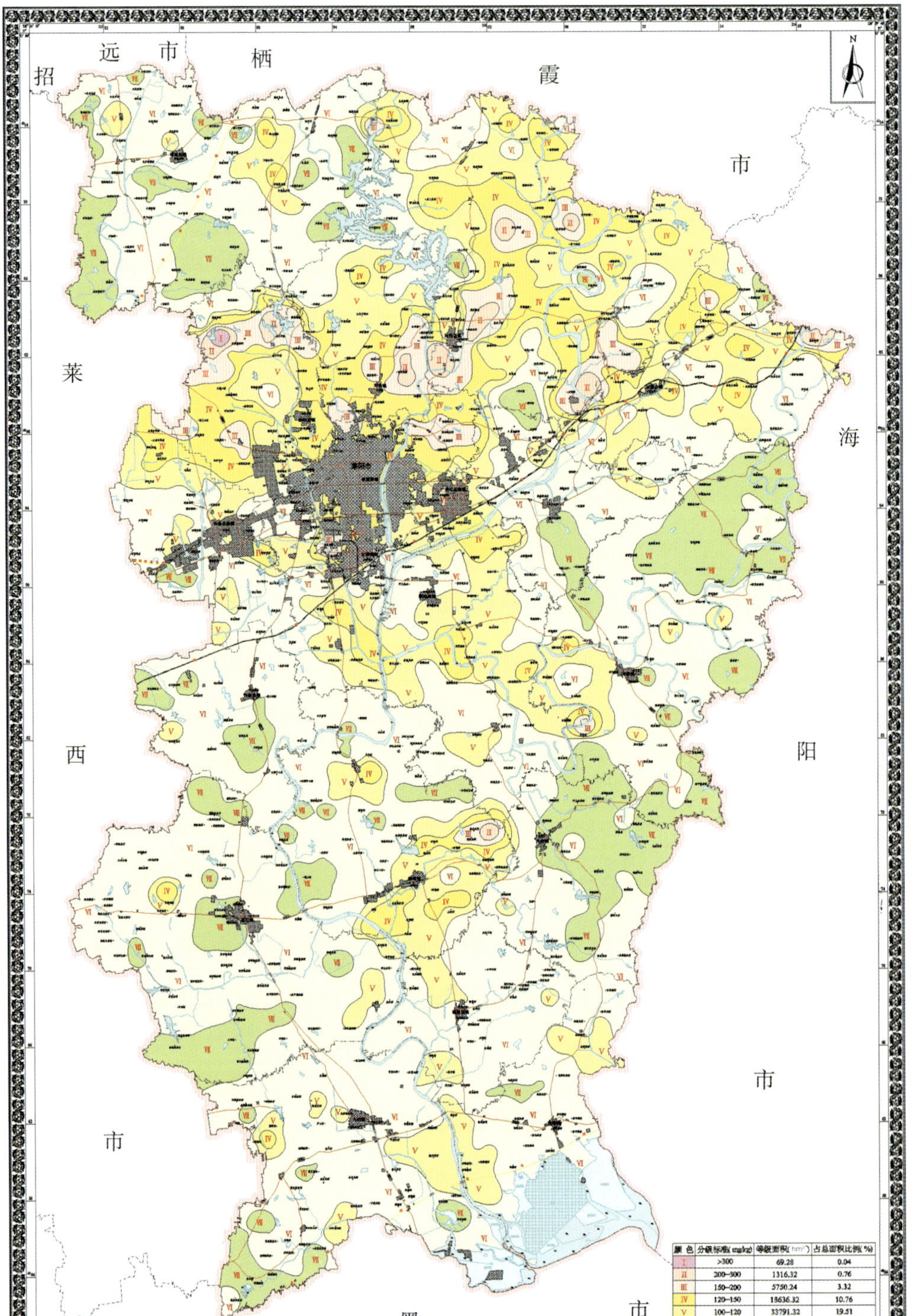

颜色	分级标准(mg/kg)	等级面积(hm²)	占总面积比例(%)
Ⅰ	>300	69.28	0.04
Ⅱ	200~300	1316.32	0.76
Ⅲ	150~200	5750.24	3.32
Ⅳ	120~150	18636.32	10.76
Ⅴ	100~120	33791.32	19.51
Ⅵ	75~100	91588.16	52.88
Ⅶ	50~75	22048.36	12.73

1954年北京坐标系 1956年黄海高程系

米1000 0 2 4km

山东农业大学资源与环境学院
山东天地亚太国土遥感有限公司 二〇一〇年十月

莱阳市土壤交换性钙含量分布图

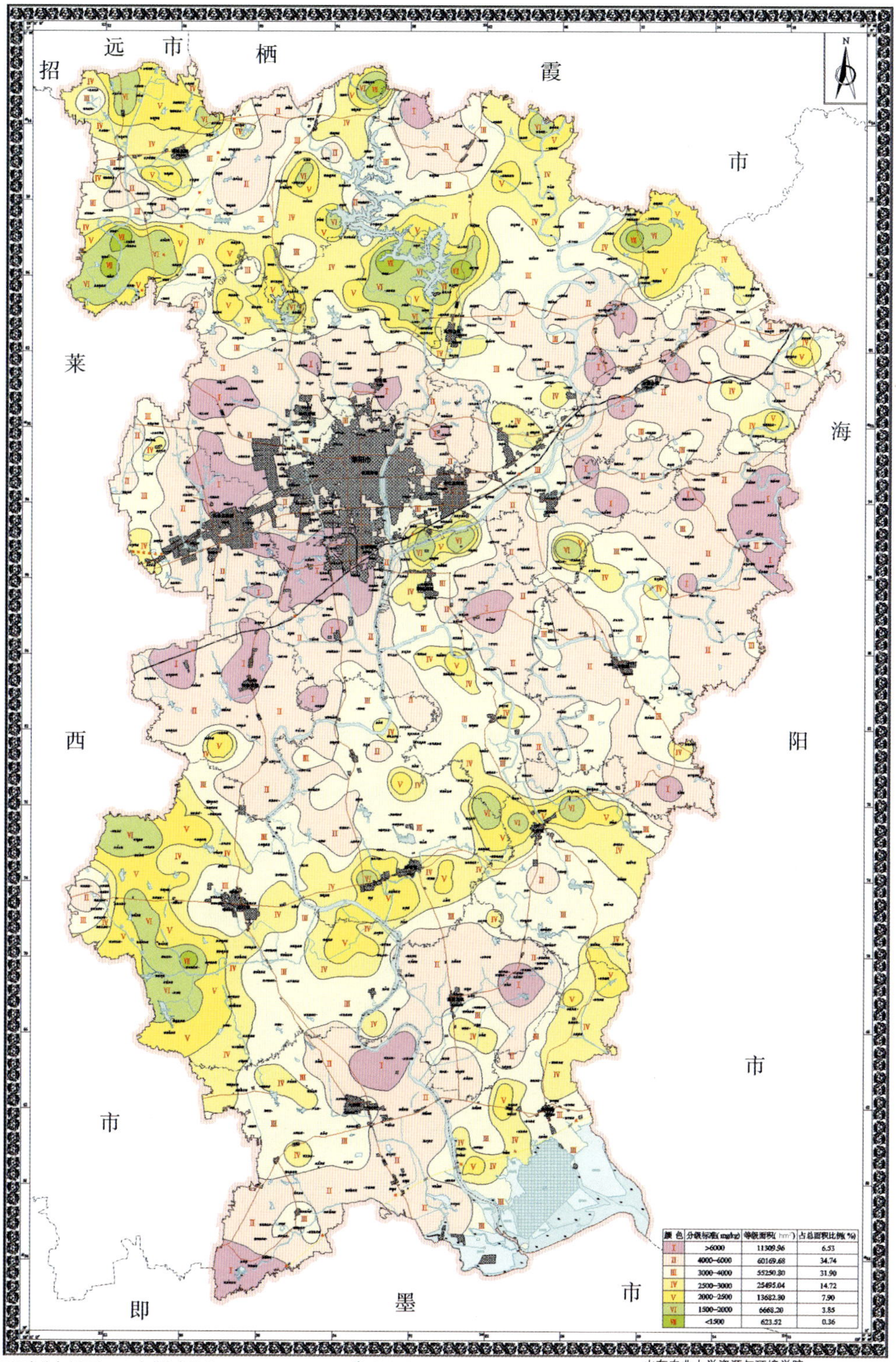

颜 色	分级标准(mg/kg)	等级面积(hm²)	占总面积比例(%)
Ⅰ	>6000	11309.96	6.53
Ⅱ	4000~6000	60169.68	34.74
Ⅲ	3000~4000	55250.80	31.90
Ⅳ	2500~3000	25495.04	14.72
Ⅴ	2000~2500	13682.80	7.90
Ⅵ	1500~2000	6668.20	3.85
Ⅶ	<1500	623.52	0.36

1954年北京坐标系 1956年黄海高程系

米1000 0 2 4km

山东农业大学资源与环境学院
山东天地亚太国土遥感有限公司
二〇一〇年十月

莱阳市土壤交换性镁含量分布图

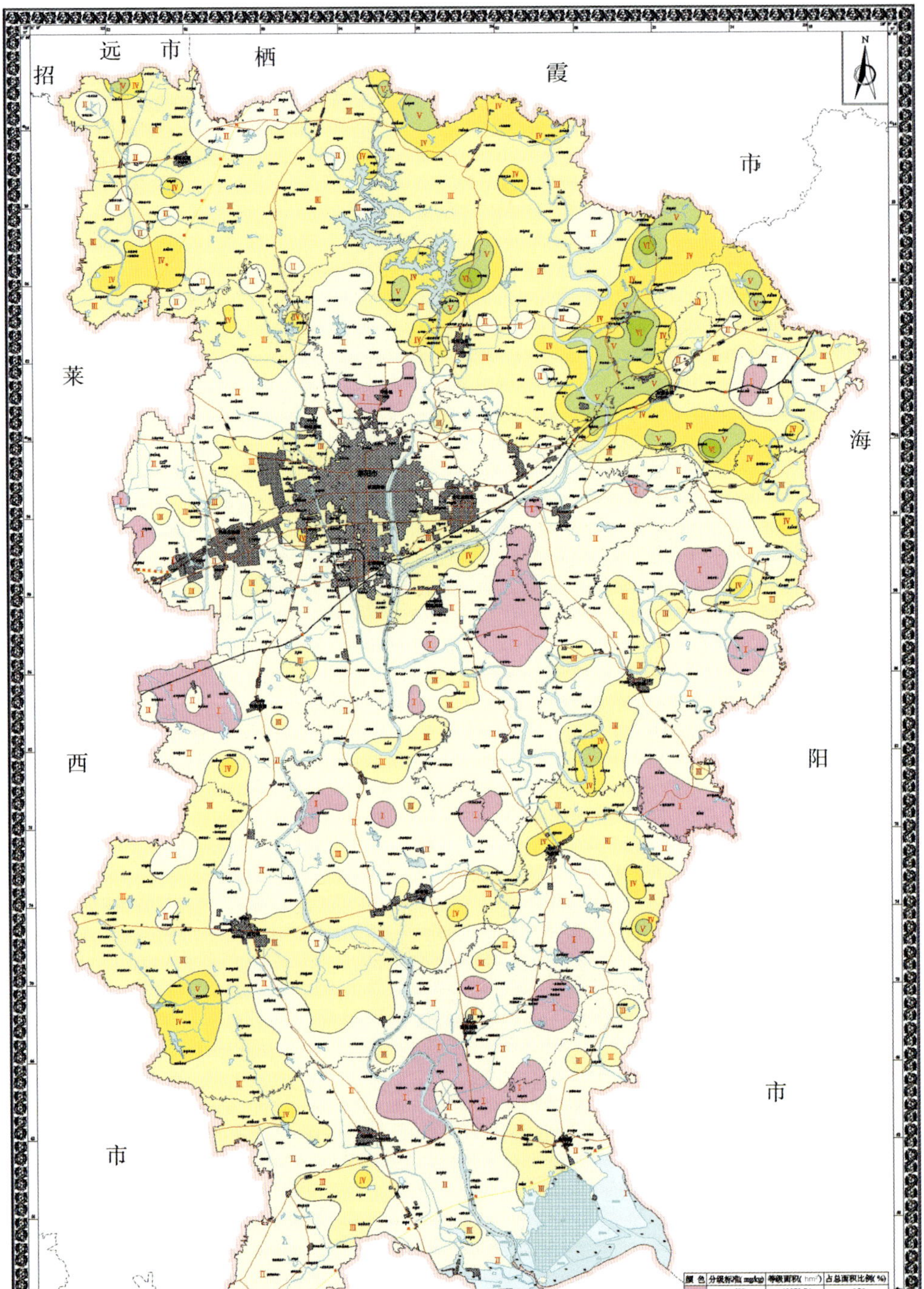

颜色	分级标准(mg/kg)	等级面积(hm²)	占总面积比例(%)
Ⅰ	>600	10270.76	5.93
Ⅱ	400~600	82148.76	47.43
Ⅲ	300~400	64863.40	37.45
Ⅳ	250~300	11898.84	6.87
Ⅴ	200~250	3637.20	2.10
Ⅵ	150~200	381.04	0.22

1954年北京坐标系　1956年黄海高程系

米1000　0　2　4km

山东农业大学资源与环境学院
山东天地亚太国土遥感有限公司
二〇一〇年十月

莱阳市土壤有效硅含量分布图

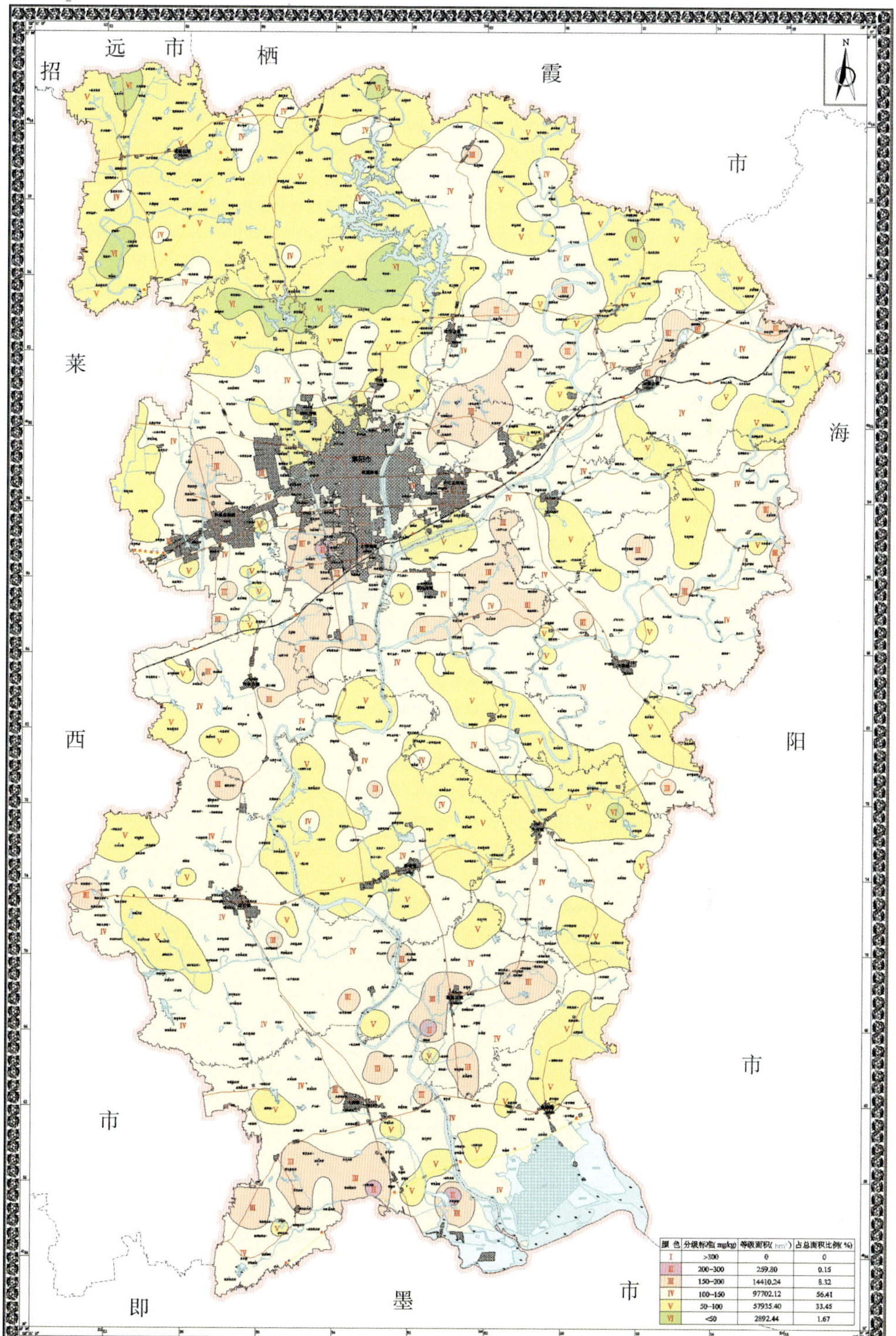

1954年北京坐标系 1956年黄海高程系

米1000 0 2 4km

山东农业大学资源与环境学院
山东天地亚太国土遥感有限公司 二○一○年十月

莱阳市土壤有效硫含量分布图

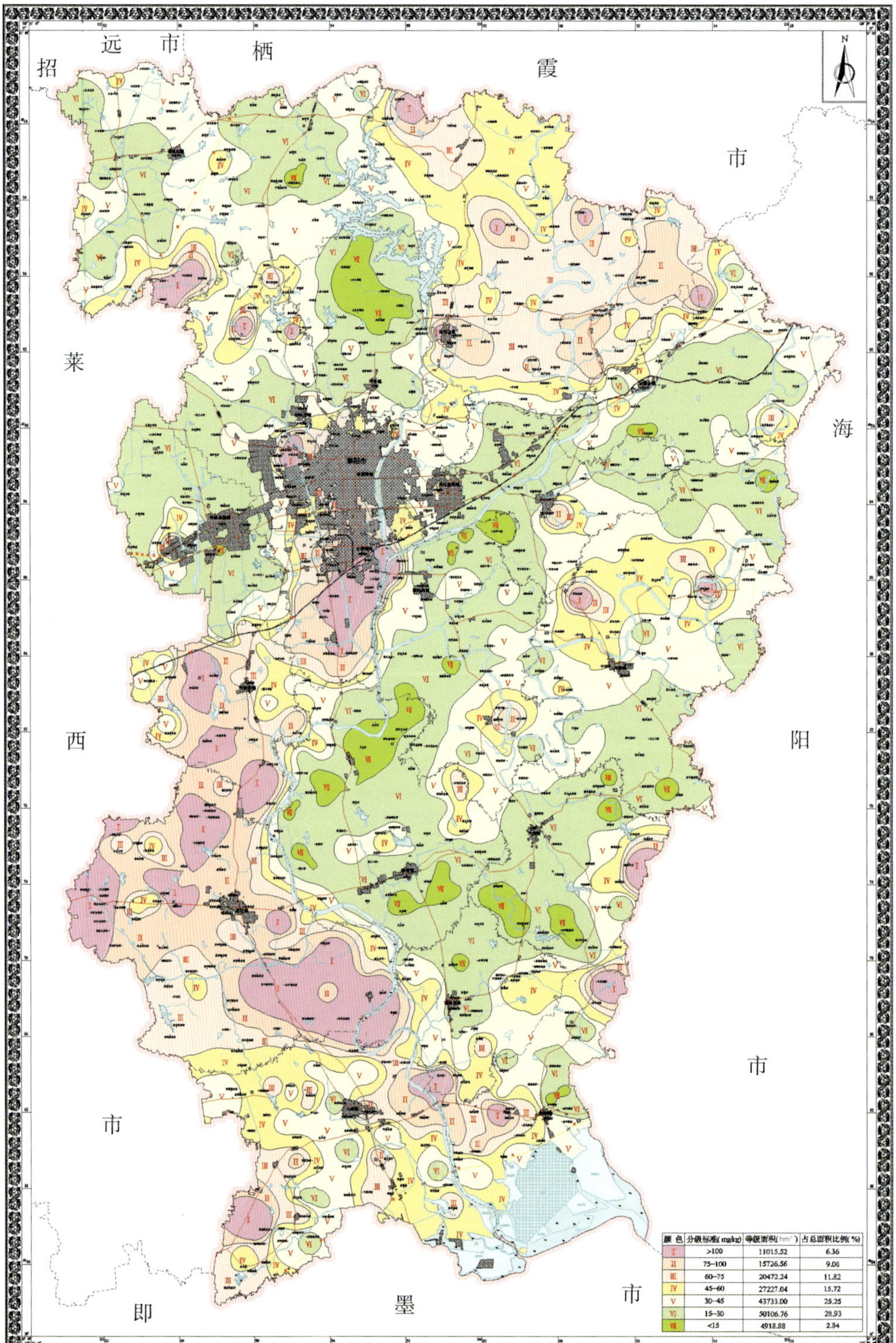

颜 色	分级标准(mg/kg)	等级面积(hm²)	占总面积比例(%)
Ⅰ	>100	11015.52	6.36
Ⅱ	75~100	15726.56	9.08
Ⅲ	60~75	20472.24	11.82
Ⅳ	45~60	27227.04	15.72
Ⅴ	30~45	43733.00	25.25
Ⅵ	15~30	50106.76	28.93
Ⅶ	<15	4918.88	2.84

1954年北京坐标系　1956年黄海高程系　　米1000 0 2 4km

山东农业大学资源与环境学院
山东天地亚太国土遥感有限公司　二〇一〇年十月

莱阳市土壤有效锰含量分布图

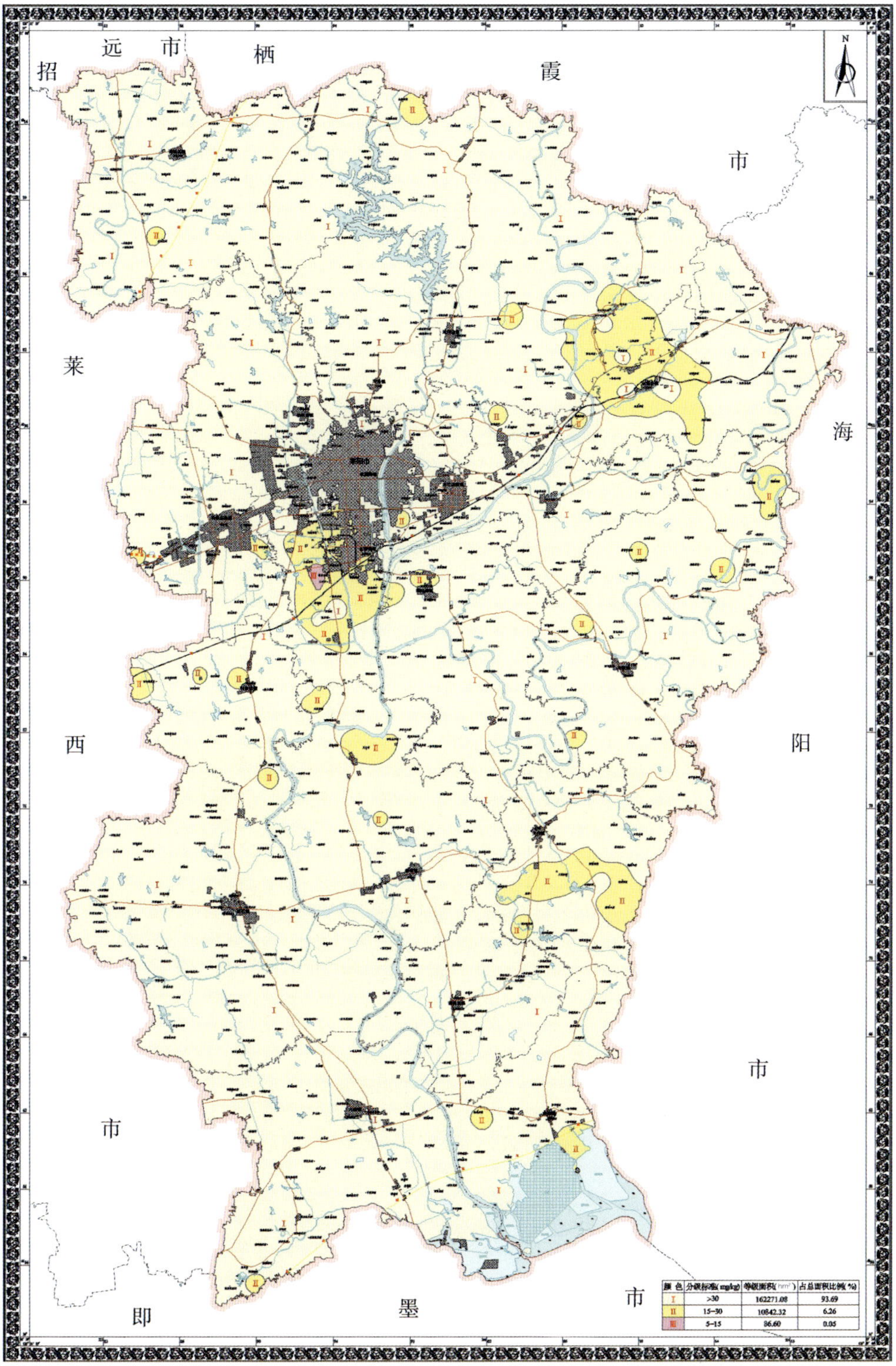

颜 色	分级标准(mg/kg)	等级面积(hm²)	占总面积比例(%)
I	>30	162271.08	93.69
II	15~30	10842.32	6.26
III	5~15	86.60	0.05

1954年北京坐标系　1956年黄海高程系

山东农业大学资源与环境学院
山东天地亚太国土遥感有限公司　二〇一〇年十月

莱阳市土壤有效钼含量分布图

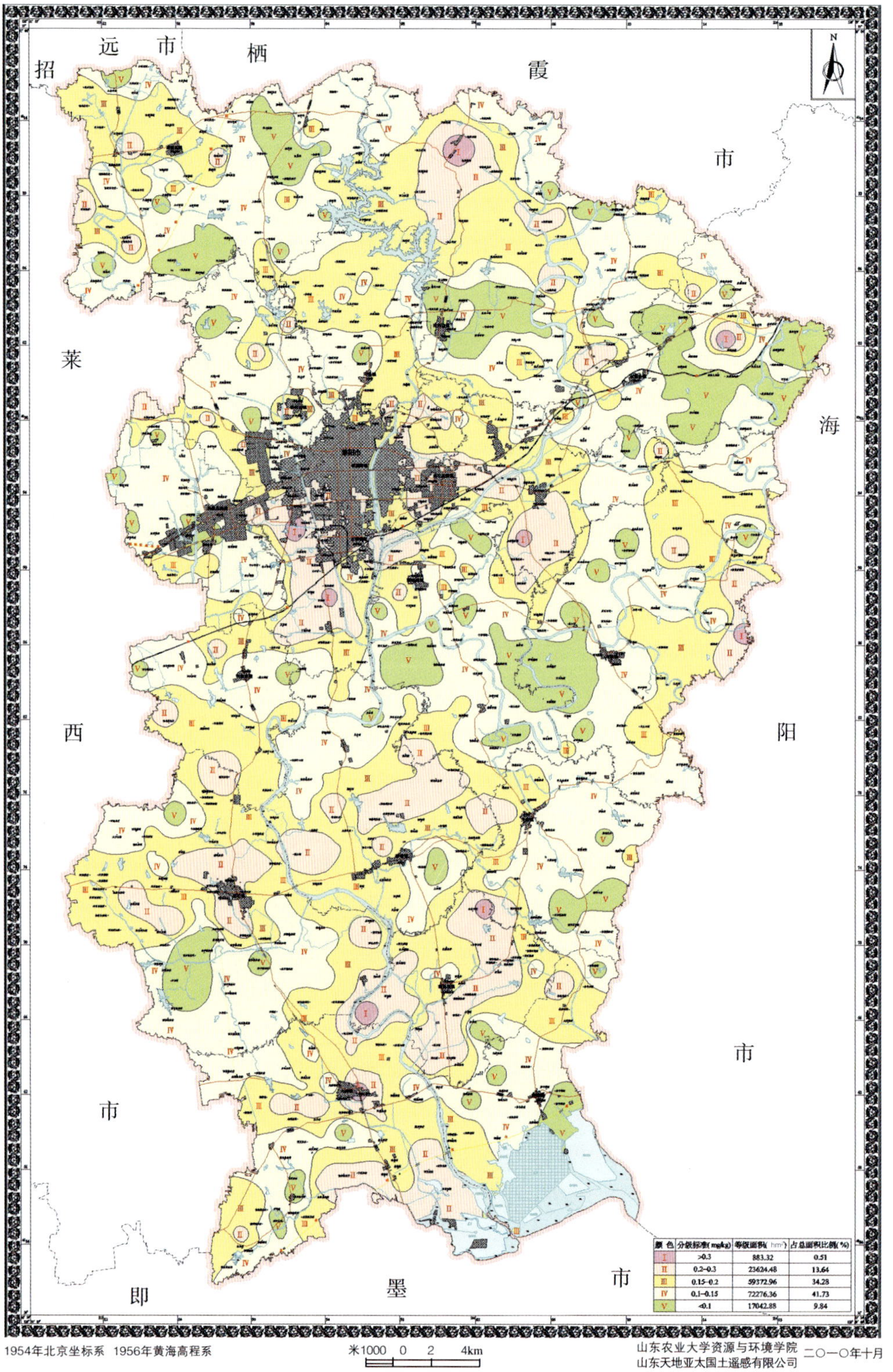

颜色	分级标准(mg/kg)	等级面积(hm²)	占总面积比例(%)
Ⅰ	>0.3	883.32	0.51
Ⅱ	0.2~0.3	23624.48	13.64
Ⅲ	0.15~0.2	59372.96	34.28
Ⅳ	0.1~0.15	72276.36	41.73
Ⅴ	<0.1	17042.88	9.84

1954年北京坐标系　1956年黄海高程系

米1000　0　2　4km

山东农业大学资源与环境学院
山东天地亚太国土遥感有限公司　二〇一〇年十月

莱阳市土壤有效硼含量分布图

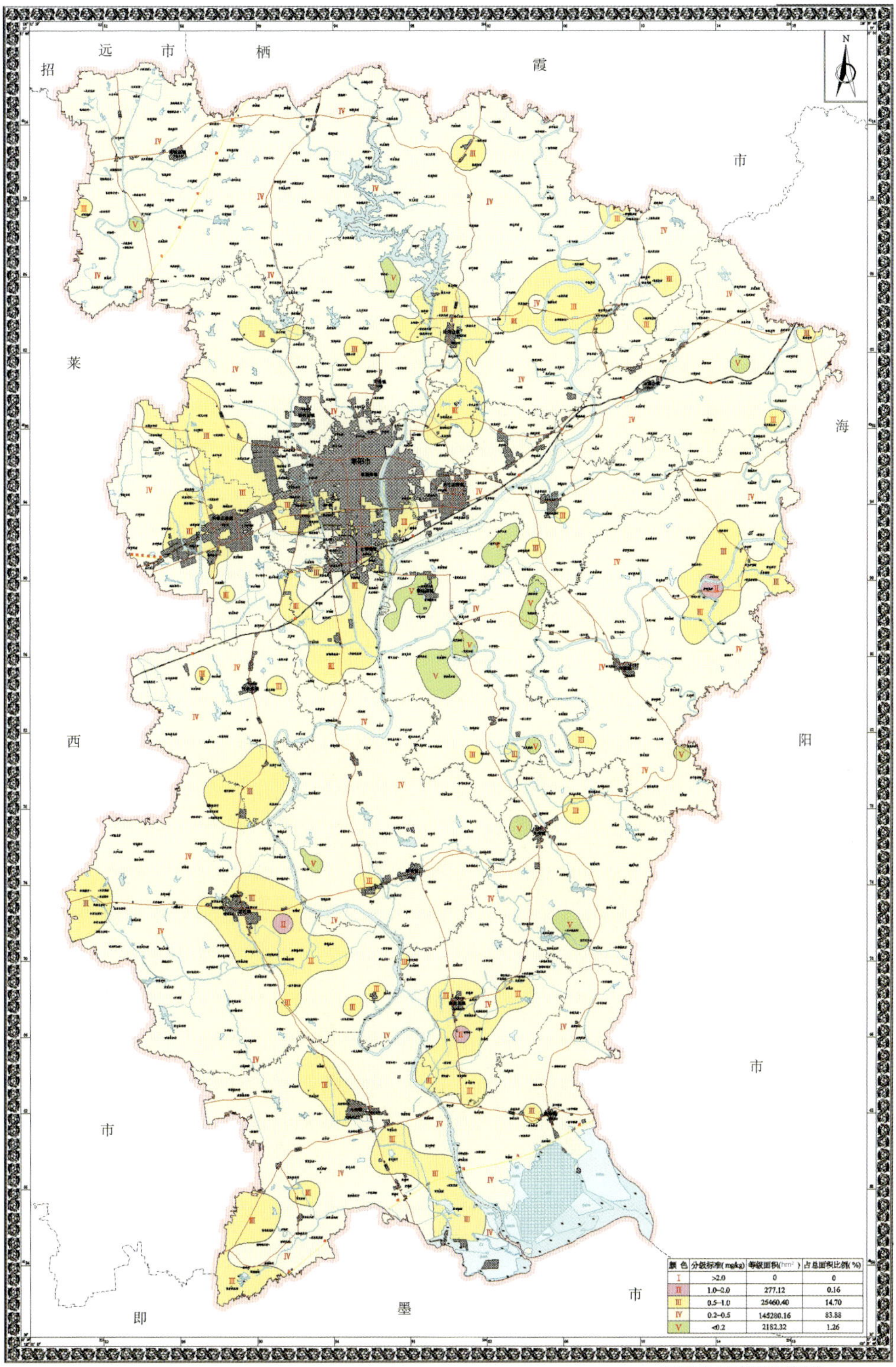

颜色	分级标准(mg/kg)	等级面积(hm²)	占总面积比例(%)
Ⅰ	>2.0	0	0
Ⅱ	1.0~2.0	277.12	0.16
Ⅲ	0.5~1.0	25460.40	14.70
Ⅳ	0.2~0.5	145280.16	83.88
Ⅴ	<0.2	2182.32	1.26

1954年北京坐标系　1956年黄海高程系

米1000　0　2　4km

山东农业大学资源与环境学院
山东天地亚太国土遥感有限公司
二〇一〇年十月

莱阳市土壤有效铁含量分布图

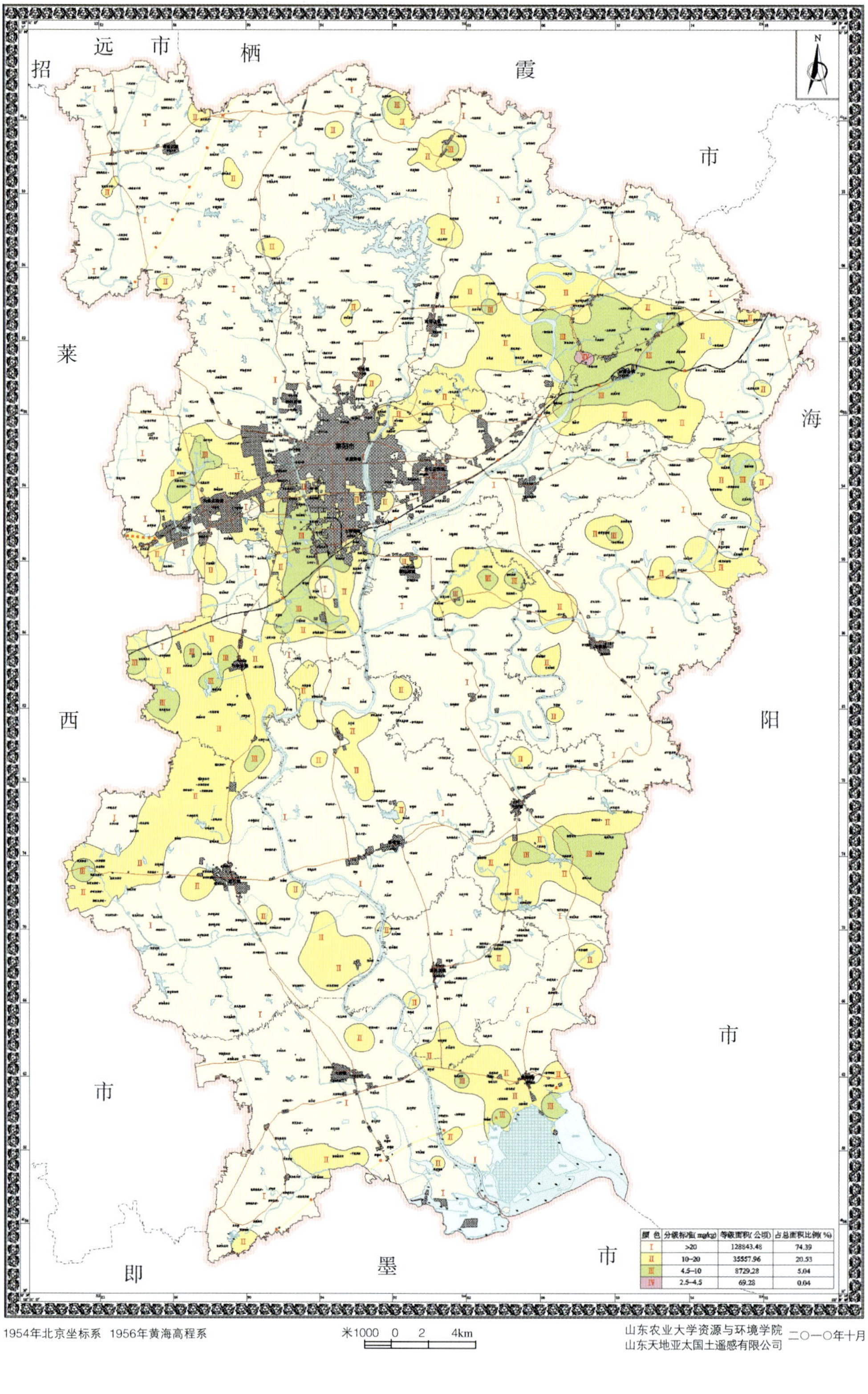

颜色	分级标准(mg/kg)	等级面积(公顷)	占总面积比例(%)
Ⅰ	>20	128843.48	74.39
Ⅱ	10–20	35557.96	20.53
Ⅲ	4.5–10	8729.28	5.04
Ⅳ	2.5–4.5	69.28	0.04

1954年北京坐标系　1956年黄海高程系

米1000　0　2　4km

山东农业大学资源与环境学院
山东天地亚太国土遥感有限公司
二〇一〇年十月

莱阳市土壤有效铜含量分布图

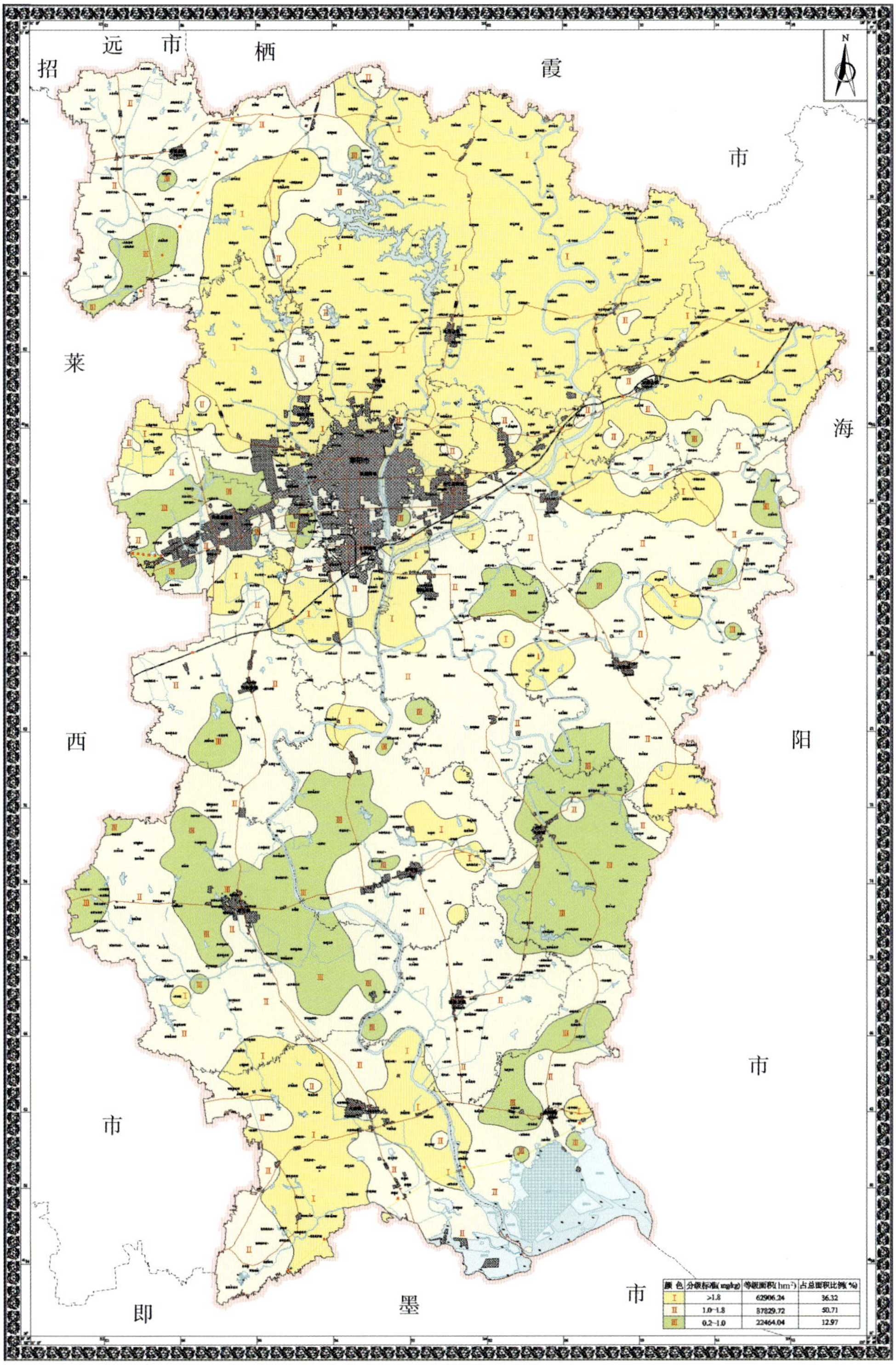

颜色	分级标准(mg/kg)	等级面积(hm²)	占总面积比例(%)
Ⅰ	>1.8	62906.24	36.32
Ⅱ	1.0~1.8	87829.72	50.71
Ⅲ	0.2~1.0	22464.04	12.97

莱阳市土壤有效锌含量分布图

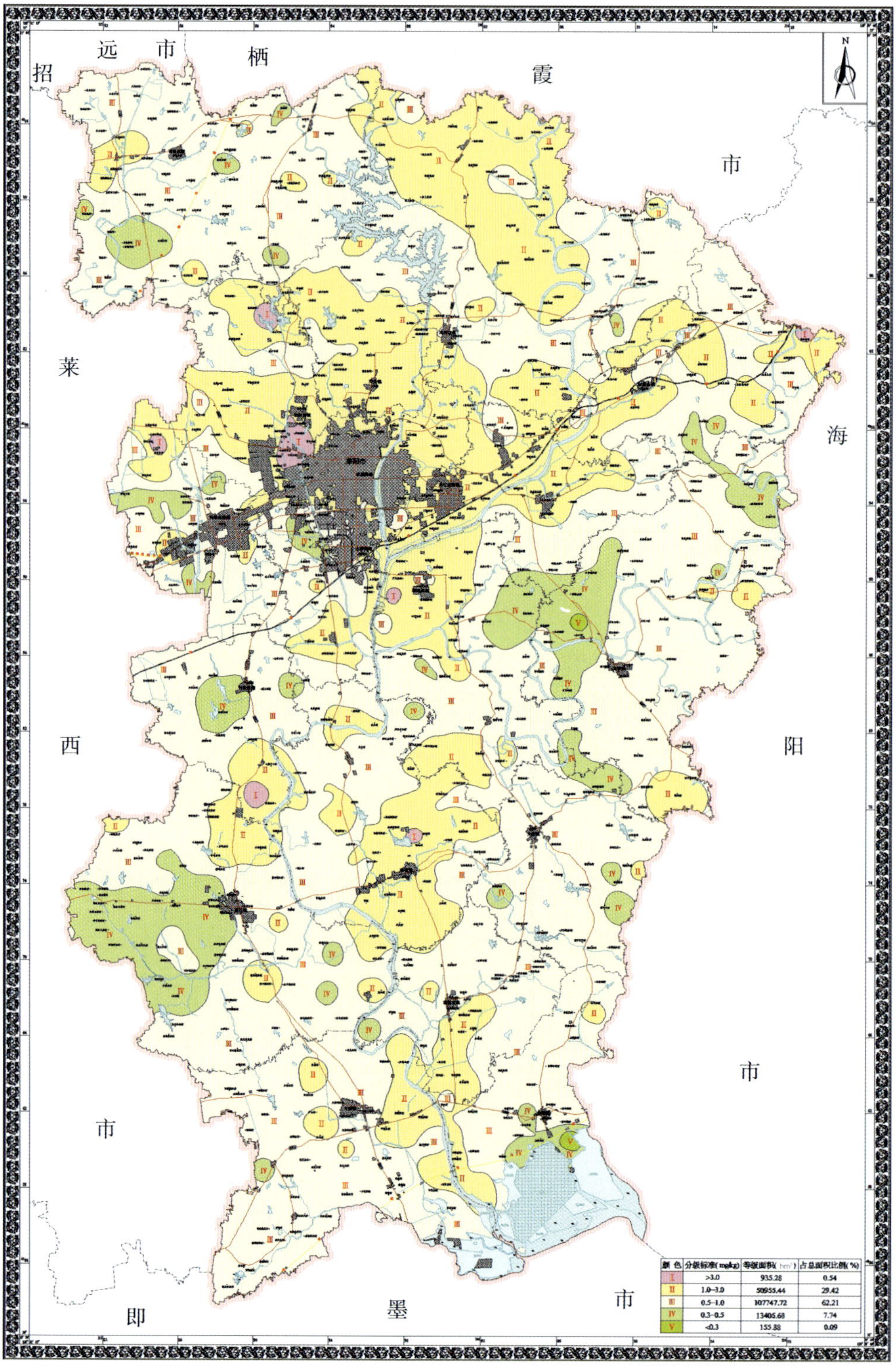

颜 色	分级标准(mg/kg)	等级面积(hm²)	占总面积比例(%)
Ⅰ	>3.0	935.28	0.54
Ⅱ	1.0~3.0	50955.44	29.42
Ⅲ	0.5~1.0	107747.72	62.21
Ⅳ	0.3~0.5	13405.68	7.74
Ⅴ	<0.3	155.88	0.09

1954年北京坐标系 1956年黄海高程系

米1000 0 2 4km

山东农业大学资源与环境学院
山东天地亚太国土遥感有限公司
二〇一〇年十月

图书在版编目(CIP)数据

莱阳耕地/李春茂主编. —济南:山东大学出版社,2013.12
ISBN 978-7-5607-4977-8

Ⅰ.①莱…
Ⅱ.①李…
Ⅲ.①耕地资源—资源评价—莱阳市　②耕地资源—资源利用—莱阳市
Ⅳ.①F323.211　②F327.523

中国版本图书馆 CIP 数据核字(2013)第 320558 号

策划编辑:赵　岩
责任编辑:李　港
封面设计:张　荔

出版发行:山东大学出版社
社　址　山东省济南市山大南路 20 号
邮　编　250100
电　话　市场部(0531)88364466
经　销:山东省新华书店
印　刷:山东鸿杰印务集团有限公司印刷
规　格:787 毫米×1092 毫米　1/16
12.5 印张　12 插页　303 千字
版　次:2013 年 12 月第 1 版
印　次:2013 年 12 月第 1 次印刷
定　价:49.50 元